川陕苏区研究

——《西华师范大学学报》文选

李 健 杨和平 黄 涓 等／著

人 民 出 版 社

目　录

前　言

杨和平

本书系《西华师范大学学报》(哲学社会科学版)“川陕苏区研究”栏目的论文集成,笔者系栏目的责任编辑,此借结集成书的机会,交代栏目相关情况及编辑过程中的一些感悟。

一

川陕苏区在中国革命史上是一个有着光辉历史的地域,是无数革命先烈挥洒了热血的一块红色圣地。它是第二次国内革命战争时期中国共产党领导的红四方面军撤出鄂豫皖根据地后创建的一个重要的革命根据地,是当时中国“十大”苏区之一,对于中国革命史上伟大的红军长征乃至整个中国革命事业作出了不可磨灭的贡献,理应是关于中国革命历史的一个值得恒久关注和研究的论域。

中国革命成功之际,西华师范大学即驻足于这片革命的热土。自当时的川北大学起,经南充师范学院、四川师范学院、西华师范大学,至今已历 70 年。也许是“守土有责”,几十年来,学校一些从事中共党史、中国革命史教学与研究的老师一直热衷于研究川陕苏区辉煌灿烂、可歌可泣的革命历史,留下了一系列值得关注的研究成果。

《西华师范大学学报》(哲学社会科学版)创刊于 1979 年,当时学校名南充师范学院,学报亦因之而名《南充师范学院学报》(哲学社会科学版)。很长一段时期内，在中国学术期刊的版图上，这本学报是川陕苏区这片革命热土上唯一一本哲学社会科学类学术期刊，刊发中国革命尤其是关于川陕苏区历史研究的论文，自然也是守土之责。检索学报历年来刊发的论文，关于中国革命尤其是川陕苏区革命历程的论文已然不少。不过，由于科研体制与导向的原因，这里的研究也并不系统，学报刊发的论文也缺乏关于川陕苏区的更强的针对性。

大约在2010年前后，西华师范大学历史文化学院整合科研队伍和研究方向，成立了以李健教授为首席专家的专事川陕苏区研究的课题组，系统梳理过去几十年来我国学术界关于川陕苏区的研究状况（参阅本书“川陕革命根据地研究的回顾与展望”一文），与川陕革命根据地博物馆合作整理出版三巨册《川陕革命根据地历史文献资料集成》（四川大学出版社，2012年），成功申报“川陕革命根据地党群关系研究”等国家社会科学基金项目，重走川陕苏区红四方面军的革命路线、完成大量的口述史调查，承接大量的关于川陕苏区革命历史价值研究与开发的纵向、横向合作项目，撰写了一系列关于川陕苏区的研究论文，部分发表在《西华师范大学学报》（哲学社会科学版）主动配合课题组研究而设立的“川陕苏区研究”栏目上，并已在学术界产生了较大的影响，引起了较为广泛的关注。本书集辑的大多就是这些论文。当然，课题组的研究工作是开放式的，学报的“川陕苏区研究”栏目也是开放式的，所以，本书也收录了一些并非该课题组成员但是在这个栏目上发表的论文。①

二

本书集文19篇，大抵指向如下：

（一）关于川陕革命根据地研究的学术史回顾与展望。文章评估了川陕

① 例外的1篇。《略论川陕苏区的禁烟运动》一文原发在《南充师范学院学报》（哲学社会科学版）1984年第2期上，考虑到论题明确的贴近本书论域的针对性，特收入本书。当时的学术规范要求没有现在这样明确，作者提供的参考文献注释信息很不完整。编入本书时，编者查补了一些，但还是有几处不清楚，不得已，仍其旧。

革命根据地的历史地位，分四个阶段梳理了过去几十年关于川陕革命根据地研究所取得的学术成就，分析了既往研究的不足与缺陷，提出了三个今后深化川陕革命根据地研究的努力方向，其一，从过去以宏观历史建构为主转向以问题探讨为主；其二，新史料的挖掘，特别是地方档案馆所藏历史档案的发掘与整理，是深化川陕革命根据地研究的重要途径；其三，研究视野应当而且必须拓展，才能更进一步深化川陕革命根据地研究。

（二）对川陕苏区在红军长征乃至整个中国革命历程中的贡献进行的历史性界定。作者撰写此文可能有纪念红军长征胜利80周年的契机，但也确实是站在了过去未曾有人企及的高度阐发了川陕苏区的历史性贡献。文章认为，川陕苏区是中央红军长征的巨大战略支撑；红四方面军的军事行动直接支援和配合了中央红军的战略转移；川陕苏区及其后来建立的根据地，为红军会师和会师后的红军长征，提供了巨大的物资保障和良好的休整环境。

（三）关于川陕苏区根据地创建的若干问题。川陕革命根据地是第二次土地革命战争时期，除中央革命根据地外，中国共产党建立的若干根据地中苏维埃革命开展较为完整的根据地，也是在中央革命根据地之外中共尝试局部执政较为完备的根据地，其苏维埃革命的开展和尝试局部执政取得的经验教训，以及干部队伍的培养，对中国共产党后续的革命具有重大意义。川陕苏区的创建体现了较为突出的艰巨性，主要的困难有：富源上的劣势、革命基础和地方党力量的薄弱及频繁军事斗争造成供给困难的加剧。尽管川陕革命根据地开展苏维埃革命的基本内容，与其他革命根据地始终保持一致，但由于其创建是在红军转战期间完成的，在如何开展革命工作上又与其他根据地有着明显不同，故为我们提供了研究此期革命根据地的新样本。川陕革命根据地在两年半的时间里建立的县级苏维埃政权为55县（区）4市，其数量之可观，成立之迅速，着实是此期中共开展苏维埃革命的一大成就，然多数县苏又呈现出治所不稳定、辖区调整频繁、机构时撤时建和存在时间不长的特点。

（四）关于川陕苏区研究"国方资料"（按："国民党方面的文献资料"）的使用问题。论者从方法论角度提出，川陕苏区历史问题的研究资料缺乏，这与共产党方面的文件形成和存传、资料收集和整理直接相关，亦与研究资料的视野长期停留在共产党方面而忽视国民党方面资料密切相联。国民党方面的资料既可弥补共产党方面的资料不足，又可增强川陕苏区研究的客观性，应该大胆地选择、辨别和使用国民党方面的相关资料，从而将川陕苏区的历史研究推向深入。另有一篇属于利用“国方资料”深化川陕苏区研究的个案，作者基于民国《渠县档案》对涉及任炜章（1893—1934，四川南部县人，曾任国民革命军第二十军第四混成旅副旅长、渠县县长、红四方面军独立师师长，后在川陕苏区肃反期间被杀）的几个史实，如任炜章之名、任炜章任职渠县的时间、任炜章捐资慰劳十九路军等做了更为可靠可信的考释。

（五）关于木门军事会议以及川陕革命根据地军队建设问题。1933 年 6 月，川陕苏区先后召开了两个十分重要的会议——川陕省第二次党代会和木门军事会议。川陕省第二次党代会对根据地的未来作了明确的战略定位，规划了清晰的发展蓝图，全面部署了党和苏维埃政权的建设、红军扩编和整训等各项工作；木门军事会议就落实党代会的决议和精神，特别是有关部队扩编与整训作出了详细而具体的安排。这两次会议联系紧密，意义重大，是帮助我们解读这一时期川陕苏区历史的一把钥匙。木门会议的召开为红军队伍的壮大和川陕革命根据地的巩固，以及后来的反敌“六路围攻”取得全面胜利，都起到了重要促进作用，尤其是在红四方面军的扩编和地方武装力量的加强方面作出了突出贡献。川陕苏区时期，在军队数量急剧增加和战事频仍的历史环境下，红四方面军非常重视新兵训练工作，并且摸索出了一整套专门针对新兵教育和训练的方法，有力地提高了新兵的政治、军事素质，增强军队的战斗力，为红四方面军和川陕苏区的发展与壮大作出了重大贡献，也为中国人民军队的政治教育和军事训练积累了宝贵的经验。

（六）关于川陕苏区建设过程中的审计、肃反、禁烟等问题的专题研究。川陕苏区实行财审合一的审计制度，采用审查、巡视和惩处等手段，在苏维埃机构、党群组织和军队内部开展审计工作，对规范经济秩序，保障物资供应，支援前线战争起到了重要作用。在川陕苏区，政治保卫局在肃反中起着其他任何部门无法替代的作用。除此之外，革命法庭、工农监察委员会、各级苏维埃、军师政治部政务科、一些军事组织和群团组织等也是肃反的重要力量。这一庞大的肃反体系，有利于维护川陕苏区的安全和苏区内广大人民群众的利益。红四方面军在川陕苏区开展的禁烟运动，对解除当地人民的痛苦，对苏区的创建与发展，对红军的生存和扩充，都起了积极的作用，并向中国人民和世界人民表明，只有共产党及其领导的红军和苏维埃政府，才真正关心群众疾苦，重视人民健康，认真实行社会改革，彻底洗涤旧制度遗留的污泥浊水，才是工农大众自己的军队和政府。

（七）关于川陕苏区时期坚持群众路线、密切党群关系、维护群众利益、重视群众思想政治工作和群团组织建设等问题的专题研究。川陕苏区时期领导干部对群众工作高度重视，体现出相信群众、维护群众、发动群众、尊重群众和服务群众的群众观，建立了和谐的干群关系，为川陕苏区各项事业的发展奠定了坚实的群众基础。川陕苏区的创建、发展与党在土地革命中切实维护了群众利益密切相关。究其成功之道，在于党依据实际、充分尊重群众意愿、着眼群众根本利益，制定了符合当地的土地政策，最大限度满足了群众的土地诉求，同时还重视生存，立足发展，使群众的利益在发展中得到维护。革命时期，党成功实现了维护群众利益与政治动员的有机结合。以川陕苏区为例，党通过维护群众利益实现了有效的政治动员，同时政治动员亦成为党维护群众利益的主要工作方式，尤其在执政能力有限的情况下，甚至是革命年代唯一有效的方式。从结果而言，政治动员确实发挥了切实维护苏区群众利益的功效，同时亦起到动员苏区群众积极为中国革命最终胜利作出贡献和牺牲的作用。川陕苏区以多层次、全方位的立体工作管道为依托，以切实维护群众物质利益为工作抓手，通过宣传、教育、动员与沟通等方式，对群众展开以启发阶级觉悟、调动革命热情为核心的思想政治教育，不仅为苏区发展壮大作出不可磨灭的贡献，而且为我们今天留下宝贵的精神财富。川陕苏区在其存在的近三年时间里，红四方面军多数时间都在与敌作战，斗争频繁。川陕苏区党和苏维埃政府通过富有成效的群团组织建设，采取取之于敌、筹之于民、白区秘密采购或换购等诸多筹措方法，在对敌作战过程中把群众的力量充分发挥和凝聚起来，从而为红四方面军取得战争的胜利提供了良好的后勤保障，极大地支援了前线作战。

（八）川陕苏区，多山地，石材丰富，石刻标语是革命宣传的一个重要介质，至今依然显映在这块红色革命大地上的石刻标语也是研究川陕苏区的一种重要文献。2010 年 9 月 1 日至 3 日，由中共巴中市委发起并具体承办，中国中共党史学会、中国中共文献研究会、中共四川省委宣传部、中共四川省委党史研究室和巴中市委共同主办的中国工农红军石刻标语研讨会在巴中市隆重召开。来自中央党史研究室、中央文献研究室、中央党校、中国革命博物馆、四川省委宣传部、四川省委党史研究室、四川省委党校、西华师范大学的专家学者以及延安、遵义、赣州、黄冈、柳州、白银、汉中、广元、南充、达州、巴中等革命老区 7 省 11 市的党史、军史、博物馆、纪念馆研究专家、地方领导共计 130 余人参加了会议，会上共收到专家学者提交的论文 63 篇。本刊当年刊发了这次会议的学术综述，一并收录于此。

可以确信，课题组近年来的成果已然将关于川陕苏区的研究推进到了一个新的高度，对于川陕苏区的研究和认识已然得到了进一步的深化。本书所集仅仅是课题组的部分成果，但亦可见一斑。

三

作为加工过这些论文的编辑，还有两点感悟，借此分享。

其一，“历史学家靠文献来进行研究。……没有文献就没有历史”①。确实，史料是史学的基础，是史家认识和重建过去的中介；没有史料，就无从谈及治史，也就等于没有历史，亦如傅斯年的口号“史学即史料学”。当年的新史学，按傅斯年的主张，史家的职责是“上穷碧落下黄泉，动手动脚找东西”，也许有先找“史料”、有了“史料”也就有了相应的研究的意思，但对于川陕苏区而言，不尽然。这不是一个有待我们去发现的问题，它已经是一个我们要努力深化研究的问题了，但资料的匮乏对于深化川陕苏区的研究的确也是一个很现实的问题。怎么办呢？所幸，课题组已经意识到充分利用国民党方面的文

① ［法］朗格诺瓦、瑟诺博司：《史学原论》（第一卷），大象出版社 2010 年版，第 3 页。

献资料(简称"国方资料")对于研究川陕苏区的价值。

由于多方面的原因,中国共产党方面留下的关于川陕苏区的文献资料(本书论者相对于"国方资料"而简称"共方资料")缺坏甚多,随着时间的推移,以后恐怕难以有新的系统的发现。但是,相关的"国方资料",我们过去却少于应用。关于造成川陕苏区历史文献"共方资料"缺乏的原因以及"国方资料"的价值,本书有文论证,此不赘言。作者所表明的立场是应该鼓励的:

> 第二次国内革命战争时期的革命根据地在中国现代史上具有特殊的地位,但(相关)研究……在文献资料的选择和使用上,只有"共方",没有"国方",甚至对传统所谓的"第三方"的文件也要通过"省略""节录"等方式进行"过滤"使用。80 年过去了,这种现象应该得到改变,让川陕苏区的研究归位于历史,以更大的气度和气概,正视敌对的称谓,正视敌意的贬抑,大胆而客观地选择和使用"国方资料",将川陕苏区的历史研究推向深入。

事实上,本书所收录的一篇关于任炜章的论文即利用"国方资料"示范了这一思路的贡献和价值。虽然,对于整个川陕苏区研究课题组而言,这一研究思路尚未大面积展开,但它分明就是拓展和深化川陕苏区研究的另一束强烈的光亮。

如今世界的历史学发展,相对于客观主义史学而言,西方后现代史学反"实证史学",行"语言的转向",否认史学的客观性和真实性,一个基本的依据是,史家所依据的史料本身既不客观,也不真实,它不仅包含着记述者的偏见、局限和误解,而且只是一种与客观实在没有必然联系的语言形式;因此,依据史料而撰写的历史不可能是客观真实的,历史只是一种类似文学的"想像"的产物。按照后现代主义者的这种逻辑,史料中不一定包含关于过去事件的真实信息,史家运用这样的史料来解释历史,只是一种语言层面上的"智力游戏"。这种新的"史料"观念,重新界定了史料的性质,打破了对史料的轻信乃至迷信，对于史家更谨慎地利用史料无疑是富有启示的。但是，除了史料，还有什么其他更可靠的材料可以帮助史家“真实”地了解和解释过去呢？确实地，对于历史研究而言，世间没有比史料更有用的依据；依据史料所撰写的历史固不完全可信，但抛开了史料就根本无法写出任何历史。若真如后现代史学所主张的“文本之外，别无他物”（德里达语），完全切断“文本”与“过去”的连锁，进而轻视史料，撇开史料对解释的制约，否认史料在史学中的核心的和基础性的地位，恐怕会从根本上颠覆史学存在的正当性，史家“所建立的历史，必将化为子虚乌有的符号游戏，而别无实指。”①因此，史学要存在，除了依靠史料（尽管它并不也不可能完美），并没有其他更好的取向。史家还是得一门心思地找史料。对历史学而言，“惟有通过艰苦的资料整理工作，才能有所更新和发现。”②史学还是要以史料为基础的，“史料的尽量扩充”始终是必要的。

与此同时，需要强调的是，对于历史研究，包括对川陕苏区的研究，必须旗帜鲜明地反对“回锅肉史学”。20 世纪 80 年代中期，有学者即曾指出：

> 前一个时期，我们史学界存在过一股不正之风，其重要表现之一就是拒绝在反映历史事实的原始资料上下苦功，到写文章时现找几条二手、三手的资料点缀一下，于是便放言高论，好像煞有介事。其实，不论犹可，愈论愈加深混乱，离开历史真实愈来愈远。人们戏称这种学风为“回锅肉史学”，因为它不过是在别人的成果上再加点佐料，回一下锅而已。也有人戏称之为“议论史学”，因为它除了空发议论之外，实在并没有在史学研究上做出任何真正的贡献。③

又 30 年过去了，“学术”著作、论文的体量大多了，但立足史料而有分量的研究成果比例越来越小，恐怕非不符实。一百多年前，英国史学家 F.约

---

① 黄进兴：《后现代主义与史学研究》，生活·读书·新知三联书店 2008 年版，第 138 页。
② ［法］马克·布洛赫：《历史学家的技艺》，上海社会科学院出版社 1992 年版，第 66 页。
③ 韦庆远：《利用明清档案进行历史研究的体会》，《文史知识》1985 年第 11 期。

克·鲍威尔曾说,“大量的垃圾已经阻碍了知识的进步”,①一百多年以后,这句话恐怕也并没有过时。于川陕苏区研究而言,这种依据现有的第二、第三手文献拼接而成的“回锅肉史学”成果恐怕也还是大量存在的。过去我们批判过“剪刀加浆糊”式的学风,现在这种“批判”恐怕还需要继续,要真正进化成为一种自觉的意识。

其二,正如李剑鸣教授所说,研究历史须从史料出发,史料占有的多少和质量,决定一项研究的价值。② 接续下去的话,一项研究的价值高低更取决于对史料的解读和利用史料对历史发展进行的解释。何以能对史料形成更为合理而充分的解读,取决于研究者自身对相关历史事件的基础和把握,进而能产生更多的纵横联系,从而对一则史料有了更多的提出问题和解释问题的维度。

这里的解释,概而言之包括两个方面,一是对史料本身的解读(文本考辨、意义阐释),二是基于此上的历史解释。

史料是通过人的记录而留存的,并不等于所记录的事实本身,而只是对这一事实的一种观察。文本考辨目的是确定史料文本的性质和价值,主要包括“鉴别史料”(辨别真伪,辨别时间、空间、作者、版本和用途)、“考订记事”(史料所记之事的真伪和准确性)、“校勘文字”(考据难以确定的文字)和“解释史料”(主要是词句的解读)。

从理论上说,“解释”是以一种平等的姿态,关注历史的进程、情势和联系。所以,它更能体现史学的要求和特征,因为史家只是过去的诠释者,而不是裁判官和辩护人。史料本身是不会说话的,史实的意义也不是不证自明的,不同史实之间的关联通常也是深藏不露的。如果不经史家的选择、编排、联络和阐释,就没有历史知识可言。所谓历史解释就是将零散而混乱的过去信息变成有条理有意义的历史知识,第一位的就是确定历史事实。

再进一步的历史解释最重要的就是“因果解释”。这一点,中外史家认识上是一致的。波兰著名史学家耶日·托波尔斯基说:“只有因果性解释可以

---

① [英]F.约克·鲍威尔:《致读者》,载朗格诺瓦、瑟诺博斯:《史学原论》,大象出版社 2010 年版,第 2 页。

② 李剑鸣:《历史学家的修养和技艺》,上海三联书店 2007 年版,第 248 页。

当作严格意义上的一种解释。提出因果性解释是历史学家超出简单的事件描述,并且将他的研究与科学规律和理论研究结合起来的基本程序。”①我国著名史学先贤、中国文化学的奠基人柳诒徵论得更简明,“历史之学,最重因果。人事不能有因而无果,亦不能有果而无因。治历史者,职在综合人类过去时代复杂之事实,推求其因果而为之解析,以诏示来兹,舍此无所谓史学也。”②王国维亦论:“欲求知识之真与道理之是者,不可不知事物道理之所以存在之由,与其变迁之故”,“求事物变迁之迹,而明其因果者,谓之史学。”③

一如马克·布洛赫语,“‘理解’才是历史研究的指路明灯。”④何以建构合理的历史解释?关键在于理解。这一点,中外史学家的主张也是相类的,说明历史学的本质是一致的。怎样“理解”?中国学者最熟悉的可能是陈寅恪的“了解之同情”,西方学者主张“心通意会”亦是此意。英国学者巴特菲尔德所论较为典型:

> 我们如果不从历史人物的内心来看他们,不像一个演员感受他所扮演的角色那样来感受他们——把他们的想法再想一遍,坐在行动者而不是观察者的位置上——就不可能正确地讲述故事。……(这一点的确难以做到)……但无论如何,历史学家必须把自己置于历史人物的位置上,必须感受其处境,必须像那个人一样思想。如果没有这种艺术,不仅不可能正确地讲述故事,而且也不可能解读那些重构历史所依靠的文件。传统的历史写作强调富于同情的想像(sympathetic imagination)的重要性,目的是要进入人类的内心。⑤

---

① [波]耶日·托波尔斯基:《历史学方法论》,华夏出版社1990年版,第528页。

② 柳诒徵:《中国文化史》,上海古籍出版社2001年版,“绪论”第1页。

③ 清华大学国学研究院编:《〈国学丛刊〉序》,见《王国维文存》,江苏人民出版社2014年版,第701页。

④ [法]马克·布洛赫:《历史学家的技艺》,上海社会科学院出版社1992年版,第105页。参阅王加丰:《“理解”——20世纪西方历史学的追求》,《历史研究》2001年第3期。

⑤ 转引自李剑鸣:《历史学家的修养和技艺》,上海三联书店2007年版,第298页。

对于历史事实的建构，历史学者需要回到历史的现场，“与立说之古人，处于同一境界，而对于其持论所以不得不如是之苦心孤诣，表一种同情。”不是说感情上的倾向，而是求理解基础上的认同，更为要紧的是，不仅“同情”历史事实中的当事者，更须“同情”为历史留下痕迹的记史者以及以后的研究历史者。历史学总是以特定的视角与史料打交道的，史料中的事实要受到历史学家的关注并被纳入历史学家的历史构图，其中的前提必须是历史学家思想的光亮投射到原本一片暗寂的史料之中的某个部分，求其因果，这里的历史学家也是需要“了解之同情”的。

相对于川陕苏区研究而言，既需要对当时留下的文献的“了解之同情”，也需要对后来研究川陕苏区形成的第二手文献的“了解之同情”，一个共同的要求是，需要冷静地甄别，比如，川陕苏区时期留下的很多文献都具有宣传的性质，有些本身就是停留在“宣传”性质上的文献，与实际的历史事像恐怕是有相当的差距的。又比如，过去几十年留下来的研究成果，由于没有准确可靠的第一手资料，各自形成的文本本身就有差距甚至是矛盾，进一步的研究在面对这些差距和矛盾的时候也是需要冷静的“了解之同情”的。这里有需要慎重把握的一个尺度，可能也是进一步深化川陕苏区研究的意识和门径。

川陕革命根据地研究的回顾与展望

苟德仪　蔡东洲　李　健

倘若乡村是解开中国社会与历史的钥匙，那么革命便是理解20世纪中国历史的关键。谁也不会否认，革命是20世纪中国的重要特征，尤其是20世纪20年代以后，革命成为了很多政党的共同诉求，如国民党提倡的“国民革命”、共产党的“阶级革命”、青年党的“全民革命”等，形成一种竞争态势。尽管他们革命的方式、手段、最终目的等各异，但把“革命”当做实现自己政治理想的根本手段，则是相同的。

中国共产党在广大乡村进行的苏维埃革命将“乡村社会”与“阶级革命”联系起来，为20世纪中国的革命增添了新的内涵。作为中国革命中承上启下的一个阶段，苏维埃革命不仅部分地延续了以往的革命文化，而且给当代中国的政治体制、思想文化以及动员范式等方面留下了深深的烙印。因此，加强对中国的苏维埃运动的研究，不仅对深化中共党史、中国现代史的研究有所裨益，也有助于加深对中国社会主义运动的理解。

从个案研究入手，通过一个特定的区域来考察中国的苏维埃革命，是深化苏维埃革命研究的有效途径。川陕革命根据地就是这样一个区域，作为整个中国苏维埃革命的重要组成部分，川陕根据地的苏维埃革命，不仅有其他地区苏维埃革命的共性，也有其自身的个性；不仅实践了中共的苏维埃革命理论，而且丰富和发展了这一理论。有鉴于此，本文拟对川陕革命根据地的研究作一简要回顾,并对未来的研究进行展望①。

一、川陕革命根据地的历史地位

川陕革命根据地②是第二次国内革命战争时期,在中共领导下,由红四方面军撤出鄂豫皖根据地后创建的一个重要根据地,是当时中国"十大"苏区之一③。该根据地以四川北部的通(江)、南(江)、巴(中)为中心,横跨川陕两省,处于川陕两省交界的大巴山区,这里崇山峻岭,物产丰富,地势险要,易守难攻,是建立根据地的绝佳地方。清代政治家严如熤曾言及:"陕西之汉中、兴安、商州,四川之保宁、绥定、夔州,湖北之陨阳、宜昌,地均犬牙相错,其长林深谷,往往跨越两三省,难以界划。故一隅有事,边徼悉警。"④显然,"犬牙相错"和"长林深谷"非常准确地刻画了这里的地形、地貌特征,也是川陕革命根据地得以创立和发展的重要条件。

川陕革命根据地是在红四方面军反国民党"围剿"失利,离开鄂豫皖革命根据地后进行了长途西征,并和四川军阀的不断战斗中建立的。一定程度上可以说,严酷的军事斗争是川陕革命根据地历史的主要内容。诚如徐向前所言:"从我军入川到强渡嘉陵江的两年另三个月里,仅战役规模的打仗,就足足打了十六个月。"因此,尽管川陕省苏维埃政府采取过很多的政治、经济、军

---

① 20世纪80年代,温贤美已对川陕苏区的研究现状进行过总结,近年来,一些学位论文对此也多有概述,但都不够详尽。参见温贤美:《川陕革命根据地史研究综述》,《川陕革命根据地论丛》,四川大学出版社1987年版,第296—312页;杨俊丽:《川陕革命根据地的地位与作用》,西南师范大学未刊硕士论文,2001年,第5—6页;叶芳:《川陕革命根据地的妇女社会地位变迁研究》,西南交通大学未刊硕士论文,2005年,第1—3页。

② 相关文献对川陕革命根据地有不同的称谓,据笔者考察,计有"川北苏区"、"川陕苏区"、"川陕赤区"、"川陕豫苏区"、"四川苏维埃区域"、"川陕边苏区"、"通南巴苏区"、"江西第二"、"四川匪区"、"川北老根据地"、"川陕边老根据地"、"川陕边区根据地"、"川陕根据地"、"川陕区革命根据地"、"川北革命根据地"、"川北根据地"、"川陕赤区"等等。本文使用了学界常用的称谓。

③ 四川大学川陕革命根据地研究组:《川陕革命根据地历史文献选编》(上),四川人民出版社1979年版,第303页。

④ 严如熤:《三省山内风土杂识》,陕西通志馆1935年版,第1页。

事、文化方面的建设措施，但收效有限，最终因长年战争的消耗和破坏，川陕根据地被“搞得民穷财尽”①，加上蒋介石与四川军阀的联合“围剿”，策应中央红军的需要等因素的影响，红四方面军最终在强渡嘉陵江战役后，放弃了这一根据地，使“赤化全川”的战略构想变为了泡影。

川陕革命根据地在地势上有重要战略地位：“有巴山之天险，扼汉水长江之咽喉，向南发展可以截断长江，虎视武汉；向北发展可以据汉中而制西安；向西发展可以打通甘肃、新疆与苏联联络；向东发展可以联系湘鄂西及鄂豫皖赤区。”②因此，根据地建立之初，即得到了以毛泽东为代表的中华苏维埃共和国中央执行委员会与人民委员会的高度赞誉：“由于红四方面军的远征，在辽远的中国西北部，开展了广泛的群众革命斗争，把苏维埃的种子广播到革命形势比较落后的区域中去了。红四方面军的英勇善战，在不足一年之内，已经在廿余县建立了苏维埃政权，已经发展了十倍以上的红军队伍，号召了整个四川的工农劳动群众与白军兵士倾向于苏维埃革命，在中国西北部建立苏维埃革命新的强有力的根据地。川陕苏区是中华苏维埃共和国的第二大区域，在川陕苏区有地理上、富源上、战略上和社会条件上的许多优势，川陕苏区是扬子江南北两岸和中国南北两部间苏维埃革命发展的桥梁，川陕苏区在争取苏维埃新中国伟大战斗中具有非常巨大的作用和意义。这使蒋介石与四川军阀都不得不在红四方面军伟大的胜利面前发抖起来。”③徐向前也称：“川陕革命根据地，在第二次国内革命战争中有过它的光荣历史地位和作用。那里的人民群

---

① 徐向前：《历史的回顾》，解放军出版社 1984 年版，第 407 页。

② 四川省社会学科院：《川陕革命根据地史料选辑》，人民出版社 1986 年版，第 50—51 页。

③ 中国现代史资料编辑委员会翻印：《苏维埃中国》（第二集），内部资料，1957 年，第 248—249 页。《苏维埃中国》一书是根据苏联外国工人出版社的版本翻印的。原书的第一集系 1933 年印的，第二集系 1935 年印的。而在中华苏维埃共和国临时中央政府机关报《红色中华》中，也刊登了毛泽东代表中华苏维埃共和国中央执行委员会和人民委员会所作的报告，不过对川陕苏区的论述有所不同：“由于红四方面军的远征，在远远的中国西北部，开展了广泛的群众革命斗争，把苏维埃的种子广播到革命形势比较落后的区域中去了。红四方面军的英勇善战，在不足一年之内，已经赤化了十多县。号召了整个四川的工农劳苦群众与白军士兵倾向于苏维埃革命，这使蒋介石与四川军阀都不得不在红四方面军伟大胜利的面前发抖起来。”参见《红色中华》第二次全苏大会特刊第 3 期，1934 年 1 月 26 日。

众，为了中国革命的胜利，前仆后继，艰苦奋斗，英勇牺牲，贡献了他们所能贡献的一切力量。红四方面军的生存、发展、壮大，与川陕根据地人民的大力支援是分不开的。成千上万川陕人民的英雄儿女，在创建和保卫根据地的斗争中，献出了宝贵的生命。”①

尽管川陕革命根据地存在的时间不长，但在中国现代史上具有重要历史地位。在军事上，红四方面军自 1932 年年底入川之后，英勇善战，势如破竹，取得了一系列伟大胜利。不仅迅速解放了通、南、巴等县城，奠定川陕革命根据地的基础，而且在反“三路围攻”、“六路围攻”、“广昭战役”、“陕南战役”、“强渡嘉陵江战役”中，给四川军阀和国民党势力以沉重打击。同时，残酷的战争也锻炼了红四方面军，扩大了红四方面军，支援了其他革命根据地的斗争，对全中国长征的胜利起了桥梁、策应和掩护作用。政治上，川陕苏区动员了数百万乡村劳苦群众参加革命，建立了为数众多的苏维埃政权，促进了西北地区革命形势的发展，为抗日民族统一战线的形成做了一定准备。在文化教育上，川陕革命根据地兴办了很多列宁学校，开办了各种识字班、军事训练班等，不仅造就了一大批党政军干部，提高了百姓的文化水平，为中国革命的最后胜利作出过巨大贡献。苏维埃政府还通过各种宣传方式宣传卫生知识，对改善百姓的卫生条件也非常有益。在社会治理方面，川陕革命根据地进行了轰轰烈烈的土改，严禁鸦片，治理匪乱，提倡婚姻自由等，均取得一定的成效。从长时段来观察，这些措施并未随着国民党的反攻倒算彻底失效，相反使川陕边区发生了深刻的社会变革。

二、川陕革命根据地研究的回顾

重要的客体往往会成为史家关注的焦点。川陕革命根据地亦不例外。通观学界对川陕革命根据地的研究历程，大体可分为四个阶段：

第一阶段，20 世纪 60 年代以前，川陕革命根据地研究的奠基期。

① 徐向前：《历史的回顾》，解放军出版社 1984 年版，第 410 页。

对于任何带有开创意义的研究来讲，文献资料的搜集和整理都是第一位的。早在20世纪40年代，有关川陕革命根据地的文献收集整理工作已开始。1945年，中共中央宣传部编辑出版了《红军第四方面军和鄂豫皖边区、川陕边区史料》一书，限于书中所涉内容的机密性，只印了500本。1951年，中央人民政府南方老革命根据地访问团川陕分团，以王维舟、余洪远为正副团长，赴川陕革命老区慰问，收集了一批珍贵历史文献资料，为后来川陕革命根据地历史资料的整理打下了基础。1955年，傅钟撰写了《红四方面军创建川陕革命根据地及长征情况概述》①，对红四方面军创建川陕革命根据地的历史作了简单梳理。1957年，黄自敬根据搜集的资料，整理出《川陕区革命根据地资料选辑》②，披露了许多川陕革命根据地的原始资料，并摘录了中央南方老革命根据地访问团川陕分团的工作报告，至今仍具有参考意义。黄自敬还撰写了《关于巴中县苏维埃政府禁烟布告》的专题论文，虽系解读这一布告，实际对近代的烟毒泛滥等问题皆有所旁及③。1959年四川大学部分师生在通、南、巴地区进行大规模的口述资料采集，加大了根据地史料收集的力度和范围。1960年3月，隗瀛涛、伍宗华等教授参加编写出版《川陕革命根据地（通、南、巴）简史》，对川陕苏区的历史进行了初步梳理④。这些资料的整理和研究，奠定了川陕革命根据地历史研究的基础。可惜这一良好的势头，在“文革”中被迫中断。

第二阶段，“文革”期间，川陕革命根据地研究陷于停顿。

“文革”期间，整个国家政治动荡，学术研究近乎停滞。川陕革命根据地的研究，也因曾参与创建、巩固和发展川陕革命根据地的主要领导人——张国焘的问题，成为研究的“禁区”。这一期间，几乎没有相关成果出版。

第三阶段，改革开放以来至20世纪末，川陕革命根据地研究再度兴起，研

---

① 傅钟：《红四方面军创建川陕革命根据地及长征情况概述》，《党史资料》1955年第3期。

② 黄自敬所辑录的《川陕区革命根据地资料选辑》，载于《近代史资料》1958年第3期（总第20号）中，披露了大量原始资料，为后来的研究奠定了良好基础。

③ 黄自敬：《关于巴中县苏维埃政府禁烟布告》，《历史研究》1958年第8期。

④ 参见四川大学历史系撰写的《川陕革命根据地的建立和发展》一文，载于《四川文史资料选辑》第21辑，第1—119页。

究重点注重宏观建构，全面反映川陕苏区的历史概况，并取得不少成果。

“文革”结束后，经过拨乱反正，川陕革命根据地历史资料的收集、整理以及研究工作再次开启。在20世纪80年代至90年代初，掀起了一股研究热潮。这一阶段出版的回忆录、文献资料、论著为数不少，具有代表性的如：四川大学马列主义教研室《川陕革命根据地资料选编》（内部资料，1978年）、川陕革命根据地历史研究会《川陕革命根据地历史文献选编》（上、下册，四川人民出版社1979年版）和《川陕革命根据地历史资料选辑》（内部资料，1979年）、成都部队川陕革命根据地军事斗争史编委会《巴山烽火——川陕革命根据地回忆录》（四川人民出版社1981年版）、林超等《川陕革命根据地历史长编》（四川人民出版社1982年版）、许世友《我在红军十年》（战士出版社1983年版）、徐向前《历史的回顾》（解放军出版社1984年版）、温贤美《川陕革命根据地英烈传》（四川省社会科学院出版社1984年版）、川陕革命根据地博物馆《川陕苏区革命历史歌谣》（四川文艺出版社1985年版）、四川省社会科学院和陕西省社会科学院《川陕革命根据地史料选辑》（人民出版社1986年版）、四川省档案馆《川陕苏区报刊资料选编》（四川省社会科学院出版社1987年版）、四川省税务局等《川陕革命根据地工商税收史料选编》（重庆出版社1987年版）、元江《关于川陕革命根据地的几点考订》（《近代史研究》1987年第3期）、四川省财政科学研究所《川陕革命根据地财政经济史料选编》（四川省社会科学院出版社1987年版）、温贤美编《川陕革命根据地论丛》（四川大学出版社1987年版）、林超等《川陕革命根据地史》（四川省社会科学院出版社1988年版）、中共达县地委党史工作委员会编《川陕革命根据地斗争史》（华夏出版社1989年版）、中国工农红军第四方面军战史编委会《中国工农红军第四方面军战史资料选编・川陕时期》（解放军出版社1993年版）、范青《陈昌浩传》（中共党史出版社1993年版）、川陕根据地革命文化史料征编委员会《川陕根据地革命文化史料选编》（三秦出版社1997年版），等等。

应该说，这一阶段的研究成果是丰富而有价值的。之所以会在此阶段取得如此成就，首先是因为此研究在“文革”期间被迫中断，学者们无论是在资料、还是观点方面已积累了很长时间,这是一次总的爆发。其次,原红四方面军主要领导人徐向前、李先念、傅钟等人的大力支持。他们不仅接受学者们的采访,在资料方面帮助研究者,还为出版的书籍撰写序言、题签等。再次,党和政府的政策支持,使得学术环境整体较为宽松,很多过去敏感的所谓禁区问题,现在随着新史料的不断发掘,可以在学术上进行讨论。最后是川陕革命根据地历史研究会的成立①,《川陕苏区历史研究》刊物的创办②,以及川陕革命根据地博物馆的建立等,极大地推动了川陕革命根据地相关历史问题的研究。

第四阶段,21 世纪以来,川陕革命根据地的研究重点转向重大问题和专门问题的研究,也取得了不少有价值的成果。

川陕革命根据地的研究,自 21 世纪以来,延续了此前的研究热潮。很多研究者针对川陕革命根据地的某些研究薄弱问题,比如妇女参军与地位变迁③、川陕苏区乡村社会的变迁问题④、医疗卫生事业⑤、农业生产⑥、教育问题⑦、土地改革与基层政权建设⑧、思想政治工作问题等等⑨,展开了专题性的研究。另外,中共四川省委党史研究室和巴中市委市政府,对推动川陕革命

---

① 此研究会成立于 1979 年 5 月,结束于 1985 年 12 月。期间先后召开了四次有关川陕苏区的学术研讨会,出版的有关资料、论著达 650 万字以上。对川陕革命根据地的历史研究,起到极大推动作用。详情参见温贤美:《关于川陕革命根据地历史研究会成立以来的工作总结》,温贤美主编:《川陕革命根据地论丛》,四川大学出版社 1987 年版,第 363—373 页。

② 《川陕苏区历史研究》是研究川陕苏区史的专门刊物,由川陕革命根据地博物馆主编,刊名自 1993 年起改为《川陕苏区历史》,主要刊登有关川陕苏区史研究的相关文章。

③ 杨俊丽:《川陕革命根据地的地位与作用》,西南师范大学未刊硕士论文,2001 年;叶芳:《川陕革命根据地的妇女社会地位变迁研究》,西南交通大学未刊硕士论文,2005 年;沈婷婷:《川陕苏区女红军研究》,西华师范大学未刊硕士论文,2012 年。

④ 时广东:《红色区域内乡村社会变迁的思考——以川陕边苏区为例》,《社会科学研究》2002 年第 6 期。

⑤ 朱麓蓉:《川陕苏区医疗卫生初探》,四川大学硕士论文,2006 年。

⑥ 张强:《川陕苏区农业生产问题研究》,四川大学硕士论文,2007 年。

⑦ 廖冲绪:《试论川陕苏区的普通教育(1932. 12—1935. 04)》,西南交通大学硕士论文,2006 年。

⑧ 张林:《川陕苏区的土地改革与基层政权构建——20 世纪三十年代乡村社会革命的个案分析》,四川大学硕士论文,2007 年。

⑨ 李敏:《川陕革命根据地的思想政治工作研究》,中央文献出版社 2011 年版。

根据地的研究做了大量工作。中共四川省委党史研究室连续几年都将川陕革命根据地研究列为重点研究课题发布,并亲自组织力量编写川陕革命根据地的历史著作。巴中市委与政府组织多次学术研讨会,邀请全国相关专家到巴中参加会议并实地考察,编辑出版了相关论文集和专门著作①。而近年设立于四川文理学院的四川革命老区发展研究中心,多次将川陕苏区的历史问题列入研究课题进行发布,为川陕革命根据地的研究搭建了良好的平台。

综上所述,既有研究无论在资料的搜集与整理、史实的再现与考订、问题的思考与探讨方面,无疑都有重大进展。然而,仍存在不少局限。就川陕革命根据地历史文献资料的搜集、整理而言,已出版的许多文献资料主要存在以下问题:

第一,残缺不全。主要表现在资料收集的范围狭小,来源单一。不仅国民党政府方面的资料很少收集,就连中共内部出版的比如《红色中华》、《斗争》等刊物上的资料多未收录,以致仍有不少资料散存于川陕两省各地史志部门、档案馆和文管所及民间收藏者手中,尚未整理出版。即使已整理出版的文献,其完整性也有很大问题。或许限于资料的保存状态和政治环境的影响,很多本应该全录的资料,当时采取了“节录”和“摘录”的形式,很多重要的历史信息被忽略。

第二,编辑颇不规范,体例混乱。已出版的文献资料中,原始资料与回忆录、口述资料混编,不同类别的资料混编等现象屡见不鲜。而且原始文献与今人添加混杂,以致学者难以置信。

第三,版本庞杂,不仅重复现象严重,且多龃龉之处。比如关于苏区的各种群众组织,既散见于四川大学川陕革命根据地研究组编的《川陕革命根据地历史文献选编》(上册)中,又见于四川省社会科学院等编的《川陕革命根据地史料选辑》中,同时还收录于川陕革命根据地博物馆等编的《川陕革命根据

---

① 熊华:《川陕革命根据地历史研究论文集锦》,中央文献出版社 2009 年版。

地财政经济史料选编》中,但同一文件的内容和文字差异相当大[①]。究竟谁是谁非,是个很大问题。

第四,错误较多。比如四川省档案馆所编《川陕苏区报刊资料选编》中,"为保卫赤区消灭刘湘而战——张国焘在中共川陕省第三次代表大会上的报告",所判定的年代就明显错了,不是 1933 年 2 月,而是 1933 年 12 月[②]。因为中共川陕省第三次代表大会召开的时间是 1933 年 12 月 11 日[③]。再如四川大学川陕革命根据地研究组等编的《川陕革命根据地历史文献选编》中,其《对白军士兵的宣传大纲》有"不过愈发使自己烦脑罢了"一语,"烦脑"显系"烦恼"之误[④]。诸如此类问题,举不胜举。

就川陕革命根据地研究而言,或囿于资料的搜集和整理不到位,或因张国焘问题政治上的敏感性,或因研究群体学术研究水平偏低,以致研究中问题意识的普遍缺失,研究视野的褊狭,很多成果多是"浅表性"的重复论述,鲜有层层剥落、深入分析的精品力作。至今还有许多基本的问题都还没有得到解决。比如川陕革命根据地存在的时间到底是多久?川陕革命根据地的面积到底是多大?川陕革命根据地的人口到底是多少?川陕革命根据地的禁烟措施和成效是否如当时文献所言的那样?川陕革命根据地真的是当时的"第二

---

① 在四川大学川陕革命根据地研究组等编:《川陕革命根据地历史文献选编》(上册)中,"苏区的各种群众组织"属于"红色战士必读"的第 8 部分内容,原本共有十一个组织,缺(二)至(四)共三个组织的内容,实存八个组织。另见四川省社会科学院等编:《川陕革命根据地史料选辑》,人民出版社 1986 年版,第 196—200 页。据《川陕革命根据地史料选辑》称,"苏区的各种群众组织"以单件形式存西南师范学院(即今天的西南大学),文件作者为"红三十军八十九师政治部翻印",无时间,而该资料显示当时川陕苏区有十三个组织。另外,川陕革命根据地博物馆等编:《川陕革命根据地财政经济史料选编》(四川省社会科学院 1987 年,第 136—137 页)也比较简略地介绍了"川陕苏区的各种群众组织",主要是互济会和合作社。最后的署名和落款为"西北军区政治部(1934 年)1 月 10 号红字第六号红军卅军八十九师政治部翻印"。

② 四川省档案馆:《川陕苏区报刊资料选编》,四川省社会科学院出版社 1987 年版,第 13 页。

③ 四川大学川陕革命根据地科研组:《川陕革命根据地大事月表》,载《四川文史资料选辑》第 21 辑,第 158 页。

④ 四川大学川陕革命根据地研究组:《川陕革命根据地历史文献选编》(上),四川人民出版社 1979 年版,第 428—429 页。

大苏区”吗?① 川陕革命根据地到底建立了多少县级苏维埃政权? 红军离开川陕革命根据地的原因究竟是什么? 都还有待专家学者重新探讨。

三、川陕革命根据地研究的展望

川陕革命根据地的研究,无论是资料的搜集整理,还是相关问题的探讨,已有一定的基础。将来要继续深化这一研究,以下几方面是值得努力的:

(一)从过去以宏观历史建构为主转向以问题探讨为主。

上文已提及很多尚待解决的问题,涉及川陕革命根据地的一些基本史实。弄清楚这些基本问题,是深入研究的前提。比如川陕革命根据地到底“存在”了多久? 就是研究这段历史首先要解决的问题。遗憾的是,学界对此众说纷纭,莫衷一是。有这样几种说法:

第一种说法:“二年有余”。1951 年,中央人民政府南方老根据地访问团川陕分团对川陕苏区进行了慰问,回京后写的《工作报告提纲》称:“红军在川陕根据地前后二年有余”②。这种说法比较笼统。

第二种说法:“二十七个月”。这是在《中国工农红军第四方面军战史》一书中提出来的:“敌唐式遵部遂于四月十四日占旺苍坝,二十一日占苍溪。至此,敌人占领了嘉陵江东岸地区并封锁了嘉陵江。从此,红四方面军离开了战

① 川陕苏区是“第二大苏区”是毛泽东代表中华苏维埃共和国中央执行委员会和人民委员会在第二次全苏大会上作的报告中提及的,为研究者广泛引用。我们查阅了两个版本的报告,发现刊载于《红色中华》(第二次全苏大会特刊第 3 期,1934 年 1 月 26 日)中的报告中并没有第二大苏区的论述。原因究竟为何,尚待考查。实际上,作为一个学术命题,川陕苏区是否是第二大苏区,比较的标准是面积还是人口呢? 这是要进行比较研究后才能得出结论的。其他根据地面积的大小问题,直到最近还有新的结论出现(比如中央苏区,见林强《中央苏区的范围究竟有多大》,《中共党史研究》2008 年第 5 期)。此前已有学者注意到,川陕革命根据地“从面积上说它是仅次于中央革命根据地的全国第二大根据地,从人口上说则超过了中央革命根据地”。详见叶芳《川陕革命根据地的妇女社会地位变迁研究》(1932. 12—1935. 4),(西南交通大学硕士论文,2005 年,第 1 页)。因此,只有对各大根据地进行通盘研究,详细考证并得出较为真实的结论后,才能进行比较研究。

② 中国科学院历史研究所第三所:《近代史资料》(总第 20 号),科学出版社 1958 年版,第 108 页。

斗二十七个月的川陕根据地，踏上了新的征程。”[①]换句话说，川陕根据地存在了两年零三个月。

第三种说法：“两年零四个月”。在《川陕革命根据地斗争史》之“前言”中，称川陕革命根据地持续的时间是“两年零四个月”。[②] 持此说者，还有《四川老区概览》一书以及部分硕士学位论文[③]。而四川省博物馆等编《川陕革命根据地历史文献选编》的“编者说明”中谓：“收入了一九三二年十二月至一九三五年三月间，川陕革命根据地历史文献资料，共一百六十三篇。”[④]这个时间断限仍是两年零四个月。这一说法也得到部分历史当事人的佐证[⑤]。

第四种说法：“川陕革命根据地的时间断限，自 1932 年 12 月起至 1935 年 10 月止。”[⑥]按此，则川陕革命根据地存在的时间长达两年零十一个月，近三年了。

第五种说法：“两年多”，这是林超、温贤美等《川陕革命根据地历史长编》提出的：“从 1932 年 12 月到 1935 年 4 月，川陕革命根据地虽然只有两年多的历史，但它经过粉碎敌人的三路围攻。”[⑦]确切地说，他们认为川陕革命根据地的时间断限是两年零五个月。温贤美在《川陕革命根据地史研究综述》中就认为：“川陕革命根据地自 1932 年 12 月 29 日成立川陕省临时革命委员会起，

---

① 中国工农红军第四方面军战史编委会：《中国工农红军第四方面军战史》，解放军出版社 1989 年版，第 315 页。

② 中共达县地委党史工作委员会：《川陕革命根据地斗争史》，华夏出版社 1989 年版，第 2 页。

③ 龚自德等主编：《四川老区概览》，成都科技大学出版社 1995 年版，第 60 页；罗其芳：《20 世纪 30 年代川陕苏区土地革命问题评析》，四川师范大学硕士学位论文，2002 年，前言；朱麓蓉：《川陕苏区医疗卫生初探》，四川大学硕士学位论文，2006 年，第 1 页。

④ 四川大学川陕革命根据地研究组：《川陕革命根据地历史文献选编》（上），四川人民出版社 1979 年版，第 1 页。

⑤ 比如曾任川陕省委组织部长的余洪远回忆说：“川陕革命根据地是第二次国内革命战争时期我党领导的重要根据地之一。在 1932 年 12 月到 1935 年 3 月期间，中国共产党领导根据地军民进行了艰苦卓绝、英勇顽强的斗争，在中国现代革命史上谱写了光辉的篇章。”可知他是支持两年零四个月这一说的。见温贤美主编：《川陕革命根据地论丛》，四川大学出版社 1987 年版，第 1 页。

⑥ 四川省税务局：《川陕革命根据地工商税收史料选编》，重庆出版社 1987 年版，第 1 页。

⑦ 林超等：《川陕革命根据地历史长编》，四川人民出版社 1982 年版，第 606 页。

到1935年4月21日红四方面军最后撤离根据地，前后历时两年又五个月。”①

第六种说法：“1932年12月至1935年5月，中国工农红军第四方面军在总指挥徐向前等的领导下，于川陕边界建立起革命根据地。”②如果这样计算，则川陕革命根据地存在的时间是两年零六个月。

第七种说法：四川大学马列主义教研室川陕革命根据地科研组编的《川陕革命根据地大事记月表》（二稿）中，是从“一九三二年十月”写到“一九三五年四月”③，前后共计两年零七个月。

总之，据笔者目力所及，至少有这七种不同的表述。这些表述，涉及的关键性问题是起止时间。川陕革命根据地建立于何时？标志是什么？撤离于何时？标志又是什么？将这梳理清楚，川陕苏区存在的时间才能定案。

据总指挥徐向前陈述，四方面军在反蒋介石对鄂豫皖根据地的第四次围攻失利的情况下，不得已于1932年10月初，突过京汉铁路开始西征，实现战略大转移。10月下旬，经新野、邓县、淅川。11月初到达鄂豫陕交界的南化塘地区。经漫川关，越秦岭，走汉中。12月11日，进入汉中平原的城固地区。因那带回旋余地小，不好搞根据地，他们决定南渡汉水，去大巴山北麓的西乡、镇巴一带立脚。12月中旬到达西乡以南的钟家沟地区，本想于此建根据地，但被土匪糟蹋得不成样子，加上干旱等，大部队无法久驻，于是又另找出路。当得知，四川军阀正在成都一带混战，有隙可乘，于是才决定进军川北。当时，在钟家沟召开了团以上干部会议，专门讨论了这个问题，并确定了进军川北建立根据地的方针。12月下旬，四方面军翻越了大巴山，25日攻占了通江城。此后，陆续解放了巴中、南江。④ 徐向前曾总结称：“红四方面军入川仅一个月，即歼敌三个团，溃敌八个团，解放了通南巴三县城及周围的大部地区，初步

① 温贤美：《川陕革命根据地论丛》，四川大学出版社1987年版，第298页。

② 王斌：《四川现代史》，西南师范大学出版社1988年版，第181页。

③ 中国人民政治协商会议四川省委员会、四川省省志编辑委员会编：《四川文史资料选辑》（第21辑），四川人民出版社1980年版，第138—172页。

④ 徐向前：《历史的回顾》，解放军出版社1984年版，第193—256页。

实现了我们的战略预想。从此,以通南巴为中心的川陕革命根据地,开始形成。"①

1933年2月中旬,在通江县召开了有150名代表出席的川陕省第一次工农兵代表会议。会上明确宣布以《中华苏维埃宪法大纲》为根本大法,通过了《川陕省苏维埃组织法》,并"正式成立了省苏维埃政府","辖新划分的红江、赤江、赤北、南江、巴中五县和巴中特别市及包括镇巴、西乡一带的陕南特别区,约一百万人口。会后,各级临时革命委员会,亦均由正式的苏维埃政府机构取代。"红色政权的普遍建立,"标志川陕革命根据地的正式形成"②。

红四方面军何时离开川陕革命根据地?徐向前并未明确提及具体时间,不过在记载1935年"强渡嘉陵江"时,相继攻克北川、青川、平武等之后,对于下一步该怎么办?徐向前曾发电报给张国焘、陈昌浩,催他们表态,"谁知,我们在前面打,后面可就搬了家,放弃川陕根据地"③。换句话说,放弃川陕根据地是在强渡嘉陵江战役期间,即3月28日至4月21日期间。

对此,《中国工农红军第四方面军战史》有详细表述:1935年"三月二十八日红四方面军强渡嘉陵江后,向根据地进行的敌人,胡宗南部于二十八日占宁羌,王缵绪部四月四日占南部、十六日占阆中,唐式遵部八日占南江、长池。在敌人的重兵压迫下,红四方面军后方机关、省委机关、第三十三军和地方武装,以及部分地方干部,陆续撤到嘉陵江以西。"④亲历者张国焘也说:"一九三五年五月间,是我们决定今后行动方针的又一紧要关头。我们的川北苏区已经放弃。"⑤证明在1935年5月前,红军已离开川陕苏区。

由于红军离开川陕苏区难找到标志性时间,所以在后来的论述中,有的将下限断到3月,有的称是4月。比如毛泽东在1935年所作的《论反对日本帝

---

① 徐向前:《历史的回顾》,解放军出版社1984年版,第256页。

② 徐向前:《历史的回顾》,解放军出版社1984年版,第265—266页。

③ 徐向前:《历史的回顾》,解放军出版社1984年版,第404页。

④ 中国工农红军第四方面军战史编委会:《中国工农红军第四方面军战史》,解放军出版社1989年版,第315页。

⑤ 张国焘:《我的回忆》(第3册),东方出版社1980年版,第212页。

国主义的策略》一文中称:“今年三月,川陕边区的红军也开始转移。”①在《关于建国以来党的若干历史问题的决议》(注释本)中也采用了此观点:“1935年3月,红四方面军退出川陕革命根据地,开始长征。”②也有的称:“1935年4月21日,四方面军胜利结束强渡嘉陵江的战役,退出川陕苏区。”③

总之,从历史当事人的记载看,川陕革命根据地形成的标志显然是1933年2月中旬召开的川陕省第一次工农兵代表会议,而不能将红军离开鄂豫皖根据地的时间1932年10月作为川陕根据地开始的标志,也不能将红军入川的1932年12月作为川陕根据地开始的标志。红军离开川陕根据地的时间是1935年4月。将渡江战役作为红四方面军离开川陕苏区的标志性事件是正确的。这个战役因持续的时间长,主要战役都发生在4月,战役的后勤保障也主要是根据地提供,敌人攻占川陕苏区的核心区也主要是在这一期间,故我们将渡江战役的结束作为撤出川陕苏区的标志,是较为合理的。因此,严格地讲,川陕根据地存在的时间起于1933年2月,止于1935年4月,计两年零两个月,才是较准确的④。其实,类似的问题尚多,兹不赘述。

(二)新史料的挖掘,特别是地方档案馆所藏历史档案的发掘与整理,是深化川陕革命根据地研究的重要途径。

历史学在某种程度上是史料学。1925年,王国维在给清华大学的学生作的公开演讲中说:“古来新学问起,大都由于新发见。”王氏语境中的所谓“新发现”,主要是孔子壁中书、汲冢书、殷墟甲骨文、汉晋木简、敦煌文献等。这

---

① 此文作于1935年12月27日,参见《毛泽东选集》第1卷,人民出版社1964年版,第135页。

② 中共中央文献研究室:《关于建国以来党的若干历史问题的决议》(注释本),人民出版社1983年版,第124页。

③ 中国工农红军第四方面军战士编辑委员会:《中国工农红军第四方面军战士资料选编》(川陕时期·下),解放军出版社1993年版,第456页。

④ 徐向前生前曾接受温贤美等的采访称:“1933年2月我们在通江县城成立了川陕省苏维埃政府,创建了川陕革命根据地”,“1935年4、5月间,红四方面军被迫陆续撤出了青川、平武、茂县,向川西北进行长征。川陕革命根据地也随即被敌人占领了”。参见温贤美:《追忆徐向前元帅谈川陕革命根据地史》,《四川党史》2001年第5期。这其实与他在《历史的回顾》中讲的是一致的。

些新发现，极大推动了中国学的研究。

近年来，随着学者研究视野的向下转移，那些提供了大量细致入微、鲜明逼真的直接反映民间生活百态、衙门运作的基层档案，备受研究者青睐。特别是清代的州县档案，如四川的巴县档案和南部档案、台湾的淡新档案、顺天府的宝坻档案等，早已享誉中外，已经将清史研究推向新的高度。

相反，民国时期的基层衙门档案，无论从数量，还是保存的质量，远甚清代，却并未引起学者的足够重视。以川陕革命根据地为例，此前出版的相关论著，对基层衙门档案的利用，可谓凤毛麟角。近几年来我们在编辑整理《川陕革命根据地历史文献资料集成》的过程中，对原川陕革命根据地范围的县级档案馆、文管所、党史办等进行了调查，尚有大量资料未被整理出版，更谈不上研究利用。比如四川万源市档案馆和战史馆就珍藏了数量不少的1932—1935年期间的万源县政府档案，也有1951年中央访问团川陕分团在万源慰问的档案，这些资料或直接或间接对川陕革命根据地的研究有重要意义。再如川陕革命根据地博物馆中，也藏有大量的文献、钱币、印章等资料，过去的研究也并未广泛使用。再如渠县档案馆藏有民国档案6000多卷，其中很多是关于红四方面军独立师师长任炜章在渠县任知县时的档案，对研究任炜章有重要价值。另外，汉中市博物馆、阆中市文管所、通江县档案馆、南江县党史办等单位，都藏有一定数量的川陕革命根据地历史档案。

倘若有学者能对这些档案进行系统的整理和研究，必将给川陕革命根据地的研究带来一片新天地。我们相信，这一天很快就会到来。

（三）研究视野应当而且必须拓展，才能更进一步深化川陕革命根据地的研究。

川陕根据地的苏维埃革命，是中国苏维埃革命的重要组成部分。从这个意义上讲，以川陕苏区为研究对象的考察，终究是一个个案研究。个案研究的优势在于深入而具体。但个案研究也有局限，那就是不能把研究结论推广到一般情况。换句话说，个案毕竟是个案，它不能等同于共案。因此，真正要把川陕革命根据地这一个案研究做好，离不开对当时整个苏维埃革命的考察。如果川陕革命根据地的研究不与其他革命根据地进行比较，川陕的个性也难有体现。

事实证明,真正意义上的川陕革命根据地的学术研究还有很多挖掘的空间。除了上述的几个方面外,如果能对川陕革命根据地进行长时段的考察或者跨学科研究,效果也会是不一样的。我们始终相信,“历史的研究似乎从来都不默认已有的权威结论和世俗认定,它不断地启示着一代又一代的学者们继续探索与追寻,以期更加全面、客观地再现它的本来面目”①。我们也坚信,推进川陕革命根据地系统、深入的研究,我们这一代学人责无旁贷。

---

① 时广东:《红色区域内乡村社会变迁的思考——以川陕边苏区为例》,《社会科学研究》2002 年第 6 期。

论川陕苏区在红军长征中的贡献

李　健

川陕苏区及其人民，与其他苏区及其人民一样，为红军长征的胜利作出了巨大的贡献和牺牲。川陕苏区，是当时中国革命大本营奠基西北的关键战略节点，曾经是中央红军长征途中的目的地之一。川陕苏区的存在，在战略上是中央红军长征的巨大支撑；川陕苏区红四方面军的一系列军事行动，直接支援和配合了中央红军的战略转移；川陕苏区及其后来建立的根据地，为各路红军会师和会师后的红军长征，提供了巨大的物资保障和良好的休整环境。

一、川陕苏区是中央红军长征的巨大战略支撑

中央红军长征前，川陕苏区是"第二大苏区"，是全国所有根据地中，除中央苏区外最稳定的根据地；中央红军离开苏区后，川陕苏区是全国最大的苏区，同时也是可供选择的长征目的地之一。活动于川陕苏区的红四方面军还是中央红军长征过程中重要的战略依托力量。

在中央红军离开中央苏区以前，全国共有十块大的革命根据地。① 而川

① 红四方面军政治部印的《红色战士读本》称，"中国现有十大苏区：江西苏区（中央苏区）、湘鄂赣苏区、粤赣边苏区、闽西苏区、赣东北苏区、闽浙边苏区、鄂豫皖苏区、湘鄂西苏区、陕甘边苏区、川陕边苏区。此外还有广西右江苏区、湘南苏区、鄂北苏区、皖南苏区、江苏南通一带的各小苏区。"见四川大学等编：《川陕革命根据地历史文献选编》（上），四川人民出版社 1979 年版，第 303 页。

陕苏区在当时无论是面积、人口还是稳定程度,都超过中央苏区以外的所有根据地的(参见表1)。

表1:中华苏维埃共和国各苏区面积、人口一览表①

苏区名称	面积(平方公里)	人口(万人)	说　明
中央苏区	8.45万	453	1933年
湘赣苏区	2.8万	100	1932年
湘鄂赣苏区	不详	约300	1932年
闽浙赣苏区	数万	数百	不详
鄂豫皖苏区	4万余	350余	1932年
川陕苏区	4.2万	500余	1933年
湘鄂西苏区	不详	约370	1932年,含游击区
湘鄂川黔苏区	不详	约200	1935年,含游击区
琼崖苏区	1万余	100余	1931年
广西左右江苏区	5万余	100余	1930年
闽东苏区	1.1万	近100	1934年
西北苏区	3万	90	1935年
鄂豫陕苏区	3万余	50	1935年
总　计	约40余万	约3000	

从1932年12月底到1935年4月渡过嘉陵江之前,川陕革命根据地从无到有,从小到大,整个根据地的发展没有大的起伏。尽管不时因为作战需要,在收紧阵地过程中要放弃一些地方,但时间都比较短暂,且属于主动放弃,和在敌人重兵压迫下的不得已撤退有着本质的不同。这些地方随着战争进程收复快,恢复快,根据地的功能完全没有受到影响。

其他的根据地则是另外一种情形,如同一时期的湘鄂西根据地。"红三军自从一九三二年八、九月间退出洪湖苏区时起,基本上过着流动生活,虽然数次企图恢复和建立苏区,但都没有实现。因为没有苏区,部队失去了可靠的

① 参阅瑞金《中央革命根据地历史博物馆》陈列内容。

后方,伤员安置困难,人员得不到补充,疲劳时无安定的休整场所,物资消耗难得补给。"①后来,也建立过一些根据地,但都很不稳定,存在时间也不长。如:1934 年建立的黔东苏区,存在时间半年左右,鼎盛时期面积二百里(引者按:原文如此),人口十万以上。②

这种特殊的地位,使得川陕苏区在当时成为全国苏区中十分重要的苏区。1934 年 1 月召开的第二次全国苏维埃代表大会专门通报了川陕苏区的情况:"四川代表谈最近四川苏维埃运动发展的情形,极为详细,四川最近苏维埃区域已发展到十三县,面积比我们的江西苏区还要大,以通南巴三县为中心,全川民众,因连年受了军阀混战,苛捐杂税,地主豪绅们的剥削压迫等等痛苦,革命的要求非常迫切,各地普遍组织了迎红会,以武装暴动推翻地主豪绅的统治来欢迎红军。抗捐抗税大同盟更是极广泛的群众组织,各地革命斗争非常高涨,红四方面军英勇战斗,屡次击破国民党军阀的'围剿',现在四川的军阀除了刘湘、邓锡侯以外,其他的小军阀如杨森,田颂尧、刘存厚等,都先后被我英勇的红军消灭了。最近我红军正与刘湘的部队剧战,准备赤化全川,与英帝国主义者的走狗康藏军队直接作战。反帝的怒潮在全川沸腾着。"③

正是有了中央苏区以外的革命根据地的存在,才使得中央红军的战略大转移有可供选择的目的地和巨大的战略支撑。川陕苏区对红军长征的特殊地位,在中央红军长征前夕已经凸显。1934 年 7 月 23 日中共中央、中革军委关于红六军团向湖南中部转移《给六军团及湘赣军区的训令》中指出,让六军团离开现在的湘赣苏区转移到湖南中部去发展广大游击战争,创立新的苏区,有着如下的政治与军事考虑:"目前苏维埃运动发展的一般状况是在江西及四川存在着巩固的苏维埃区域,而湖南将成为两者将来发展联系的枢纽"。"六军团应以自己英勇的斗争革命化湖南的环节,并鼓动与组织湖南的群众斗争,

① 中国工农红军第二方面军战史编撰委员会:《中国工农红军第二方面军战史》,解放军出版社 2007 年版,第 204 页。

② 参阅中国工农红军第二方面军战史编撰委员会编:《中国工农红军第二方面军战史》,解放军出版社 2007 年版,第 204 页。

③ 《红色中华》第 139 期,1934 年 1 月 1 日。

发展为革命的游击战争，彻底的土地革命，直至建立苏维埃政权与新的大片苏区，确立与二军团的可靠的联系，以造成江西、四川两苏区联结的前提。”①

在中央红军离开中央苏区后，川陕苏区成为全国最大的苏区。在中央红军长征途中，活动于川陕苏区的红四方面军一直是重要的战略支撑力量，川陕苏区也成为可供选择的长征的目的地之一。

1934 年 12 月 19 日，中革军委在为执行黎平会议作出行动部署，要求“四方面军应重新准备进攻，以便当野战军继续向西北前进时，四方面军能钳制四川全部的军队”②。1935 年 1 月 1 日，《中央政治局关于渡江后新的行动方针的决定》指出，“责成书记处与军委，保持同二、六军团与四方面军的密切的通讯联络。加强对于他们在政治上与军事上的领导，使他们以积极的行动，来配合我们的反攻。”③在 1935 年 1 月 20 日《关于渡江作战计划》中，红四方面军由一般的战略配合力量，变成了主要的战略配合力量。“我野战军目前基本方针，在由黔北地域经过川南，渡江后转入新的地域协同四方面军由四川西北方面实行总的反攻，而以二、六军团在川黔湘鄂之间活动，来牵制四川东南会剿之敌，配合此反攻，以粉碎敌人新的围攻，并争取四川赤化。”④两天后，在中央政治局、军委给四方面军的指示电中，更是明确要求配合野战军转入川西，并对配合行动提出了具体建议。⑤

在一、四方面军会师后，《红星》报于 1935 年 6 月 15 日发表社论，高度评价了活跃在川陕苏区的红四方面军：

---

① 转引自李云、凌步机主编：《中央红军长征从这里出发》，中共党史出版社 2004 年版，第 18—19 页。

② 中国工农红军第四方面军战史编辑委员会：《中国工农红军第四方面军战史资料选编》（川陕时期·下），解放军出版社 1993 年版，第 371 页。

③ 中国工农红军第四方面军战史编辑委员会：《中国工农红军第四方面军战史资料选编》（川陕时期·下），解放军出版社 1993 年版，第 375 页。

④ 中国工农红军第四方面军战史编辑委员会：《中国工农红军第四方面军战史资料选编》（川陕时期·下），解放军出版社 1993 年版，第 377 页。

⑤ 参阅《中共中央政治局、军委关于配合野战军转入川西给四方面军的指示电》，中国工农红军第四方面军战史编辑委员会：《中国工农红军第四方面军战史资料选编》（川陕时期·下），解放军出版社 1993 年版，第 379 页。

配合着中央野战军的西移,四方面军以猛烈的进攻和粉碎敌人的围攻,不仅保持了原有的苏区,并且先后消灭刘存厚、田颂尧、罗泽洲等四川军阀,大败杨虎城、杨森、邓锡侯、刘湘和蒋介石嫡系的胡宗南部,占领陕南的宁羌、褒县,川北、川西北的阆中、苍溪、南部、平武、北川、茂县、里番、懋功等县,开展了广大的游击区域,和建立了茂县一带的新苏区。红四方面军的这一伟大的胜利,正与中央野战军西移的胜利配合着。中央红军和四方面军的胜利的会合,是中国苏维埃运(动)新的大开展的基点。我们八个月的长途行军与作战,其目的就是要争取与四方面军的会合,使两大主力能在统一的指挥之下,集中力量,赤化全四川,为赤化全中国的大事业奠定巩固的基础。①

二、川陕苏区红四方面军的一系列军事行动,直接支援和配合了中央红军的战略转移

川陕苏区反"六路围攻"的胜利,不仅仅是红色革命根据地区域性战役胜利的亮点,而且还是当时全国革命根据地的亮点,直接配合和支援了中央红军的战略转移。

川陕苏区反"六路围攻"取得全面胜利的时候,正是中央苏区第五次反"围剿"失败,中央红军准备战略转移的时候。一场大的战役胜利无疑犹如黑暗中的曙光,对鼓舞人们的战斗意志有着十分重要的作用。

川陕苏区反"六路围攻"战役,取得的战绩是辉煌的,"总计毙、伤敌路副司令郝耀庭等以下官兵六万余人,俘敌官兵两万余人,缴枪三万余支、炮百余门,击落敌机一架,基本恢复了宣达战役后的根据地辖区,并扩大了部分新区"②。这是红四方面军入川以来作战时间最长、抗击敌人最多、取得战果最

① 中国工农红军第四方面军战史编辑委员会:《中国工农红军第四方面军战史资料选编(长征时期)》,解放军出版社 1993 年版,第 56 页。

② 中国工农红军第四方面军战史编撰委员会编:《中国工农红军第四方面军战史》,解放军出版社 2007 年版,第 288 页。

辉煌的一次战役。

1934年9月24日，红四方面军总政委陈昌浩当时就对反“六路围攻”的胜利作出这样的评价：“总之，刘湘为首之总进攻，由于党的坚确领导，红军之拼命斗争，广大工农之积极参加，使这一进攻遭受了最严重的失败，使全川震动，使全国反动统治动摇，使反动的五次‘围剿’之一面受极广大的打击。……使全国红军反对五次‘围剿’的战争得到极有力的援助与进展。”① 1934年9月26日，时任中华苏维埃共和国中央人民委员会主席的张闻天，在《红色中华》上发表社论，高度评价川陕苏区的反“六路围攻”胜利的意义，并且暗示中央红军可能要离开根据地。“在四川，红四方面军以英勇无敌的反攻，恢复了过去所有退出的苏区，给了刘湘部队以致命的打击。”“为了保卫苏区，粉碎五次‘围剿’，我们有时在敌人优势兵力的压迫之下，不能不暂时的放弃某些苏区与城市，缩短战线，集结力量，求得战术上的优势，以争取决战的胜利。四川红四方面军就是这样取得了空前胜利。”②

川陕苏区反“六路围攻”的胜利，不仅沉重打击了刘湘及其他四川军阀，而且还迫使蒋介石在全力进攻中央红军的同时，不得不花大力气来组织对川陕苏区的“川陕会剿”，从而打乱了蒋介石的部署，对中央红军突破敌人的围追堵截形成了宝贵的战略支援，有力地配合了中央红军长征。反“六路围攻”结束后，本来忙于“围剿”中央红军的蒋介石，不得不由汉口飞洛阳、西安、兰州、重庆、贵阳等地，部署“川、陕、甘三省会剿”，还令武汉行营主任召集徐源泉、肖之楚、上官云相、郝梦龄到武汉“商剿川匪策略”。正当蒋介石密锣紧鼓地部署“剿川匪”之时，中央红军主力军团连同后方机关人员共10万余人，于1934年10月胜利地突破蒋介石的层层封锁，开始了二万五千里长征。

在中央红军长征途中，红四方面军依托川陕苏区发动了广昭战役和陕南

---

① 陈昌浩：《空前胜利与我们的紧急任务》，四川省档案馆编：《川陕苏区报刊资料选编》，四川省社会科学院出版社1987年版，第326—327页。

② 张闻天：《社论：一切为了保卫苏维埃》，转引自西华师范大学历史文化学院、川陕革命根据地博物馆编：《川陕革命根据地历史文献资料集成》，四川大学出版社2012年版，第1119、1120页。

战役，它既是冲破“川陕会剿”、建立川陕甘根据地的尝试，又是对蒋介石全面“围剿”中国工农红军战略的挑战，同时又是为迎接中央红军入川的战略行动而进行的预备战役。

反“六路围攻”胜利后，川陕苏区为打破蒋介石的“川陕会剿”进行了充分准备。1934年11月，清江渡军事工作会议确定了向西北进攻、在川陕甘边扩大根据地的方针。同时，会议着重指出，“中央红军大举西进，我们应积极配合其行动。”①1934年12月18日，中央政治局在贵州的黎平召开会议，通过了《中共中央政治局关于战略方针之决定》，12月19日，中革军委要求“四方面军应重新准备进攻，以便当野战军继续向西前进时，四方面军能钳制四川全部的军队”②。1935年1月，红一方面军已经转战到贵州遵义地区。蒋介石急忙抽调其主力部队沿川黔边境布防，对红一方面军进行围堵。为了贯彻向陕甘边界扩大根据地的方针和配合中央红军行动，红四方面军决定立即组织广昭战役。

广昭战役的直接目的是，歼灭驻防广（元）、昭（化）地区的胡宗南部丁德隆独立旅，夺取广、昭两城，以利尔后向甘肃南部文县、武都、成县、康县地区发展，寻歼胡宗南部主力，为开拓川陕甘新苏区创造条件。这一战略企图如能实现，不仅对敌人正在加紧组织的“川陕会剿”是有力的打击，而且可在嘉陵江上游打开新的局面，建立新苏区，使川陕革命根据地扩大为川陕甘边革命根据地。这次对敌发起主动进攻，对中央红军的战略转移行动，也是一个很好的策应，它直接配合了中央红军在黔北的活动。③ 广昭战役虽然未达到预期的战役目标，但给了胡宗南部和四川军阀以有力的打击，迫使蒋介石不得不花费更多的精力来对付川陕苏区的红四方面军。

---

① 傅钟：《红四方面军创建川陕革命根据地及长征概述》，原载《党史资料》1955年第3期。转引自中国工农红军第四方面军战史编辑委员会：《中国工农红军第四方面军战史资料选编》（川陕时期·上），解放军出版社1993年版，第33页。

② 中国工农红军第四方面军战史编辑委员会：《中国工农红军第四方面军战史资料选编》（川陕时期·下），解放军出版社1993年版，第371页。

③ 参阅王明渊：《红四方面军长征出发前后战略指导思想之管见》，中共四川省委省级机关党校党史党建教研室编印：《红军长征研究论集》，内部资料，1986年，第213—228页。

而陕南战役则完全是为服务中央红军战略意图而发动的。1935 年 1 月 22 日,中央和军委来电,要求红四方面军向嘉陵江以西进攻,并且以苍溪、阆中、南部之线为主要方向,以便迎接中央红军进入四川。① 西北革命军事委员会在旺苍坝召开紧急会议,认真研究了中央的电报精神,一致认为迎接中央红军是当务之急。会议决定暂停对胡宗南的军事行动,撤出广昭战役,适当收缩东线部队,集中主力强渡嘉陵江。徐向前回忆说,为了讨论这一牵动全局的作战方针问题,他是从前线匆匆赶回旺苍坝参加这个紧急会议的。

> 中央要求红四方面军集中全力西渡嘉陵江,突入敌后,运动歼敌,策应红一方面军渡江北进。这就是说,红四方面军的主力,将离开川陕根据地,向嘉陵江以西发展。大家认为,如果不是中央红军的处境相当艰难,中央不会作出这样的决定,因而西进策应中央红军作战,是头等紧要的事。会议决定,第一,暂时停止与胡宗南的角逐。第二,由三十一军和总部工兵营,火速收集造船材料,隐蔽造船,解决渡江工具问题。第三,适当收缩东线兵力,准备放弃城口、万源一带地区。第四,即以主力一部出击陕南,调动沿江敌人北向,为在苍溪、阆中一线渡江创造战机,并接应已经进入陕南商县一带的红二十五军。会上,也讨论过是否以主力南下,直接

---

① “为选择优良条件,争取更大发展前途计,决定我野战军转入川西,拟从泸州上游渡江,若无障碍,约二月中旬即可渡江北上,预计沿途将有许多激烈的战斗。这一战略方针的实现,与你们的行动有密切关系。为使四方面军与野战军乘蒋敌尚未完全入川实施‘围剿’以前,密切的协同作战,先击破川敌起见,我们建议:你们应以群众武装与独立师团向东线积极活动,钳制刘敌,而集中红军全力向西线进攻。因我军入川刘湘已无对你们进攻可能,你们若进攻刘敌,亦少胜利把握,与我军配合作战距离较远,苏区发展方向亦较不利;西线则田部内讧,邓部将南调,杨、李、罗兵单力弱,胜利把握较多,与我军配合较近,苏区发展亦是有利的。故你们宜迅速集结部队完成进攻准备,于最近时期,实行向嘉陵江以西进攻。至兵力部署及攻击目标,宜以一部向营山之线,为辅助方向;而以苍溪、阆中、南部之线为主要方向。在主要方向宜集中主力,从敌之堡垒间隙部及薄弱部突入敌后,在广大无堡垒地带寻求敌人,于运动战中包围消灭之。若你们依战况发展,能进入西充、南充、蓬溪地带,则与我军之配合最为有利。同时我们要估计到敌人可能以较少兵力利用堡垒钳制四方面军,而乘野战军立足未稳之际转移主力实行突击,以收各个击破之效,因此你们作战方针从速决定电复。”转引自四川省社会科学院、陕西省社会科学院编:《川陕革命根据地史料选辑》,人民出版社 1986 年版,第 10—11 页。

与中央红军打通。走哪条道路？需要多少兵力？能不能打到长江？因力量有限，没有把握，只好作罢。①

陕南战役进展顺利。“我军在陕南的十多天内，先后攻占了宁强、沔县和阳平关重镇，歼敌四个多团及一批地方民团，缴机枪五十余挺、步枪五千余支。俘敌团长以下四千余人。”②此役迫使蒋介石重新调整兵力部署，实现了调动敌人北上川陕边境的目的，为红军强渡嘉陵江创造了有利战机。同时，此役对全国革命形势也产生了不容忽视的影响。“中央西征军之进逼川南，二六集团军之威胁万县，陕北红二十六军之大大发展，陕南廿九军之接连胜利。因此我红四方面军之大举进攻协同动作，正是配合全国红军冲破五次‘会剿’之有力支柱。”③

嘉陵江渡江战役及其西进作战，有力地支援和配合了中央红军的战略行动，为后来的一、二、四方面军四川会师创造了良好的条件。然而，从此红四方面军就离开了川陕苏区核心区，长期处于无依托作战的境地。

陕南战役结束后，红四方面军为继续执行川陕甘计划和配合中央红军在川南、黔北的活动，决定按原计划发动嘉陵江渡江战役。战役前夕，红四方面军总部及时向中央军委进行了报告：“目前，我军在南路大捷，拟大进，彻底灭敌，配合西方军行动。”④该报告再次表明红四方面军西渡嘉陵江配合中央红军行动的决心。

1935年3月28日，嘉陵江渡江战役开始。红三十军八十八师的部队首先在苍溪塔子山渡江，并成功突破敌人防线。31日克阆中、剑阁，4月2日占领南部、攻克剑门关，4月3日攻占昭化城。至此，敌人沿江防线全面崩溃，嘉陵江战役第一阶段结束。

---

① 徐向前：《历史的回顾》，解放军出版社1984年版，第393—394页。

② 徐向前：《历史的回顾》，解放军出版社1984年版，第395页。

③ 陈昌浩：《占领宁强沔县以后与冲破川陕“会剿”之新形势》，四川省档案馆：《川陕苏区报刊资料选编》，四川省社会科学院出版社1987年版，第337页。

④ 参阅中国工农红军第四方面军战史编撰委员会：《中国工农红军第四方面军战史资料选编》，解放军出版社1993年版，第397页。

蒋介石对嘉陵江防线的失守十分震怒。“中央社重庆三日电　川剿匪军第二路总指挥田颂尧,过去任川陕边区剿匪督办,迭失巴仪昭广阆苍等城,致徐张等匪日益坐大。此次竟于川政行将统一、蒋委员长飞川黔督剿之际,擅自退却,放匪渡江。蒋委员长昨由黔电此间行营,将田撤职查办,所部由孙震收容改编,并查明弃江长官分别议处。”①

为了巩固和扩大嘉陵江渡江战役的成果,有效配合中央红军的行动,红四方面军决定集中主力西进,打击梓潼、江油地区之邓锡侯部,并伺机向川甘边发动攻势。

在梓潼、江油一带,红军攻势凌厉,大获全胜。4 月 10 日,占领梓潼;4 月 14 日、15 日与敌激战于塔子山、雉山关一带,敌人全面败溃,邓锡侯本人也差一点成为红军的俘虏。4 月 17 日红军占领中坝,18 日攻克彰明。红军共歼敌四个团,俘虏约三千人,缴枪二千余支。江油成为红军围困下的一座孤岛。邓锡侯不停地向蒋介石、刘湘求救,成都、绵阳一带人心浮动,有钱人纷纷逃往上海、重庆避难。

与此同时,向川甘边界推进的红军部队,4 月 14 日攻克平武县城,缴获敌人的枪支弹药及马匹甚多。4 月 21 日攻克北川县城。

整个嘉陵江战役及其西进作战,共歼敌一万余人。先后攻克了南部、剑阁、昭化、梓潼、青川、平武、彰明、北川等 9 座县城及中坝、剑门关等战略要地,沿途建立了近 20 个县级苏维埃政权,②控制了东起嘉陵江、西迄北川、南达梓潼、北抵川甘边界,纵横二三百里的广大地区。此次战役,为红四方面军打破“川陕会剿”,迎接中央红军赢得了宝贵的战略主动权和新的后勤补给地。

嘉陵江战役及其西进作战,直接打击了田颂尧、邓锡侯嘉陵江、涪江沿岸的 53 个团的兵力,前后抗击和牵制了国民党军 183 个团的兵力③,使四川军

① 《中央日报》1935 年 4 月 4 日第 2 版。

② 参阅李健、张喜庆:《川陕革命根据地县级苏维埃政权刍议》,《西华师范大学学报》(哲学社会科学版)2015 年第 2 期。

③ 参阅中共绵阳市委党史研究室编:《川陕苏区·绵阳卷》,四川人民出版社 2012 年版,第 294 页。

阀调不出更多的部队去川黔边围堵中央红军，导致金沙江和川康一带兵力空虚，阻滞了四川军阀对中央红军的围追堵截，打乱了蒋介石企图将中央红军消灭在川黔边境的计划，从而有力地配合了中央红军转进云南，巧渡金沙江、飞夺泸定桥的战役行动，为中央红军胜利入川创造了十分有利的条件。时任红三十军副军长的程世才在回忆录中写道："红军一举突破了敌嘉陵江防线，大量歼灭了敌人的有生力量。占领了许多城镇和军事要地，并大有北出甘南，南攻成都之势，严重威胁着四川反动统治中心——成都，迫使敌调兵遣将，四面防堵，这样就调动和牵制了大量敌人，有力地配合了中央红军的北上。……红四方面军强渡嘉陵江战役的胜利，对中国人民革命战争的发展作出了重要的贡献，在红军的战史上写下了光荣的一页。"①

嘉陵江战役结束后，在涪江一带休整的红四方面军面临两大任务：突破敌人的包围，迎接中央红军入川。为此，红四方面军决定实施《开展与巩固松理茂赤区》的计划，建立川西北根据地，迎接中央红军。土门战役是红军打开西进道路的关键战役，是红四方面军在迎接中央红军会师的道路上，进行的一次非常重要的战役。土门战役从 4 月底开始，到 5 月 22 日结束，前后历经 20 多天。国民党军队在该区域前后投入兵力 20 个旅左右，在伏泉山、墩上、大垭口、茶坪、千佛山、桃坪、土门等地与红军部队反复争夺，战斗十分激烈。红军各部英勇顽强，奋力拼杀，整个土门战役共歼敌一万余人。

土门战役不仅粉碎了国民党反动派的堵截，使红四方面军得以摆脱被敌人围困的险境；更为重要的是，打通了红四方面军主力西进、迎接党中央和中央红军会师四川的前进通道。红军占领茂县后，继续沿岷江南下，控制了文镇关、雁门关、威州等战略要点，兵锋直指汶川；另一支红军部队则强渡岷江西进，占领里番（今理县薛城）。6 月 8 日，攻占懋功，抵达夹金山下重镇——达维。6 月 12 日，一、四方面军胜利会师。

---

① 程世才：《万里征途》，辽宁人民出版社 1982 年版，第 92—93 页。

三、川陕苏区及其后来建立的根据地，为各路红军会师和会师后的红军长征，提供了巨大的物资保障和良好的休整环境

为了保障红军的给养和补充部队的战斗减员，在涪江沿岸的江油、中坝一带，红四方面军千方百计筹粮扩军。江油、中坝一带是川西北富庶的地区，这里自然条件优越、人口稠密，是扩军和解决后勤补给的理想地方。筹集粮食和物资的工作，主要由川陕省苏维埃政府副主席余洪远同志具体负责。当年他率领省委、省政府机关干部和妇女独立团、政府警卫营等近万人进驻中坝，发动群众，千方百计为部队筹措粮食和物资。

红军在江油筹粮的主要措施，可以简单地概括为打、征、借、买。打，即没收地主、豪绅的粮食；征，即征收义务粮；借，即打借条向富有的人家借；买，即用银元或苏区的钞票向群众购买。不少劳苦群众为了让红军筹集到更多的粮食，还纷纷把自己的口粮也献出来，自己宁肯吃野菜、喝稀粥。据不完全统计，江油人民支援红军的口粮，足有1116.5万斤。① 这些宝贵的粮食，几乎解决了红四方面军西进和与中央红军会师后长征北上的主要军粮。同时，部队的吃盐、吃菜问题，也基本上是在江油得到解决的。据一些红军老战士回忆，在江油搞的盐、豆豉、豆瓣、酱菜等，一直吃到草地都还有。②

红军扩红为部队补充了大量有生力量。为了吸引更多的青壮年参加红军，红军采取了许多切实有效的措施：群众大会、文艺演出、走村串户和一些必要的优待奖励。如双河，凡参加红军者，其家属送4.5斤猪肉，一石粮食；厚坝

---

① “当时江油各地筹粮之大约数字如下：德胜（今太平镇）43万斤，金轮4.5万斤，三合8万斤，让水5万斤，含增8万斤，河西32万斤，青莲11.4万斤，阳亭20万斤，城塘13万斤，永胜10万斤，双河6.5万斤，新兴2万斤，新春1.2万斤，重华16万斤，小溪坝1.1万斤，战旗4.5万斤，明镜400万斤，云集6万斤，青林口6万斤，重兴500万斤，厚坝8万斤，雁门10.3万斤。合计起来，全县之筹粮数约为1116.5万斤。”中共绵阳市委党史研究室编：《川陕苏区·绵阳卷》，四川人民出版社2012年版，第243页。

② 参阅中共江油市委党史研究室编：《红军在江油》，内部资料，2011年3月，第54页。

二村七组,给10斤猪肉,一套灰衣,一把大刀;新民高峰村,给参军者家属的门前插上一纸做的小旗,上画镰刀斧头并写有苏维埃字样,以此作为标记,游击队则不到此家打粮、吆猪,还送给衣物、猪肉等东西;西屏九村四组,凡参军者,每家送5斤肉;中和乡(今战旗镇)给两挑谷子、几块肉;新安乡给红军家属挂光荣匾。红军在撤离之后,对参加红军者的家属仍是关怀备至,考虑得十分周到。江油县文化部门在新中国成立后征集红军文物、史料时,曾征集到一封红军给村苏维埃的信,信中写道:"1935年4月,江油大康乡(今大康镇)八角庙巩家湾贫农巩绍成和16岁的儿子巩兴寿一起参加红军。家里丢下一个老妈——巩饶氏。红军离开八角村后,特此写信给村苏负责同志,请你们关照家里的生活。"由于工作仔细,宣传扎实,奖励实惠,涪江两岸兴起了踊跃参加红军的热潮。徐向前回忆:"我还记得,我们的电话机工作人员本来就不少,三天中又扩进一百多名新兵。因电话机有限,用不上这么多人,只好把他们分到部队中去。四军十师二十八团,强渡嘉陵江战役中减员二百来人,但扩红近九百人,全团人数达一千七百余人。"①原川陕省苏维埃副主席余洪远回忆说:"记得当年在江油、彰明两县就有好几千人参加了红军,仅红三十军进入中坝不几天就扩大新战士千余人。"根据党史部门不完全统计,仅江油一地,就有约9000人参加红军。②"绵阳市境红色新区共有13000余人参军红军,其中梓潼1000余人、平武1156人、江油8935人、绵阳340人、北川1500人、安县60人。"③

涪江沿岸的扩红和筹集物资工作进展顺利,部队减员得到补充,筹集的大量粮食和物资为部队西进和迎接中央红军提供了可靠的后勤保障。

红军渡过嘉陵江后的军事形势是严峻的。为了尽快摆脱敌人的围堵,早日与中央红军会合,1935年4月江油会议决定,"首先占领北川、茂县、理番(今理县)、松潘一带地区,背靠西康作立脚点"④。为了实现这一战略目的,

---

① 徐向前:《历史的回顾》,解放军出版社1984年版,第411页。

② 参阅中共江油市委党史研究室编:《红军在江油》,内部资料,2011年,第57页。

③ 中共绵阳市委党史研究室编:《川陕苏区·绵阳卷》,四川人民出版社2012年版,第296—297页。

④ 中国工农红军第四方面军战史编辑委员会编:《中国工农红军第四方面军战史》,解放军出版社1989年版,第320页。

红四方面军奋力西进,1935 年 5 月,川陕省苏维埃政府进驻茂县仪凤镇。这期间,红军建立了 8 个县级苏维埃政权(参见表 2),尤其是进入茂县后建立的苏维埃政权,对迎接中央红军和会师后的红军休整,具有不可低估的意义。

表 2:红四方面军入茂县后建立的苏维埃政权简表

政权名称	建立时间	建立地点
平北县(北川县)①	1935.05	北川城关镇
红江县(红岩县)②	1935.05	广元红岩乡
茂　县③	1935.05	县城风仪镇
松潘县	1935.06	松潘县镇坪
汶川县	1935.06	汶川县涂禹山
理番县	1935.06	理番县薛城
懋功县	1935.06	小金县新街
黑水特一番区番民革命政府	1935.06	不　详

为迎接党中央和中央红军入川,红四方面军依托中共川陕省委、省苏维埃政府,发动根据地群众,作出了精心的安排和部署。

当红四方面军西进茂县、理县之时,中央红军也进入川康边,经会理、冕宁北上。在茂县,红四方面军总部召开专门会议研究迎接党中央和中央红军的问题。会议决定,派出部队前去迎接中央红军。由三十军政治委员李先念率该军第八十八师及九军二十五师、二十七师各一部,西进小金川地区,扫清敌

① 参阅林超主编:《川陕革命根据地历史长编》,四川人民出版社 1982 年版,第 77 页。另有记载为"北川县苏维埃"。参阅中共绵阳市委党史工作委员会、中共广元市委党史工作委员会编:《红四方面军在绵阳广元斗争纪实》,四川社会科学院出版社 1986 年版,第 114 页。

② 林超主编:《川陕革命根据地历史长编》,四川人民出版社 1982 年版,第 77 页明确记载置有此县。但中共广元市委党史研究室编:《红四方面军在广元》(中共党史出版社 2009 年)、中共绵阳市委党史工作委员会、中共广元市委党史工作委员会编:《红四方面军在绵阳广元斗争纪实》(四川省社会科学出版社 1986 年)等书却无置"红江县(红岩县)"的记载。

③ 与茂县苏维埃同时存在的还有茂县回民苏维埃。参阅中共阿坝州委党史研究室、阿坝州地方志办公室编:《阿坝州志之红军长征在阿坝(1935·4—1936·8)》,四川大学出版社 2007 年版,第 188—189 页。

人,迎接中央红军的到来。“李先念受领任务后,与军政治部主任李天焕会同九军二十五师师长韩东山等,研究了具体行动计划和进军路线……李先念、郑维山率领红八十八师的指战员们,怀着迎接中共中央和红一方面军的庄严使命感、荣誉感,精神焕发,团结奋力,逢山开路,遇水寻桥,人欢马叫,不停地前进。”①

“面向岷江地区,建立川西根据地,迎接中央红军北上,实现两个方面军胜利会师,成了动员和鼓舞部队的巨大动力。”②红军部队、地方党组织、各级苏维埃政府积极行动起来,为迎接党中央和中央红军做了充分的准备工作。一是筹集御寒物资。由于川西北高原气候昼暖夜寒,必须要多准备些羊毛羊皮,以便制作毛衣、毛袜、皮背心等作为慰问品。由于茂、里、懋一带人烟稀少,成品毛织品紧张,红四方面军的指战员就把筹集到的原材料自己加工。他们普遍学会了打草鞋,不少人还学会了剪皮衣服,撕羊毛,捻毛线,织毛衣、毛背心、毛袜子等,一刀一剪,一针一线,都渗透着对党中央和中央红军的深情厚谊。二是筹集与转运粮食。在一些重要地点,总经理部分别设立了粮站,专门积蓄粮食,有的粮站积存达二百万斤以上。三是自制岩盐。据老红军孟瑜回忆,上级要求我们多筹些粮、盐,准备会合时送给中央红军老大哥。但这一带藏汉杂居,食盐困难,很难筹集盐巴。后来据当地老百姓讲,有一种白石头可以熬盐,于是“我们白天上山敲石头,夜晚生火熬盐。一钵一钵的白盐,全部集中起来,准备送给中央红军。我和‘小地牛’也悄悄地用荷包装了两包最细最白的盐,准备与中央红军会合时,作为送给亲人的见面礼”③。四是考虑到转战中可能出现的困难,徐向前还提议,“从各部队抽一批炊事员,带上粮食、盐巴、炊具,跟八十八师行动,会师后立即补充到一方面军,先解决吃饭问题。”④

由于红四方面军为迎接中央红军做了充分的动员和准备,两军会师后,立即给中央红军提供了大量的物资帮助。从北川、茂县、里番至懋功的沿途,马

① 朱玉主编:《李先念传》,中央文献出版社 2009 年版,第 173 页。
② 徐向前:《历史的回顾》,解放军出版社 1984 年版,第 413 页。
③ 参阅孟瑜:《熬盐迎亲人》,《艰苦的历程》(下),人民出版社 1984 年版,第 38—41 页。
④ 徐向前:《历史的回顾》,解放军出版社 1984 年版,第 416 页。

队、牦牛队络绎不绝，一批批慰问品送往中央红军的驻地。据不完全统计，红三十一军捐赠衣服 495 套零 19 件，草鞋 1386 双，手巾 152 条，毛袜 419 双，毛毯 100 条，袜底 191 双；红九军捐赠单衣 11 件，皮衣 47 件，袜子 357 双，袜底 37 双，鞋 20 双，草鞋 293 双，毯子 4 条，汗巾 203 条；红四军捐赠单衣 191 套，棉大衣 179 件，袜子 690 双，袜底 38 双，鞋 135 双，草鞋 120 余双，汗巾 171 条。①

为迎接党中央和中央红军，韩东山任师长的二十五师在达维附近的巴朗地区与敌人遭遇，营长陈玉清等六十多人牺牲，这是会师前的最后一仗。在达维，全师上下抢着清整驻地，挑水做饭，张贴标语，还专门打了两头牦牛等待中央红军的到来。两军会师后，二十五师继续留在后面警戒，以保证党中央和中央红军的安全。② 为让中央红军得到很好的休整，徐向前还在给中央的电报中建议："最好西征军暂位后方固阵休息补充，把四方面军放在前面消灭敌人"。③

一、四方面军的胜利会师，"是历史上空前伟大的事件，是决定中国苏维埃运动今后发展的事件"④。"中国苏维埃运动两大主力的会合，创造中国革命史上的新纪录，展开中国革命新的阶段，使我们的敌人帝国主义、国民党惊慌战栗。"⑤一位国民党要员曾这样说道：

> 国军防止朱毛西窜之声，早已传之数年，今朱毛毕竟西窜，而达其预定之目的矣，在朱毛西窜当中，行营三令五申严防朱毛与徐匪向前会合，声犹在耳，墨尚未干，而朱毛毕竟与徐匪向前张匪国焘会合矣。然而全川

---

① 参阅《兄弟的友爱，阶级的团结——四方面军对一方面军的热烈慰劳》1935 年 8 月 3 日《红星报》第 26 期，转引自中国工农红军第四方面军战史编撰委员会编：《中国工农红军第四方面军战史资料选编（长征时期）》，解放军出版社 1992 年版，第 93—94 页。

② 参阅《艰苦的历程》（下），人民出版社 1984 年版，第 48—56 页。

③ 参阅《红四方面军关于川西北敌我情况给中央的报告》，中国工农红军第四方面军战史编撰委员会编：《中国工农红军第四方面军战史资料选编（长征时期）》，解放军出版社 1992 年版，第 52 页。

④ 《红星报》第 21 期，1935 年 6 月 15 日。转引自中国工农红军第四方面军战史编撰委员会编：《中国工农红军第四方面军战史资料选编（长征时期）》，解放军出版社 1992 年版，第 56 页。

⑤ 中国工农红军第四方面军战史编撰委员会编：《中国工农红军第四方面军战史资料选编（长征时期）》，解放军出版社 1992 年版，第 57 页。

之六路大军，不能拒堵徐匪之南窜，中央与各省数十万劲旅，不能截拒朱毛之西奔，中间虽有河山之险隔，给养之困难，病疫之交侵，霜雪之严冷，均不足以慑匪胆，而刺激其改变初衷，两大洪流，竟于中华民国二十四年六月十有六日（应为六月十二日——引者注），在懋功之达维合拢，查国军电令，一再言曰，须收聚歼之效，今使之聚矣，何以不歼，然在分窜之中，各个尚不能击破，今即会合，则已蔓不可图，尚可聚歼大言不惭哉。①

这位国民党要员的沮丧与失落，典型地证实了川陕苏区、红四方面军对于红军长征的巨大贡献。

一如徐向前所指出的，“红军进行战略大转移，如果没有川陕根据地的桥梁和连接作用，将会增加更多的困难，造成更大的损失。那时，中央红军撤出了江西。陕北根据地很小。红四方面军在川陕的存在，它所积蓄的革命力量，对一、二方面军的长征，对于全国的革命，是个很大的支持和掩护。”②川陕苏区不仅是中央红军长征的巨大战略支撑，而且还发动了一系列直接支援和配合中央红军战略行动的战役。这些战役打乱了蒋介石“围剿”红军的军事部署，极大地削弱了四川军阀的力量，减轻了中央红军的军事压力。在迎接党中央和中央红军入川的过程中，红四方面军、中共川陕省委、苏维埃政府在扩红、筹集物资、清扫会师途中敌人等方面，做了大量卓有成效的工作，为会师后的红军休整提供了良好的环境和条件。

红军长征的胜利，是中华苏维埃共和国各个苏区、中国工农红军各支部队在中国共产党领导下取得的辉煌胜利。党的统一领导，红军将士信仰坚定、英勇顽强，各个苏区人民忘我奉献、不惧牺牲，铸就了红军长征胜利的不朽丰碑，成就了人民共和国的伟业。

---

① 胡羽高：《“共匪”西窜记》，第481页。转引自中共中央党史研究室第一研究部编：《红军长征史》，辽宁出版社1996年版，第258—259页。

② 徐向前：《巴山烽火·序》，中国人民解放军成都部队川陕革命根据地军事斗争史编委会编：《巴山烽火》，四川人民出版社1981年版，第4页。

论川陕苏区创建的艰巨性

李 健 张喜庆

由中国工农红军第四方面军将士与川陕边人民共同创建的川陕苏区,在其创建及存在的两年多时间里,对当时中国革命的发展、长征及新民主主义革命的最后胜利发挥了重大作用。它不仅为党在土地革命向抗日战争过渡期间保留了一支相当规模的武装力量①,也成功地为中央苏区、中央红军和其他革命根据地提供了支持和掩护。尤为重要的是,它还为中国红军长征胜利,将革命大本营转移到大西北创造了十分重要的条件。可以讲,没有川陕苏区的桥梁和联结作用,全国主力红军的战略转移必将面临更多的困难和更大的损失。对川陕苏区的上述作用及历史意义,史学界已经多有论及。然而,对掩盖在川陕苏区辉煌历史下其创建的艰巨性的研究,目前还尚未引起人们的重视,尚无专文论述。本文拟对川陕苏区创建过程中的艰巨性作一系统阐述,以期加深对川陕苏区全貌的认知。

在论及川陕苏区的艰巨性之前首先要澄清一个基本事实,即川陕苏区的人口和面积问题。有关川陕苏区面积和人口的常见说法是东起城口、万源,西至嘉陵江东岸,北到陕南镇巴、宁强,南控达县、渠县,面积达4.2万平方公里,人口500万。这是川陕根据地在1933年10月达到鼎盛时期的状况。然而这一鼎盛局面却只维持了非常短的一段时间。从1933年11月起为了应对敌人

① 1936年10月红军三大主力会师会宁时,红军总人数8万多人。一方面军约3万人;二方面军计约14400人;四方面军约43000人。详见梁慧荣:《红军会师时一、二、四方面军的人数》,《党史研究》1985年第6期。

的“六路围攻”，再次“收紧阵地”，大片地区被主动放弃了。实际上，无论根据地控制的面积还是人口，在当时都是动态的，“根据地的巩固与发展取决于军事斗争的胜利”（徐向前语）①，在严酷的军事斗争中，根据地时大时小，有的地区红军刚占领就很快撤出，有的地区占领一两个月就放弃了，控制时间比较长的区域仅是其核心部分——通江、南江和巴中。从面积讲至多相对于今天的巴中市，即1.2万平方公里左右，人口也不会超过百万。故我们今天对川陕苏区的研究不能把它简单地置于面积4.2万平方公里、人口500万之基础上。否则其研究则是不切实际的，甚至会造成对一些问题的深入研究陷入自相矛盾的局面②。

一

“有足够给养的经济力”（毛泽东语）③是根据地得以存在和发展的重要条件。1934年1月，时任中华苏维埃中央执行委员会主席的毛泽东，曾在全国第二次苏维埃代表大会的报告中指出：“川陕苏区是中华苏维埃共和国的第二个大区域，川陕苏区有地理上、富源上、战略上和社会条件上的许多优势。”④而实际上，川陕苏区并没有富源上的优势，在川陕苏区创建过程中首要的困难恰是富源上的劣势。这表现为两个方面：

其一，苏区的核心部分通、南、巴地区，地处偏僻，土地贫瘠，人口稀少，物产丰而不富。

徐向前在忆及川陕苏区时曾说：“川北根据地人少，苦得很。红军要坚持

---

① 中国人民解放军成都部队川陕革命根据地军事斗争史编委会编：《巴山烽火》，四川人民出版社1981年版，第3页。

② 川陕革命根据地有巩固的根据地和游击区之分，具体的考订详见元江：《关于川陕革命根据地的几点考订》，《近代史研究》1988年第3期。

③ 毛泽东：《井冈山的斗争》，见《毛泽东选集》第1卷，人民出版社1991年版，第57页。

④ 中国工农红军第四方面军战史编委会编：《中国工农红军第四方面军战史资料选编》（川陕时期·上），解放军出版社1993年版，第3页。

下去就要有人，要有粮食，否则无法生存”①，这句话在一定程度上道出了川陕苏区创建初期所面临的困难。实际上，在梳理史料的过程中我们不难发现，苏区在创建中所面临的生存压力确实相当严峻。对此，我们可以从地理位置、生产力水平、人口及物产资源几方面加以阐释。

川陕边区地处偏僻，远离中国政治中心和经济发达地区。通、南、巴地区地处大巴山和米仓山山麓，通江、南江境内海拔高达800—2000米，巴中稍稍低平一些，但一般也在海拔360—1200米左右。整个境内大山横亘，山峦重叠，断崖壁立，沟壑纵横，只有一些崎岖的山道与外界相通，主要运输工具是人力和牲畜。无论从哪个角度讲，这个地方都属于中国最偏僻的地区之一。用张国焘的话来说：“四川在中国地理形势上，偏处一隅，而‘通南巴’地区更是全省的偏僻地方。”②

由于处在深山老林地区，这里多为山地，土多田少，坡陡土薄，许多可耕地在海拔500—800米之间，有的甚至高达900米以上，再加之地势陡峭，农民只能在30—80度左右的山坡上，垒石垦土造田，耕作条件之差就可想而知了。除自然条件的影响外，该地生产条件也很落后，只有少数人家拥有耕牛农具，大部分只能人工拉犁，刀耕火种。在这种极为原始的生产状态下广种薄收，作物单产普遍较低。1933年以前，粮食亩产不过百斤左右，即便自然条件较好的巴中县恩阳一带，谷子亩产也只有二三百斤，麦子亩产90斤左右，棉花亩产十几斤③。当地有句老话十分形象地说“一把弯刀一把火，一把种子一碗粮”。此外，通、南、巴还是灾害多发地区，春旱、夏涝、秋霪雨、冬霜冻、风、冰雹、山体滑坡、泥石流无一例外，再加之这里还深受野兽的侵害，乃至当地有“天收一成，兽收一成，人收一成”之说。“十年九旱”更是该地区旱灾的形象写照。冬干与春旱相连，夏旱与伏旱相依。以通江为例，自民国14年至民国38年24年中有记载的大旱灾即达12次之多。④ 据1935年2月16日《国民公报》载：

---

① 温贤美：《追记徐向前元帅谈川陕苏区史》，《四川党史》2001年第5期。
② 张国焘：《我的回忆》，香港明报月刊出版社1971年版，第1084页。
③ 《四川文史资料选辑》（第21辑），四川人民出版社1980年版，第12页。
④ 据《通江县志》（四川人民出版社1998年版）卷十二自然灾害篇统计。

“民国十四年，四川各地大旱，通江、巴中饥民吃尽山根树皮，饿死者十分之三。数遍十家，即有九家缺吃缺穿。自去年腊月起，因死人太多，挖‘万人坑’以便埋葬。现今一、二坑业已填满，第三批已继续抬埋矣。”①虽说这段记载不免有夸大之嫌，但却道尽了频繁的自然灾害对当地的巨大破坏。

红四方面军来到这里不仅要面临上述生产力低下所造成的严峻生存压力，而且还要直面该地人口稀少的不利局面。为了说明问题，我们不妨将川陕苏区人口及疆域与中央苏区的情况简单作个对比。通、南、巴地区人口，据1933年公布的《四川统计提要》中的数字，通江17.1万，南江15.6万，巴中51.2万，总数为83.9万。② 另据张国焘的回忆，“拿通江来说，全县人口约十一万”，巴中“人口约五十余万”③。由于南江的人口通常比通江略低。这样估算，通、南、巴的人口大约为70多万。这里虽然很难准确地算出该地区精确的人口数量，但可以肯定这里的人口未超出百万；为了说明问题，我们不妨把川陕苏区与中央苏区的情况作个简单对比。中央苏区的人口数1930年时为400万，1932年秋为340万，1933年全盛期为453万，1934年9月红军主力长征前夕为240万左右④。

除人口外，二者的疆域差异也很悬殊。上文已经提到，川陕苏区控制时间比较长的区域仅是其核心区通、南、巴，面积1.2万平方公里左右；而中央苏区比较稳定时期的面积，则达到了7万多平方公里。其中，中央苏区在江西的面积约有4.9523万平方公里，中央苏区在福建的面积约有2.5万平方公里⑤。另据李德回忆说，项英估计红军主力长征前夕中央苏区未被敌人占领的连成一片的苏区还有2.5万至3万平方公里。⑥ 简单的一个对比就可见川陕苏区

---

① 转引自四川省通江县志编纂委员会：《通江县志》，四川人民出版社1998年版，第230页。

② 转引自元江：《关于川陕革命根据地的几点考订》，《近代史研究》1988年第3期。

③ 张国焘：《我的回忆》，香港明报月刊出版社1971年版，第1063、1068页。

④ 中共赣州地委党史办公室编：《中央苏区史研究文集》（赣南党史资料第12辑），1989年，第431页。

⑤ 舒龙、凌步机：《中华苏维埃共和国史》，江苏人民出版社1999年版，第133页。

⑥ [德]奥拓·布劳恩：《中国纪事》，东方出版社2004年版，第115页。

在创建时所面临的困难。

在物产方面，该地满山遍野生长着绿竹、山茶、苍松、翠柏，地下蕴藏着铁、煤、钢、铅、锌、滑石等矿藏，土特产有茶叶、银耳、黑木耳、生漆、桐油、药材、蜡虫、兽皮等，但在国民党政府和豪绅地主的黑暗统治下，资金、技术缺乏，这些资源得不到有效的开发和利用；加之交通不便，土特产品不能大量外运，本地急需的大量日常生活物品如盐、布、药品及其他工业品也不能及时大量地输入，致使经济相当落后。

其二，军阀的残暴蹂躏，使当地人民极端穷困。

在红四方面军入川前，四川军阀实行“防区制”统治。他们连年混战，大小军阀为了维持巨大的军费开支，横征暴敛，大肆征收苛捐杂税，残酷地剥削和压榨人民。当时统治通、南、巴的军阀田颂尧对当地的残害尤为严重。

田颂尧在通、南、巴实行田赋的“预征制”，一年数征，且次数逐年增加，由初期的一年三征激增到一九三一年的一年十四征。据吕平登《四川农村经济》一书记载：1932 年，川北的田赋预征已经到了 1978 年。除预征田赋外，田颂尧征收的苛捐杂税还多达 120 多种，诸如烤火要“火笼捐”，煮饭要收“搭勾捐”，走路要收“过路捐”，活人要收“人头捐”，甚至交不起捐税被吊打后，还要征收“吊打费”等等。① 人民对此形容道：“自古未闻粪有税，而今只有屁无捐。”②苛捐杂税名目之多、勒索之重，真是骇人听闻。

田颂尧在通、南、巴统治的最大毒害是强迫人民大量种植鸦片以收重税——“特别捐”。这种特别捐成了当时当地人民最沉重的负担。当时巴中每年要缴特别捐一百万两，通江七十万两，南江三十万两。③ 种植鸦片的农民不仅要承担无休止的重税，而自身也深受鸦片的毒害。该地烟毒遍地，“十室之邑，必有烟馆；三人行，必有瘾者。”据张国焘的回忆：“我们感到头痛的问

---

① 邵家仁：《川陕根据地广旺煤矿工人斗争史话》，《四川党史研究资料》1986 年第 6 期。

② 《艰苦的历程——中国工农红军第四方面军革命回忆录选辑》（上），人民出版社 1984 年版，第 367 页。

③ 中国人民政治协商会议四川省委员会、四川省省志编辑委员会编：《四川文史资料选辑》（第 21 辑），四川人民出版社 1980 年版，第 6 页。

题,是当地鸦片的毒害。人民多半是烟鬼,据不甚精确的统计,成年男子90%以上吸食鸦片,壮丁几乎找不出没有烟毒的,连十二三岁的小孩子也有不少染上了毒瘾,成年妇女吸烟者约占70%。这个事实使我们无限忧虑。"①另外在徐向前的回忆中也提到这一现象:"一座千余户人口的通江县城,竟有上百户人家以开大烟馆为业,瘾君子之多,可想而知。有些青少年甚至也染有抽鸦片的恶习,弄得骨瘦如柴,不成个人样子。"②鸦片的大量种植严重破坏了当地的农业生产。据估计,烟田约占土地面积的30%—40%,并且都是好田好地。烟田的增多,必然减少农田,在红军入川前,通、南、巴地区已成"纵目田畴,已成黑化"的农村惨象。

巴中流行着一副形象反映田颂尧残暴统治的对联,"好的他田家,苦了我田家,说声派杂税,团总派、甲长派、估派滥派,指名官派,胡派鬼派,硬起心肠由你派;为了要'巴土',所以要'巴土',讲到收洋钱,场上收、乡下收、明收暗收,不怕手收,只怕天收,谨防尸骨无人收。"再加上官吏的贪污,层层加码,月月摊派,摊到人民身上的捐税就更为繁重,人民即使倾家荡产也无法承担。在穷苦人民缴不起捐税时,军阀官僚便使用残酷的暴力来征收(对缴不起捐税的农民,动辄拴、打、吊、押、或关监牢,被整成残废或被整死的人是数不胜数的),甚至强迫人民卖儿鬻女来缴纳捐税。如南江县,在一九三二年筹集军款,数目达到了历年来的最高峰,人民无法缴出。县长姚垒却贴出告示说:"杀人可恕,欠款难容。"③

在反动军阀的统治下,除了军阀本身的压榨外,封建地主,高利贷者的剥削亦和土匪的抢劫一样,十分凶残。川北一带的地租一般是实物地租,农民所得仅三四成,有时只能分得一点杂粮。农民在无法交纳捐税时,在青黄不接或苦于吊打时,只有向高利贷者去借贷,利息高达百分之十以上,到期不还,利上加利。而川北一带大小土匪多如牛毛,他们经常骚扰各地,抢劫、屠杀,无恶不

① 张国焘:《我的回忆》,香港明报月刊出版社1971年版,第1062页。

② 徐向前:《历史的回顾》,解放军出版社1988年版,第164页。

③ 中国人民政治协商会议四川省委员会、四川省省志编辑委员会编:《四川文史资料选辑》(第21辑),四川人民出版社1980年版,第7页。

作。此外,地方团练的横行也是人民灾难之一,川北有一句谚语叫“匪如梳,兵如篦,团练犹如刀刀剃”,形象地反映了当地人民的苦难。

农民受不了军阀、官僚、地主的压榨、残害,不少人外逃,到处都是“房屋无人住,田地无人耕之凄寥景象”。没有外逃的则苦不堪言,简直贫困到令人吃惊的地步,据徐向前的回忆:“不论县城或乡村,我们见到的多是些‘打精巴子’的男女老少,衣不蔽体,面黄肌瘦,佝偻着身子,缩成一团。十七八岁的大姑娘,没有裤子穿,围着块棕片遮身”①。面对这样穷苦不堪的局面,红军要获得根据地得以存在和发展的重要条件——“有足够给养的经济力”,实在是极端艰难的。

二

在川陕苏区创建中第二个大困难是,通、南、巴地区共产党影响薄弱,革命基础差,地方党的作用小。对此,我们不妨把通、南、巴的情况与鄂豫皖的情况作个简单对比。

鄂豫皖苏区有着深厚的革命基础和群众基础。由于湖北共产党组织创始人、中共一大代表董必武、陈潭秋的积极努力工作,鄂豫皖边区在中国共产党成立后不久就有了党的组织。② 大革命时期,在共产党领导下,鄂豫皖边区的农民运动蓬勃开展起来,许多地方都有农会,在湖北的黄安、麻城两县共产党组织和农民协会还建立了农民自卫军。大革命失败后,鄂豫皖边区的党组织和革命群众在中共“八七”会议精神的指引下,先后举行了黄麻起义、商南起义、六霍起义,并最终创建了鄂豫皖苏区。

徐向前在其回忆录中明确称赞了这里党组织和群众基础,“党组织和群众的状况,也比较好……黄安、麻城、黄陂、孝感、光山、罗田诸县,均建立了县委、区委和基层党支部……黄麻一带的农民群众,革命热情甚高,把共产党看

① 徐向前:《历史的回顾》,解放军出版社 1988 年版,第 170 页。
② 舒龙、凌步机:《中华苏维埃共和国史》,江苏人民出版社 1999 年版,第 39 页。

作是他们自己的组织……不论男女老少，都知道共产党是领着穷人打天下的"①。

反观通、南、巴地区，无论是革命基础还是党组织的影响都落后得多。首先，这里地势偏僻，交通不便，社会经济和文化都十分落后；又由于远离中国的政治中心，近代中国的许多重大事件和变革似乎都与它没有什么关系，因此这里也就基本无缘接受大革命的洗礼②。如张国焘所言："这里的乡下人没有直接受过革命的洗礼，根本不知道共产党和苏维埃是怎么回事。他们不像鄂豫皖区的农民受过革命风云的锻炼，他们不知道一九二七年有过国民革命，也不知道农民协会是怎么一回事。"③此外，徐向前对此也有过类似的描述："许多农民住在交通闭塞的山旮旯里，连三民主义、国民革命也闻所未闻，更不要说什么共产主义和苏维埃运动了。"④

其次，党的活动也一直处于极为薄弱的状态。在红四方面军进入通、南、巴之前，尽管在20世纪30年代前后四川出现过共产党领导的武装斗争，如1929年王维舟领导的川东游击军，邝继勋领导的蓬溪起义，罗世文等领导的"升保暴动"，但这些零星的共产党活动和革命斗争都没有形成较稳定的游击区，也没有为后来的苏区建设奠定可靠的群众基础（因为后来的苏区并没有在此基础上形成）。与此同时，党组织虽然在附近的达县、梁山、顺庆、阆（中）南（部）成立有县委，但都处于十分秘密的状态。在通、南、巴地区，根本就没有共产党县委一级的组织⑤。据许世友回忆，仅巴中有一个支部。⑥ 事实上，

---

① 徐向前：《历史的回顾》，解放军出版社1988年版，第48页。

② 只有1927年共产党员苟寿南与个别国民党左派人士在巴中文兴、清江一带组织农会开展过历时半年的农民运动，详情见《巴中县早期农民运动的先锋——苟寿南同志传》，《巴中文史资料》第1辑第117页。

③ 张国焘：《我的回忆》，香港明报月刊1971年版，第1086页。

④ 徐向前：《历史的回顾》，解放军出版社1988年版，第169页。

⑤ 据1933年3月《四川省委致中央的报告——关于巩固通南巴苏区反对军阀进攻红军问题》（中国工农红军第四方面军战史编委会编：《中国工农红军第四方面军战史资料选编》（川陕时期·上），解放军出版社1993年版，第131—134页）得出。

⑥ 《艰苦的历程——中国工农红军第四方面军革命回忆录选辑》（上），人民出版社1984年版，第372页。

党组织在通、南、巴一带几乎没有什么影响。地方党没有形成革命影响和基础，这对苏区的创建来讲无疑是十分不利的。对这种情况徐向前曾讲道：“像巴中全县，人口约五十万，却找不出几名党员来。这同我刚到鄂东北时的情形，大不相同。”①可见，和鄂豫皖根据地相比，通、南、巴地区无论是革命基础还是党组织的影响都落后得多。

在这样贫困落后、封建军阀统治极为严酷，且又没有经过革命洗礼、党的影响力十分薄弱的地区，苏区的创建就只能依赖“枪杆子”了。关于这个问题李天焕曾有个经典的概括，“在鄂皖豫时是地方党创造起来的军队，——而到川北来后是军队创造起来的政权和建立起来的党”②。

根据徐向前的回忆，红四方面军刚入川创建苏区时，只能用非常措施来发展地方党组织。如不是地方党组织基础极其薄弱，红军也不会出此下策。“通南巴过去党的基础很薄弱，群众对共产党的性质、任务知之甚少。但根据当时的斗争形势，发展一批党员作为领导和团结群众的骨干，又是刻不容缓的事。怎么办？部队政治机关和工作队除个别考察教育吸收（一般是给红军带路、送情报和打土豪中的积极分子），还采取了召开群众大会，宣传党的性质和主张，让群众自愿报名的办法。像扩大红军一样，会场上放一块大门板，上面写着‘加入中国共产党报名处’。开完大会后，将报名入党的人登记下来，进行谈话和调查，经政治机关审查批准，即履行入党手续，宣誓入党。这是一种不得已而为之的发展方式，所以当时发展的二百多名党员质量不高，后来逐步淘汰了些。党的各级组织建立后，发展党员的工作才走向正常化。”③

按上述办法建立起来的地方党组织，因没有基础，其组织很不健全，需要地方党组织开展的工作往往效果不佳，需要地方党组织解决的问题往往不够理想。这些问题，在这一时期川陕苏区的一些重大决议和一些调查资料中有明确的反映。如：

---

① 徐向前：《历史的回顾》，解放军出版社 1988 年版，第 169 页。

② 中国工农红军第四方面军战史编委会编：《中国工农红军第四方面军战史资料选编》（川陕时期·上），解放军出版社 1993 年版，第 49 页。

③ 徐向前：《历史的回顾》，解放军出版社 1988 年版，第 171—172 页。

《中共川陕省委关于红五月工作的决议案》(一九三三年四月十三日)中说“工会、雇工会和贫农团的组织和工作现在还没有真正的建立起来,尤其是没有经常的工作,这是非常严重的缺点”;《中共川陕省第二次代表大会关于目前政治形势与党的任务决议案》(一九三三年六月二十三日)中说“党在游击队里的领导还很薄弱,成分还有相当复杂。因此还有少数游击队员叛变的事件”,“川陕省党的组织动员群众的力量还是非常微弱,一部分群众还认为红军是外来的势力”;《中共川陕省第二次代表大会组织问题决议案》(一九三三年六月二十三日)中说“在革命剧烈发展局面中,党的组织还表现薄弱。目前迫切的任务是要将党的政纲与理论,通俗化的在群众中大大的宣传和煽动,大量的把各种斗争中最积极勇敢的雇工、贫农分子吸收到党内来”①。

又如刘杞对赤江地方党支部情形的调查(一九三三年八月九日):

“各级政治部发展地方工作时,没有注意到真正在乡村中发展雇工、贫农,所发展的同志,多是场口上的大烟瘔子,甚至流氓地棍、不起作用的老头……支部同志一般的不过支部生活,也并不知道支部是什么东西,支部本身应做些什么工作和应有的责任,每个同志更不知道他本身的任务,同时还有很多同志加入党、团数月,还未开过会的……地方工作,各级苏维埃及各种团体的领导(有一部分党的同志),多半是命令的强迫的,威胁的办法,而不是从宣传教育鼓动的方法。”②

又如徐立清对赤北县工作情形的调查报告(一九三三年八月二十八日):

① 四川省社会科学院、陕西省社会科学院:《川陕革命根据地史料选辑》,人民出版社1986年版,第43—69页。

② 四川省社会科学院、陕西省社会科学院:《川陕革命根据地史料选辑》,人民出版社1986年版,第101页。

“全县党员二百余人，多是五十多岁的，团员只三四十人，没有一个团的支部，各区区委会各乡支部还有很多未建立……全县五区（楼房坪一区只一乡），各级苏维埃委员都是很少……苏维埃对群众都是命令的，工会、贫农团、妇女会、少先队、童子团等组织大半没有，即有是形式的……”①

组织薄弱、工作不力的地方党组织难以适应苏区克服巨大困难的需要。

三

“川陕苏区是红军用枪杆子打出来的。根据地的历史，就是武装斗争的历史，这是它最显著的特点。”“根据地的巩固与发展取决于军事斗争的胜利。”②川陕苏区创建中第三个困难就是，不间断的、残酷的军事斗争，使苏区遭到极其严重的创伤。

从红四方面军入川到撤离川陕苏区的两年多时间里，残酷的军事斗争贯彻始终。1932 年 12 月底红军进入川北，1933 年 1 月 23 日占领巴中城。1933 年 1 月 27 日蒋介石便任命 29 军军长田颂尧为“川陕边区剿匪督办”，拨给子弹 100 万发，军费 20 万元，并派 4 架侦察机助战，2 月田颂尧就开始“三路围攻”。红四方面军经过 4 个月的艰苦斗争，到 6 月终于成功粉碎了田颂尧的“三路围攻”。紧接着一个多月后，四方面军又决定主动出击，至 10 月下旬，连续发起了仪（陇）南（部）、营（山）渠（县）、宣（汉）达（县）三次进攻性战役。在宣达战役还没有完全结束时，刘湘的“六路围攻”就随之而来。为了反刘湘的“六路围攻”，战争一打就是十一个月，一直持续到 1934 年的 9 月。刚粉碎了刘湘的“六路围攻”后，敌人又发动新的围攻——“川陕会剿”。为了对付敌

① 四川省社会科学院、陕西省社会科学院：《川陕革命根据地史料选辑》，人民出版社 1986 年版，第 106 页。

② 中国人民解放军成都部队川陕革命根据地军事斗争史编委会编：《巴山烽火》，四川人民出版社 1981 年版，第 2—3 页。

人的“川陕会剿”,1935年1月下旬至2月下旬,红四方面军发起了广昭和陕南战役,3月上旬进行仪陇、苍溪之战,4月强渡嘉陵江渡后,红四方面军主力撤离了通、南、巴。

在接连不断的军事斗争中,根据地军民虽然都取得了军事上的胜利。但为了战胜敌人,四方面军被迫执行“收紧阵地”的斗争策略,严重创伤了根据地的元气。在反“三路围攻”时,四方面军“逐次收紧阵地,直至放弃了通、南、巴三县城,将主力收缩到通江以北方圆百里的空山坝地区”①。到5月中旬,“红军已收缩至通江东北一隅,方圆不过几十里。敌与川陕省委驻地沙溪场仅一山之隔……夜晚红军总指挥部连敌人的机枪声和手榴弹爆炸声也能听到”②。在反“六路围攻”时,情况更为严重。为了集中兵力于主要方向打击敌人,四方面军不得不连续四次紧缩阵地。1934年3月撤出巴中城,4月撤出南江城,6月撤出通江城,红军主力集中于通江以北至万源以南之一线。

不断地“收紧阵地”,就意味着战争要在根据地内进行,根据地势必要遭到战争的巨大破坏;就意味着那些被迫放弃的根据地势必要遭到敌人的大肆毁坏;就意味着供养战争的苏区面积大大缩小,这又必然极大地加剧内线作战带来的供给困难。这些巨大破坏及供养困难的具体情况,今天我们实难一一统计,不过我们仍可以从亲历者的回忆中感受到这一点。

> “(六路围剿后)我们的面前,废墟一片,困难重重。战役结束后,我从前线回到后方。沿途所见,皆为战争破坏带来的灾难景象。良田久荒,十室九毁,哀鸿遍野,令人惊心怵目……人民对土地的热望降低了。一则是粮荒严重,许多地方连种子都没有;二则认为种下去也难保收成,“围剿”一来,又会落到敌人手里;三则劳力十分缺乏。兵员枯竭了。根据地的青壮年,早已大批参加红军。战争中遭敌侵占的地区,又被抓走或杀害

---

① 四川省社会科学院、陕西省社会科学院:《川陕革命根据地史料选辑》,人民出版社1986年版,第439页。

② 成都军区党史资料征集委员会办公室:《川陕革命根据地军史斗争史》,四川大学出版社1987年版,第53页。

一批。还有些人受反动宣传影响,逃往敌占区去。红军士兵的来源,到了山穷水尽的地步。物资短缺,补给困难。南部和通江的盐井,被敌破坏殆尽,短期难以恢复。敌人的经济封锁,日甚一日。根据地急需的食盐、粮食、衣被、药物等,无法解决。随着饥饿现象的日趋严重,伤寒、痢疾等传染病猖狂蔓延,夺去不少人的生命。根据地的秩序,大不如前。逃难的,抢东西的,当土匪的,屡有发生。"①(徐向前回忆)

"(六路围剿后)此时我根据地缩小,人力物力补给不易,而尤以粮食发生极严重之困难,在万源与刘湘主力决战时,甚至仅包谷洋芋也要两三日才能吃到一餐,花萼山之战,我红军战士有饿至二、三日而仍与敌厮杀者。"②(傅钟回忆)

"刘湘之六路围攻从一九三三年十一月初旬到一九三四年九月中旬为时十月有余,中间因战线太长,需要集中兵力于主要方向,乃收集阵地逐渐后退,最后暂时放弃十余县的广大地区,而集中于通江以北万源以南之一线,我伤亡甚大,补充不易,物资粮食又发生严重困难,在万源与刘湘主力决战时,洋芋包谷日不得饱。……在川北苏区的扩军是有成绩的,部队由四个师一万六千余人,在不到两年的时间内,扩大到十万人左右(后方机关在内),而且在作战中的伤亡很大,仅九军一个统计就有二万人左右。全军的伤亡没有具体统计,估计有数万人……在粉碎田颂尧、刘湘的围攻中,收紧阵地的时候,在一切服从战争的口号下,把群众的房子烧了不少。如乱开群众的窖子的事也是有的,特别在没有粮食吃时候,这种事实就更多。"③(李天焕回忆)

张国焘更是认为"川北是挤掉了汁的柠檬"④。纵观苏区这两年多战火持

① 徐向前:《历史的回顾》,解放军出版社 1988 年版,第 252 页。

② 中国工农红军第四方面军战史编委会编:《中国工农红军第四方面军战史资料选编》(川陕时期·上),解放军出版社 1993 年版,第 25 页。

③ 中国工农红军第四方面军战史编委会编:《中国工农红军第四方面军战史资料选编》(川陕时期·上),解放军出版社 1993 年版,第 37—48 页。

④ 张国焘:《我的回忆》,香港明报月刊出版社 1971 年版,第 1101 页。

续的岁月,除在反“三路围攻”和“六路围攻”胜利后有短暂的间隙外,战争一直在进行,而且相隔时间之短促实属罕见。艰苦的斗争长达15个月之久,苏区几乎没有获得一点休养生息的机会,这严重阻挠了苏区的经济建设,使得经历了战争巨大创伤之后的苏区,在战争供养能力上大为削弱,而且短时间内难以恢复。红军的生存要素——吃饭、穿衣、兵源、枪弹等问题都面临着严峻的挑战。这一切,无疑使苏区的生存变得异常艰辛。

四

毫不夸张地讲,川陕苏维埃政权能够在国民党反动派、封建军阀和地主武装的四面包围中建立起来,并且坚持斗争两年多,实属一件“奇事”。它对中国革命所作出的重大贡献与它创建的艰巨形成了鲜明对比。当然,除上述较为突出的艰巨性外,川陕苏区在创建中还经历了敌强我弱、“左”倾错误干扰等方面的困难。尤其“左”倾错误的干扰极为严重,加剧了苏区的困难。对这一点,以往的研究多有涉及,此处不再赘述。在这些巨大的困难面前,四方面军虽然采取了种种措施来克服和抗争,但最终还是撤出了川陕苏区。

毋庸置疑,正视川陕苏区在创建中所面临的艰难,才能更加有助于我们理解川陕苏区所取得巨大成就的分量,也才能更加深刻体验到老区人民为革命作出的巨大贡献。这正如徐向前所言:“川陕革命根据地,在第二次国内革命战争中有过它的光荣历史地位和作用。那里的人民群众,为了中国革命的胜利,前仆后继,艰苦奋斗,英勇牺牲,贡献了他们所能贡献的一切力量。红四方面军的生存、发展、壮大,与川陕根据地人民的大力支援是分不开的。成千上万川陕人民的英雄儿女,在创建和保卫根据地的斗争中,献出了宝贵的生命。川陕人民的英雄儿女永垂不朽!”①

① 徐向前:《历史的回顾》,解放军出版社1988年版,第273页。

论红军转战期间革命根据地的创建

——以川陕革命根据地为例

李　茹　张喜庆

川陕革命根据地是土地革命战争时期,除中央革命根据地外,中共建立的若干根据地中苏维埃革命开展较为完整的根据地,也是在中央革命根据地之外中共尝试局部执政较为完备的根据地,其苏维埃革命的开展和尝试局部执政取得的经验教训,对中共后续的革命具有重大意义。尽管川陕革命根据地开展苏维埃革命的基本内容,与其他革命根据地始终保持一致,但由于其创建是在红军转战期间完成的,在如何开展革命工作上又与其他根据地有着明显不同,故为我们提供了研究此期中共革命根据地的新样本。具体而言,红四方面军在被迫转战期间,带着完整的革命模式到达完全陌生之地后,如何既能把苏维埃革命插入新地区,又能使新开创的根据地的广大人民群众接纳和支持革命?在革命基础并不牢固的新根据地,如何建党建政,如何壮大革命势力和进一步扩大根据地?对这些问题的研究有利于对中共领导的苏维埃革命和其早期局部执政进行更全面的透视。

一

1927 年大革命失败后,中国共产党迅速开启了武装革命道路,并逐步将战略目光投向蕴藏巨大革命力量的农村,从 1927 年 10 月秋收起义部队落脚井冈山、建立井冈山革命根据地起,至 1937 年 9 月陕甘宁革命根据地改建为陕甘宁边区政府为止的十年间,中国共产党在国民党统治薄弱的广袤农村建立了大大小小几十个农村革命根据地。这些革命根据地,尽管在革命开展的总方向上,始终坚持中国共产党开展苏维埃革命的共同模式,但面对各自特有的革命情势,又呈现出各自不同的发展态势,多角度多层面地展示了当时中共领导苏维埃革命的整体状况。故而,对这一时期革命根据地展开研究并由此探索此期中共革命的成功之道,不仅需要去异求同的整体分析,还需分门别类的个体探究。

1930 年,毛泽东在回答"红旗到底能打多久"问题时,曾依据根据地的形成特点,将当时的根据地分为"朱毛式、贺龙式、李文林式、方志敏式"几种,在其论述中,曾对上述根据地"有计划地建设政权"、"红军游击队与广大农民群众紧密地配合着组织着从斗争中训练着"、"深入土地革命"及"政权发展是波浪式向前扩大"几点共性进行了总结,然并未论及各根据地形成的具体特征①。后人在依照上述划分论述各根据地时,曾对此展开探讨,如"贺龙式"革命根据地形成特点:"湘鄂西的红军游击队土生土长,兵士的成分完全是农民的自愿军,干部多半是实际工作中出来的,颇能接近群众。"②"李文林式"革命根据地形成特点:"革命武装组建以农军为基础与争取改造绿林武装相结合。"③"方志敏式"革命根据地形成特点:"开始是在没有正规军队帮助的情况下,依靠农民武装进行的,它创造了一种先依靠群众武装建立根据地,然后再建立正式红军的开辟革命根据地的新形式。"④还有学者在分析上述几种根据地时指出,如果从根据地形成过程中所主要依靠的力量来看,上述根据地其实可以划分为两种:"内生型和外力型"。"'朱毛式'所建立的闽西、赣南根据地可以看作是外力型的产物,而'贺龙式、李文林式、方志敏式'的根据地均可视作内生型。"并且,"即使是其他根据地的建立过程也同样可以纳入这种区

---

① 毛泽东:《毛泽东给林彪的信》,载中央档案馆:《中共中央文件选集》第 6 册,中共中央党校出版社 1989 年版,第 554 页。

② 梅黎明:《星火燎原:全国革命根据地要览》,中国发展出版社 2014 年版,第 205 页。

③ 梅黎明:《星火燎原:全国革命根据地要览》,中国发展出版社 2014 年版,第 73 页。

④ 唐志全,陈学明:《"方志敏式"革命根据地研究》,江西人民出版社 2002 年版,第 33 页。

分范围”①。

无论毛泽东的“朱毛式、贺龙式、李文林式、方志敏式”，还是“内生型和外力型”，都是对根据地形成过程的较好概括。然如果我们将1927—1937年所有根据地纳入考察范围的话，就会发现上述划分更确切地是针对1930年前形成的革命根据地。当时的根据地不论是内生型还是外力型，在形成过程中，除地理上的优势外，还都有一个指向性非常明确的社会政治依靠力量，即当地在大革命的浸礼下，拥有良好的党和群众基础，正如1929年周恩来所言，根据地的发展，“应该向农村阶级矛盾与斗争到了更激烈的地方，党与群众组织有相当基础的地方以及给养丰富、地势险峻的地方发展为宜”②。所以这一时期的革命根据地形成过程中所依靠的外力和内力很难作一个定量上的判定，即使被作为“外力型”代表的“朱毛式”革命根据地，在其发展初期，当地不仅有深厚的党与群众组织基础，还得到了当地武装力量——袁文才和王佐大力支援。

但1930年后，特别是1932年后，根据地的创建出现了新情况。随着中共革命根据地的不断发展壮大，来自国民党的“围剿”压力陡增，部分老根据地反“围剿”失利后，主力红军被迫走上了转战之路，其中红四方面军就是较早踏上战略转移征程的。然革命的发展、红军的壮大均离不开稳定的根据地，红军转战中必须寻机创建新的革命根据地。川陕革命根据地就是在这种背景下开辟的。红军在转战途中建立的根据地，与中共早期革命根据地有明显不同，在进入缺乏党和群众组织基础，又有着便于革命根据地开辟的有利条件的地区之后，革命根据地的创建只能完全依赖红军，这就是红军在转战期间建立的革命根据地的明显特征。

前述以“朱毛式”为代表的“外力型”革命根据地，虽由外来军队进入而得以开创，但外力仅是根据地创建的促发因素，根据地的成功创建离不开当地良好党组织和群众革命基础，是与当地原有革命力量相融合形成合力的结果。

---

① 黄琨：《从暴动到乡村割据：1927—1929——中国共产党革命根据地是怎样建立起来的》，上海社会科学院出版社2006年版，第8页。

② 中共中央文献编辑委员会：《周恩来选集》（上），人民出版社1980年版，第18页。

而以川陕革命根据地为代表的红军转战期间建立的革命根据地，是大规模的红军在转战中进入党组织和群众革命基础薄弱的新区域后开创的根据地，革命工作的开展完全由红军来主导，外来的红军不仅要促发当地革命，同时还要将在原革命根据地已经成熟的革命模式整体插入新区域。故此类革命根据地代表了土地革命时期党的革命事业发展的又一形态，对其研究，不仅可以完善和补充对十年土地革命时期党的革命是如何发生问题的整体认知，从另一个侧面彰显中共成功之道，更重要的是，它还向我们展示了中共战略转移中革命力量如何扩展与壮大，以及这一过程中所存在的问题。

从 1932 年至 1937 年，中共被迫撤离原根据地、在战略转移中创建的新革命根据地主要有：1932 年年底红四方面军离开鄂豫皖在转战中创建的川陕革命根据地，1934 年 5 月红二军团离开湘鄂西革命根据地在转战中创建的黔东特区根据地、湘鄂川黔革命根据地，1935 年 1 月中央红军离开中央革命根据地在遵义会议后创建的川黔边革命根据地，1935 年上半年红二十五军离开鄂豫皖革命根据地在转战中创建的鄂豫陕游击革命根据地等。在这些革命根据地中，川陕革命根据地发展最好，形态最完备，是其中的典型代表，故本文将以川陕革命根据地为例探讨红军转战期间革命根据地的建立。

二

若将川陕革命根据地建立前的社会环境，与其他“内生型和外力型”革命根据地相较，便会发现，无论是阶级矛盾斗争激烈，还是给养丰富、地势险峻，川陕都与其他革命根据地相契合，甚至其四川军阀实行“防区制”、混战激烈的大环境，也与其他革命根据地地处各省交界之处异曲同工，然在“党与群众组织有相当基础”这一点上，川陕却与其他革命根据地形成强烈对比。

川陕革命根据地建立前当地党组织无论是建立时间、规模还是影响力量均远逊于其他革命根据地。其中，陕南地区的原有党组织发展相对较佳，1927 年，伴随着陕南特委的筹建，城固党支部建立，1931 年沔县党小组成立，1932

年西乡特别支部成立,[①]上述地区在中共陕南特委的领导下与西征的红四方面军积极联系、相互支持。然红四方面军 1932 年 12 月 9 日入城固小河口,当月中旬即决定翻越巴山,向川北通、南、巴地区进军,在陕南只停留了短暂的时间。从 12 月 18 日进驻通江至次年 2 月 12 日反"三路围剿"战役打响前,红四方面军一直在通、南、巴地区展开建党建政、创建根据地活动,其后,根据地的范围虽不断发生变化,但通、南、巴地区一直是根据地的核心区域。而这一核心区域在红四方面军进入前,"根本就没有共产党县委一级的组织……仅巴中有一个支部"[②]。该支部成立于 1930 年,之前的革命活动也仅限于 1925 年苟寿南等通过《辅仁书社》进行的革命思想宣传,及 1928 年成立的国民党(左派)巴中县委党部。

党与群众组织的薄弱导致的直接后果就是当地群众对革命和党都缺乏认识,如张国焘所言:"这里的乡下人没有直接受过革命的洗礼,根本不知道共产党和苏维埃是怎么回事。他们不像鄂豫皖区的农民受过革命风云的锻炼,他们不知道一九二七年有过国民革命,也不知道农民协会是怎么一回事……对于苏维埃,是完全陌生。"[③]徐向前也称,当地农民因地处偏僻,不要说共产主义和苏维埃运动,"连三民主义、国民革命也闻所未闻"[④]。

面临通、南、巴地区虽具备革命形势却缺乏内生革命力量的状况,红四方面军以大规模正规军方式进入后,不仅党建工作依靠红军起步,整个革命根据地的创建、群众工作的展开都只能由红军来担任,用徐向前的话讲,就是"发动群众的力量,只能是红军"[⑤]。

红四方面军入川后,党建工作的领导部门是作为红军政治机关的前敌委员会。红军中具体负责党建工作的是专门成立的工作队,主要任务是承担党

---

① 参见陈永恭,秦生:《星火燎原燃西北:西北革命根据地创建史》,中共党史出版社 2007 年版,第 222—224 页;郭鹏:《汉中地区志》第 3 册,三秦出版社 2005 年版,第 1156 页。

② 李健、张喜庆:《论川陕苏区创建的艰巨性》,《西华师范大学学报》(哲学社会科学版)2010 年第 2 期。

③ 张国焘:《我的回忆》,香港明报月刊出版社 1971 年版,第 1089 页。

④ 徐向前:《历史的回顾》(中),解放军出版社 1978 年版,第 169 页。

⑤ 徐向前:《历史的回顾》(中),解放军出版社 1978 年版,第 260 页。

组织建立、发展工作,“在领导群众打土豪、分田地的斗争实践中,物色考察建党对象,条件成熟便立即发展入党”。①

根据地建立之初工作队承担地方党组织发展任务情况,参见下表:

单位	任务
红四方面军总部直属机关	负责通江城区和郊区的党组织发展
红 10 师	负责通江东北洪口、龙凤场和万源西部竹峪关地区的党组织发展
红 11 师	负责得胜山、江口场的党组织发展
红 12 师	负责巴中县城及以南地区的党组织发展
红 73 师	负责南江、红江县的党组织发展
红四方面军总医院	负责赤北县的党组织发展

资料出处:徐向前:《历史的回顾》(中),解放军出版社 1984 年版,第 260 页。

在红军地方工作队的积极努力下,至 1933 年 1 月,赤江、红江、南江、赤北及巴中 5 县县委成立,县委书记全部由红四方面军干部担任。在此基础上,1932 年 2 月 7 日,中国共产党川陕省第一次代表大会顺利召开,会议标志着川陕革命根据地的正式建立,同时,会上成立了川陕革命根据地党的领导机关——中国共产党川陕省委员会,至此,红四方面军中的前敌委员会的领导任务才完成让渡,但川陕省委依然由红四军军干部组成。可以说,川陕革命根据地的党组织就是在红军的直接努力下建立的,正如川陕省第一次党员代表大会发布的文件《目前政治形势与川陕省党的任务》所指出的那样,“在红四方面军内工作的共产党员,在中共中央直接指示下领导着红四方面军在川陕边区行动以来,发动了川陕广大劳苦工农群众的阶级斗争,因而产生了川陕省共产党的组织”②。

① 巴中市老区建设促进会、中共巴中市委党史办公室:《川陕苏区·巴中卷》,四川人民出版社 2012 年版,第 66 页。

② 西华师范大学历史文化学院、川陕革命根据地博物馆:《川陕革命根据地历史文献资料集成》(上),四川大学出版社 2012 年版,第 90 页。

由部队来推进建党工作的展开，这并非川陕革命根据地的专属，然完全由红军工作队来负责地方党组织组建工作，以部队政治机关为地方党建工作的主要负责部门，却是以川陕为代表的红军转战期间革命根据地创建中党建工作起步的特色。正如李天焕所言，“在鄂皖豫时是地方党创造起来的军队，……而到川北来后是军队创造起来的政权和建立起来的党。①”

除党建工作外，革命根据地创建中同样重要的政权建设工作也完全由红军负责展开。在各级苏维埃政权筹建中，从组织的筹备到干部的选拔与任命都由部队完成。在选拔干部时，“开初，各级苏维埃干部，特别是区、乡、村的基层干部，均由红军工作队，宣传队（主要是政治部民运工作队）的同志，从实际斗争中物色和选拔积极分子。”而基层干部的任命，也并非由苏维埃代表大会通过，而是先“召开群众大会，由部队的人主持会议，大家提名推荐，最后用举手表决通过。根据每个乡、村干部的配备多少，举手表决以票数多的当选。然后进行干部分工，再向群众公布”，其中，“在乡、村一级，也有由知识分子自发组织的，但也得请示红军”②。

此外，发展群团，直接服务群众也是红军群众工作的内容。发展群团组织，这在红四方面军开展革命竞赛的规则中就有明确规定，“本军驻地与地方党、苏维埃建立密切的联系，帮助查田分田，建立工会、贫农团及工农妇协会等组织”③，在红四方面军第三十一军的一份文件中我们明确可以看到帮助群众发展经济也是他们的分内之事，他们的一项重要工作就是“开展广元、南江一带的经济，发展合作社运动”。④

在军队的推动下，川陕革命根据地创建工作迅速完成，党组织与苏维埃政权成体系地建立，群众工作也全面展开。事实证明，当红军离开原革命根据

① 中国工农红军第四方面军战史编辑委员会：《中国工农红军第四方面军战史资料选编》（川陕时期·上），解放军出版社 1993 年版，第 68 页。

② 中共通江县委党史办研究室：《通江苏维埃志》，四川人民出版社 2006 年版，第 88 页。

③ 中国工农红军第四方面军战史编辑委员会：《中国工农红军第四方面军战史资料选编》（川陕时期·下），解放军出版社 1993 年版，第 320 页。

④ 西华师范大学历史文化学院、川陕革命根据地博物馆：《川陕革命根据地历史文献资料集成》（上），四川大学出版社 2012 年版，第 176 页。

地，进入革命基础相对薄弱的地区开展革命工作时，规模化的军队进入虽然造成当地微弱党组织关系与革命发展形势的不匹配，然也为根据地的创建提供了强有力的保障。以军队为根据地建立工作的全面推手，是红军在转战过程中进入新区域所采取的最直接、最有效的工作途径。

三

从1932年12月红四方面军进入川陕革命根据地，至1935年7月中共川康省委和川康革命委员会取代中共川陕省委和川陕省苏维埃政府为止，两年多里，川陕革命根据地得到不断地发展壮大。全盛时期，红四方面军从入川时的一万六千余人，发展至十万人左右，根据地“总面积达四万二千余平方公里，人口约五百余万”①。《中华苏维埃共和国中央执行委员会与人民委员会对第二次全国苏维埃代表大会的报告》中称其为：红四方面军的远征，将革命的种子广播到远远的中国西北部，②毛泽东盛赞它是“中华苏维埃共和国的第二大区域，……在争取苏维埃新中国伟大战斗中具有非常巨大的作用和意义”③。川陕革命根据地的成功之道，固然以此期中国共产党正确的苏维埃斗争模式为根本原因，但也与它在发展中因地制宜、克服转战中新根据地劣势密切相关，本文拟从党、政、军三方面择其要者展开阐述。

首先，对党员展开契合实际的党内教育。红四方面军入川后，立即面临着敌人的围追堵截，再加之当地原有党的力量的薄弱，建党工作任务紧迫，这种严峻革命形势造成了根据地党员吸收速度快，方式和手段较为简单。余洪远曾讲：“川陕根据地党组织的发展是相当快的，有时红军打下一个地方，要求十天半月，甚至一个星期，就把党的组织建立起来。因此，发展组织的方式和

① 徐向前：《历史的回顾》（中），解放军出版社1978年版，第336—337页。

② 西华师范大学历史文化学院、川陕革命根据地博物馆：《川陕革命根据地历史文献资料集成》（中），四川大学出版社2012年版，第982页。

③ 中国工农红军第四方面军战史编辑委员会：《中国工农红军第四方面军战史资料选编》（川陕时期·上），解放军出版社1993年版，第3页。

手段都较简单。"①这种情况下，显然难以对新党员在入党前开展太多的理论知识教育。徐向前回忆川陕革命根据地党员入党情况时讲到，当时党员发展模式如同扩大红军，找一会场，置一大门板，上面书写"加入中国共产党报名处"，之后在大会场上对前来听讲的群众作简单的入党介绍。会后，有意报名者经过登记、谈话和调查，再"经政治机关审查批准，即履行入党手续，宣誓入党"②。

为进一步了解川陕革命根据地党员吸收之迅速，我们可将其党员入党手续与中央革命根据地作一横向对比，见下表：

入党人员	中央革命根据地党员入党手续	川陕革命根据地党员入党手续
产业工人、手工工人和雇农	须经有党龄二个月以上的党员一人之介绍，无候补期，经区委批准，红军中准由团的总支委批准	无候补期
贫农	须经有党龄四个月以上的党员二人之介绍，候补期三个月，经区委批准，红军中须经团总支委批准	无候补期
中农与独立劳动者	须经有党龄八个月以上党员二人之介绍，候补期半年，经县委批准，红军中须经师党务委员会批准	候补期一月，并须两个工人雇工成份的党员介绍
知识分子（教授、医生、学生等）	须有党龄一年以上党员三人介绍，候补期十个月，经县委批准，红军中须经师党务委员会批准	候补期半年以上，并且须有五个工人成份、入党二年以上的党员介绍

资料出处：根据中央革命根据地《党员须知》（中共江西省委党史研究室，中共赣州市委党史工作办公室，中共龙岩市委党史研究室：《中央革命根据地历史资料文库·党的系统5》，江西人民出版社2011年版，第3077—3079页）与川陕革命根据地《中国共产党川陕省第四次全省党员代表大会对组织问题决议》（四川大学等：《川陕革命根据地历史文献选编·上》，四川人民出版社1982年版，第110页）整理。

此外，中央革命根据地还对过去在白军中当过排连长、营团长以及旅长以上的官长，过去在反动统治区域各政治军事机关的高级服务员，脱离其他政党（如国民党）而加入本党者与在其他政党及反动政府负重要责任者的入党条

① 余洪远：《力量的源泉 胜利的保证》，载中共巴中县委党史资料征集小组办公室：《巴中县党史资料》（第1辑），内部资料，1983年，第33页。

② 徐向前：《历史的回顾》（中），解放军出版社1978年版，第171—172页。

件、候补期及手续予以详细规定，而川陕革命根据地未见相关记载。

从上述对比可明显发现，无论是入党程序、条件还是候补考察期，中央革命根据地都较川陕革命根据地严格，可以说，为快速建立党组织、发展党的力量，川陕革命根据地在吸收党员问题上并未做到精挑细选。这样的党员发展状况，加之原有革命影响力薄弱，造成根据地新党员入党后思想政治觉悟普遍不高、甚至可能对党了解不深的情况，因此，川陕革命根据地的党员政治教育也别于其他革命根据地。以中央革命根据地、左右江革命根据地及川陕革命根据地的《党员须知》为例。

中央革命根据地《党员须知》内容包括三部分：第一部分为共产党与共产主义，子目包括共产党、资本主义社会、共产主义社会、到共产主义的道路；第二部分为中共目前的任务，子目包括帝国主义与中国、国民党是帝国主义瓜分中国的清道夫、十大要求与六大任务、两个政权的对立、争取一省几省首先胜利；第三部分为党的组织，子目包括党的组织系统、支部是党的基本组织、民主集中制、铁的纪律、入党条件、为党的总路线而斗争。①

左右江革命根据地《党员须知》有六点内容：一、什么是共产党；二、共产党与其他政党的不同；三、什么是共产主义；四、共产主义与其他主义的不同；五、中国革命道路什么阶段；六、为什么中国革命要由无产阶级领导。②

川陕革命根据地《党员须知》内容有十八点：一、共产党是什么？二、党员与党的关系怎样？三、党员的基本任务是什么？四、党员在群众中应该怎样去活动？五、党的组织原则是什么？六、党的纪律是怎样？七、党内斗争；八、自我批评；九、缴纳党费；十、读党的文件；十一、怎样介绍同志；十二、怎样开会；十三、支部是什么；十四、支部是怎样的组织；十五、干事会的工作；十六、支部书记的任务；十七、红军中的党的组织系统；十八、红军与地方党的关系。③

---

① 中共赣州市委党史工作办公室、中共龙岩市委党史研究室：《中央革命根据地历史资料文库》（党的系统5），江西人民出版社2011年版，第3063—3080页。

② 中共广西区委党史资料征委会左右江革命根据地编辑组：《左右江革命根据地》（上），中共党史资料出版社1989年版，第171—173页。

③ 四川省档案馆：《川陕苏区报刊资料选编》，四川省社会科学院出版社1987年版，第70—76页。

从三个革命根据地的《党员须知》可以看到，中央革命根据地和左右江革命根据地在对党员的政治教育中，偏重加深党员对无产阶级革命理论思想的深入理解，而没有早期革命宣传历史的川陕革命根据地则完全没有这方面的内容，因为当地民众原来对革命及党的陌生，故它的内容更侧重于党的日常基本知识介绍，目的在于加强党员对党的日常运作的学习，完成党员身份转变，从而迅速投入到革命中去。

其次，以苏维埃政权体系的密集化实现对群众的有效组织和动员。据统计，1934 年春，中央革命根据地共建立县级苏维埃 66 个，而川陕革命根据地在当时仅次于它，共建立县级苏维埃 58 个，“考虑到其存在时间，川陕革命根据地县级苏维埃政权的建立速度亦是惊人的，中央苏区从建立到鼎盛时期（1927—1934 年春），用 6 年时间建立了 66 个县级苏维埃政权；川陕革命根据地在不到 3 年时间里（1932 年 12 月—1935 年 7 月），就建立了 58 个县级苏维埃政权，在速度上远远超出第二次国内革命战争时期的所有根据地”①。

毋庸置疑，密集的苏维埃政权的建立除体现人民当家作主外，还实现了以下两个功效：一是提供民众参与革命的安全感。“革命是指一个社会的政治制度、社会结构、领导权、政府活动和政策以及社会的主要价值观和神话，发生迅速的、根本的、暴力的全国性变革”②，是人类为了改变自身生存环境而采用的终极手段，同时也意味着流血和牺牲。中国共产党进入川陕后，要组织和发动乡村群众积极勇敢地起来参加革命，除政治启发外，还必须给群众提供参与革命所面临的心理安全感。川陕苏区所面临的群众主体是农民，中国农民的物质贫困和痛苦远大于其他社会集团，然相较于其他社会集团，农民的保守性与忍耐性却最为根深蒂固。他们不像工人阶级，在都市文明的冲击下，或多或少经历了政治启蒙，相较而言更容易接受中国共产党的政治主张并参与革命。就农民而言，即使在中国共产党宣传下明晰了革命的内涵，然而在参与革命时

① 李健、张喜庆：《川陕革命根据地县级苏维埃政权刍议》，《西华师范大学学报》2015 年第 3 期。

② ［美］塞缪尔·亨廷顿：《变革社会中的政治秩序》，华夏出版社 1988 年版，第 258 页。

受政治惰性和因循守旧的影响，也仍难以消除对即将“变天”的现实顾虑，以及对即将带来巨大变化的革命的惶恐。要消除这种对承担风险的心里惶恐，进而吸引他们起而加入革命，就要增加他们的安全感，而在占领区建立健全的、系统的、密集的革命政权，恰能够引发农民对革命的信任，给农民提供加入革命的安全感。二是强化中国共产党对民众的有效组织。川陕革命根据地苏维埃从省、道、县、区、乡到村，层层递减，组织完备。除上述县苏数量惊人外，区苏、村苏的数量也十分可观。南江县在红军到来前行政区划数量记录为：道光七年(1828)，“全县分为崇清、长池、吴垭三乡，共辖四十九场，”宣统二年(1910)，“废旧三乡为九区，共辖五十一个场”①，民国10年(1921)，“调整行政区划，全县划为9区50个场。”川陕革命根据地建立后，将南江县划为南江、长赤两县，其中南江县辖9区36乡，长赤县辖13区65乡②；通江县从道光二年(1822)开始，“县有五里四十六甲，沿至清末民初”③。川陕革命根据地建立后，通江县划为赤江、赤北和红江三县，其中赤江县下辖13区2市84乡，赤北县下辖6区4市29乡，红江县下辖6区31乡，④三县共25区6市144乡。无论是南江还是通江，川陕革命根据地时期的行政区划数量明显高于之前。除乡外，村的数量也十分庞大，如红军在广元市境先后建立的9个县级苏维埃政权，下辖“区级苏维埃政权55个，乡苏政权279个，村苏政权1313个”⑤。此外，在建立速度上，基本上是红军每占领一个地方，便“发动群众首先建立基层政权组织——村苏维埃，……接着又建立乡的、区的和县的苏维埃”⑥。这样密集的政权网络，实现了对根据地群众的最大程度覆盖，使原本对革命陌生的群众能够迅速有效参与到革命机制中。

---

① 南江县志编委会：《南江县志》，成都出版社1992年版，第56页。

② 南江县志编委会：《南江县志》，成都出版社1992年版，第57页。

③ 通江县志编纂委员会：《通江县志》，四川人民出版社1998年版，第64页。

④ 郭际富等：《通江苏维埃志》，四川省社会科学院出版社1988年版，第35—38页。

⑤ 中共广元市委党史工委：《蜀门红旗：简述红四方面军在广元的战斗业绩》，《广元党史研究资料》1988年第1期。

⑥ 中国人民政协四川省委文史资料研究委员会：《四川文史资料选辑》(第二十一辑)，四川人民出版社1980年版，第31页。

最后,注重扩红中的经济优待,为红军的发展壮大提供了最有力的保障。在动员群众参军保卫根据地过程中,红四方面军在政治上号召群众:“我们已经建立了自己的政权,我们已得到土地利益,我们不再受军阀豪绅地主的压迫,我们解放了!但是,我们要保障已得到的土地利益,要巩固我们自己的政权,大家就要来参加红军,扩大我们自己的力量,坚决消灭敌人,保护土地革命!”①此外,还特别注重从经济上鼓励群众,如西北军政治部制定的《参加红军十大好处》中规定:“一、参加红军分好田地;二、参加红军有人代耕;三、参加红军打帝国主义,不当亡国奴;四、参加红军打国民党,不当发财人牛马;五、参加红军人人尊敬拥护;六、参加红军家属受苏维埃优待;七、参加红军子子孙孙不出款子;八、参加红军保护穷人自己的利益;九、参加红军穿吃不愁;十、参加红军穷人坐天下。”②其中六条涉及农民经济利益。而若将川陕革命根据地对红军家属的优待与中央革命根据地做一对比,则会发现这种经济上的动员特别明显。

中央革命根据地对红军家属的优待工作十分重视,成立了完备的县、区、乡、村、市及市区各级优待红军家属委员会,它对农村红军家属的优待主要体现在劳务方面,要求苏维埃的所有公民都必须参加优待红军的义务劳动,按劳动强度和工作性质,分“耕田队”、“杂务队”、“检查队”三种,脱离生产的政府及团体机关人员则必须参加优待红军家属礼拜六队,“帮助当地红军家属耕田收获砍柴挑水等工作”。此外,也有经济上的优待,体现在三点:一是红军家属凭证“购买国家商品及合作社的货物,得享受九五折扣,加入合作社的社员,则可享受九三折扣。当粮食油盐日常必须遇到缺乏时,红军家属有优先购买之权。”二是红军家属经济困难者就医时,“由各合作社的红利抽出百分之五,”作为医疗费用。③ 三是红军子弟读书者,各乡优待红军家属委员会给予

---

① 西华师范大学历史文化学院、川陕革命根据地博物馆:《川陕革命根据地历史文献资料集成》(下),四川大学出版社2012年版,第1442页。

② 西华师范大学历史文化学院、川陕革命根据地博物馆:《川陕革命根据地历史文献资料集成》(下),四川大学出版社2012年版,第1442—1443页。

③ 中共江西省委党史研究室、中共赣州市委党史工作办公室、中共龙岩市委党史研究室:《中央革命根据地历史资料文库·政权系统》(8),江西人民出版社2013年版,第1415—1416页。

"每人在每学期二角半至三角大洋的经费,"①以供其购买书籍笔墨纸张等项。

相较中央革命根据地,川陕革命根据地虽未见详备组织机构记载,然优待力度只增不减,尤其是更注重经济上的优待。川陕革命根据地对红军家属劳务方面的优待记载很简略,杂物方面未特别提及,耕种方面以"家属由当地苏维埃负责实行代耕"一言而概之。然经济方面,川陕革命根据地针对农民经济生活中的几个重要方面作出如下规定:一是农民最为关注的土地划分,"参加红军的及红军家属要分得好土地,并有优先权"②。川陕地区土地差别明显,因此,给予分好田的优待是对参军农民经济利益的最重要保障;二是农民同样关心的收成归属,"分给红军及其家属的田地上的一切粮食,归红军战士和其家属所有,任其自由处理"③。三是就红军家属的日常经济生活,除上述医疗、就读及购买(川陕对家属"在红军合作社购买物品,照价减半优待")方面的优待外,还提到以下几方面:"家属所需要的耕牛、农具、种子及物质上的、生活上的一切问题,当地苏维埃解决,并享受一切优待"、"家属往前方去看望其参加红军的亲人完全享受各机关和红军饭店食宿的优待"、④"红军家属缺乏粮食时,得由苏维埃发给或借贷"、"没收豪绅地主一切反动的衣服、房屋、财物实行分配时,首先分给红军及其家属"、"如遇饥荒时,红军家属得由苏维埃负责救济,如供给粮食、防水救旱等"、"红军其家属及红军公田如缺少水利时(如天旱时),有优先分得水利之权"。⑤ 由此可见,机构的缺失或许会带来一些政策实施保障的缺乏,然川陕革命根据地的务实精神显然会给红军家属带来更多的实际利益,这一点在推动群众参加红军、保卫根据地上的作用

① 中共江西省委党史研究室、中共赣州市委党史工作办公室、中共龙岩市委党史研究室:《中央革命根据地历史资料文库·政权系统》(8),江西人民出版社2013年版,第1665页。

② 西华师范大学历史文化学院、川陕革命根据地博物馆:《川陕革命根据地历史文献资料集成》(上),四川大学出版社2012年版,第414页。

③ 西华师范大学历史文化学院、川陕革命根据地博物馆:《川陕革命根据地历史文献资料集成》(上),四川大学出版社2012年版,第136页。

④ 西华师范大学历史文化学院、川陕革命根据地博物馆:《川陕革命根据地历史文献资料集成》(上),四川大学出版社2012年版,第415页。

⑤ 西华师范大学历史文化学院、川陕革命根据地博物馆:《川陕革命根据地历史文献资料集成》(上),四川大学出版社2012年版,第136—137页。

是毋庸置疑的。

作为转战中创建的革命根据地的典型代表,川陕革命根据地无疑是成功的,它提供了中国共产党在被迫战略转移中继续发展革命的完整样本,然在其发展中也存在着转战中新革命根据地难以回避的问题。由于根据地的创建主要由红军来完成,故在根据地发展中难免出现红军对根据地各项工作的“包办”。如陈昌浩所言:“不是‘科长’、‘主任’个人包办地方,就是‘伙夫’、‘事务长’也来命令苏维埃……拒绝省委委员,一定要军政治部主任做报告……不管是‘马夫’、‘勤务’可以到乡间打土豪;不管是连长、营长可以命令地方党……以毫无训练的宣传队员去坐镇指挥区苏(刚溪河)……致使群众不知有党,只知有红军,不知有苏维埃,只知有‘营部’,不知有‘党委书记’、‘省委委员’,只知有‘科长’、‘委员’、‘处长’、‘营长’,实际上没有帮助地方工作,反而危害地方工作,没有健全组织,反而破坏地方组织系统。”①这种军队与地方发展的不协调,显然不利于根据地的进一步发展,这也为抗日战争时期根据地的开辟和成长提供了经验和教训。

① 中国工农红军第四方面军战史编辑委员会:《中国工农红军第四方面军战史资料选编》(川陕时期·下),解放军出版社 1993 年版,第 356 页。

川陕革命根据地县级苏维埃政权刍议

李 健 张喜庆

第二次国内革命战争时期是新民主主义革命史上最普遍建立地方政权机关的时期,当时从建立、巩固革命根据地到被迫弃守革命根据地实行战略转移的整个过程中,都在尽量地、不间断地建立地方政权机关,这与抗战时期,甚至与解放战争时期都形成了鲜明的对比。县苏维埃(以下简称县苏)是这一时期中共所建的最主要、最重要的地方政权机构。长期以来,学界对县苏的研究偏少,对川陕革命根据地县苏的研究则更少。川陕革命根据地是在中国共产党的领导下,由红四方面军撤出鄂豫皖根据地后创建的一个重要根据地,是当时中国"十大"苏区之一,尽管存在时间不长①,但在中国现代史上具有重要历史地位。然由于历史原因,学界对川陕革命根据地的研究还很不深入。如在县苏问题上,甚至就川陕革命根据地究竟建立过多少县级苏维埃政权,至今仍未有令人信服的答案。蒲孝荣认为,"川陕革命根据地及其外围和以西地区共建置三十七县,在四川省境的三十四县,陕西省的三县。其地域包括当时的二十八县,在四川省为二十五县,陕西省为三县。"②此外,大部分著述则将川

---

① 对川陕革命根据地存在的时间,学界有不同的说法。笔者认为辖区政权的建立和变更,应该成为根据地存在和消失的主要标志。基于此,1932 年 12 月 29 日以旷继勋为主席的川陕省临时革命委员会的成立,标志着川陕革命根据地的正式诞生;1935 年 7 月下旬,中共川陕省委和川陕省苏维埃,被中共川康省委和川康省苏维埃所取代,标志着川陕革命根据地的正式结束。为了顾及多数读者的接受度,笔者在主编《川陕革命根据地历史文献资料集成》时,对川陕革命根据地存在的时间,采用了徐向前等人的说法。

② 蒲孝荣:《四川政区沿革与治地今释》,四川人民出版社 1986 年版,第 523 页。

陕革命根据地“全盛时期”县级苏维埃政权的数量表述为“23 县 1 市”、“23 县 1 市 1 区”或“23 个县(市)”①等,这些结论显然有违川陕革命根据地的历史事实。

关注川陕革命根据地的县苏建立问题,不仅因其是第二大苏区,更重要的是,川陕革命根据地是中共此期“嵌入式”革命的成功代表,也是中共革命力量在战略转移途中,建立的较成功的革命根据地,这种成功自然与县苏有着密切关系,对“嵌入式”和战略转移途中所建县苏的研究,有助于我们深化对中国苏维埃革命的认知,也有利于丰富我们对中共政权建设史的认识。基于此,笔者拟利用新近发现的资料,对川陕革命根据地的县苏建立问题展开系统梳理,并探析其主要特点。

一、创立初期的县级苏维埃政权

1932 年 10 月,红四方面军在鄂豫皖第四次反“围剿”失利后,转战西征。12 月 18 日由陕西进入四川通江县两河口镇。12 月 21 日到达通江县泥溪场、苦草坝等地。12 月 25 日,红军解放了入川后的第一座县城——通江县城。12 月 29 日,成立了以旷继勋为主席的川陕省临时革命委员会,川陕革命根据

① 大多数著述均用“全盛时期”的政权数量来代表。如“到 1933 年 10 月底,根据地已建立了 23 个县级和 1 个市级的苏维埃政权”(林超:《川陕革命根据地历史长编》,四川人民出版社 1982 年版,第 73 页);“在川陕苏维埃政府领导下,已建立了 23 个县和 1 个市的县级苏维埃政府,即南江、赤北、赤江、红江、巴中、陕南、江口、恩阳、嘉陵、苍溪、仪陇、长胜、英安、广元、长赤、营山、阆南、渠县、红胜、宣汉、达县、万源、城口和巴中特别市。达到了川陕革命根据地疆域的最大时期”(中共巴中市委、巴中市人民政府:《川陕革命根据地简史》,内部资料,2005 年,第 129 页);“到一九三三年十月……创建了包括二十三个县(市)的革命政权……形成了四方面军发展史上新的高峰”(中国工农红军第四方面军战史编撰委员会:《中国工农红军第四方面军战史》,解放军出版社 1991 年版,第 263 页)等;蒲孝荣、唐敦教等少数学者对川陕革命根据地时期县级苏维埃政权的数量曾做过进一步的考证,“川陕革命根据地是当时西南最大的革命根据地。最盛时期,……共建置二道、一市、二十三县、一特别区……特别是在 1935 年 3 月强渡嘉陵江成功后,在川陕革命根据地的外围和以西地区又建置了一市十四县……总括起来说,川陕革命根据地及其外围和以西地区共建置了三十七县”(蒲孝荣:《四川政区沿革与治地今释》,四川人民出版社 1986 年版,第 522—523 页);据唐敦教的考证为 39 个县级苏维埃(唐敦教等:《川陕革命根据地斗争史》,华夏出版社 1989 年版,第 134—139 页)。

地由此诞生。1933 年 1 月 23 日解放川北重镇巴中城，2 月 1 日解放南江县城。至此，红军在入川后一个多月时间里，占领了通、南、巴三座县城，取得了离开鄂豫皖根据地以来的第一个重大胜利。

为适应根据地建设需要，红四方面军立即开展了政权组织建设工作。据《红军第四方面军和鄂豫皖边区、川陕边区史料》载："川北通、南、巴三个完整的县于 1933 年划为 5 个县，将通江东北、巴水上游划为赤北县，通江县改为赤江县，通江北部小江河流域和南江东部划为红江县、巴中县、南江县。这五个县的苏维埃政府于 1933 年 2 月相继成立。1933 年 2 月召开省工农兵第一次代表大会，历时一周，到会代表百余名，于是川陕省苏维埃政府成立。在这以前，(各地)苏维埃政府在各军、师领导活动下单独进行工作；从此以后，各县统一在川陕省政府统一领导下工作了，干部加强了，工作初次走上了轨道。这是川陕苏区政权工作创立时期。"①

这期间，大批县级苏维埃政权的建立，为川陕革命根据地核心区域的形成，奠定了坚实的基础。见表 1：

表 1②

名　称	建立时间	治所所在地
陕南特别区(镇西县)	1932 · 底	陕西镇巴县城
赤北县	1932 · 12	通江县两河口、泥溪场
赤中市	1933 · 01	通江县城

① 中共中央宣传部资料室:《红军第四方面军和鄂豫皖边区、川陕边区史料》，内部资料，1954 年，第 221—222 页。

② 陕南特别区的置县参阅唐敦教主编:《川陕革命根据地斗争史》，华夏出版社 1989 年版，第 135 页；赤中市的成立参阅中共通江县委党史研究室编:《通江苏维埃志》，四川人民出版社 2006 年版，第 84 页；巴中特别市的县城成立参阅中共巴中县委党史工作委员会办公室编:《巴中县党史资料》第三辑，内部资料，1984 年，第 139 页；洪口特别区的成立参阅中共通江县委党史研究室编:《通江苏维埃志》，四川人民出版社 2006 年版，第 83 页；苦草坝特别区的成立参阅中共通江县委党史研究室编:《通江苏维埃志》，四川人民出版社 2006 年版，第 83 页；本表中及以下各表中未单独说明成立情况的县，其成立情况均参阅林超主编:《川陕革命根据地历史长编》，四川人民出版社 1982 年版，第 74—77 页。

续表

名　称	建立时间	治所所在地
赤江县	1933·01	通江县毛浴镇
红江县	1933·01	通江县涪阳坝
巴中特别市	1933·01	巴中县城
巴中县	1933·01	巴中县清江渡
洪口特别区	1933·春	通江县洪口场
苦草坝特别区	1933·02	通江县苦草坝
南江县	1933·02	南江县城

在根据地创立初期，建立的县级苏维埃政权为5县2市3特区，数量达到10个①，而不是如《红军第四方面军和鄂豫皖边区、川陕边区史料》所载5个或其他史书所载7个。

值得指出的是，赤中市和洪口、苦草坝两个特别区，通常被人们所忽略。据相关资料记载，在红军进入通江县后，曾分别建立了6个县级苏维埃政权（“三县两特区一市”，即赤北、赤江和红江三县；洪口、苦草坝两个县级特别区；赤中市）②。

二、“全盛时期”③的县级苏维埃政权

红军在川陕边界地区、尤其是在通南巴地区的迅速展开，引起了国民党的极大恐慌。1933年1月27日，蒋介石委任29军军长、川北地区的“土皇帝”田颂尧为“川陕边区剿匪督办”，从2月起，分三路向川陕革命根据地发动大举进攻。面对敌强我弱的严峻形势，红军采取“收紧阵地、诱敌深入”的方针，经过了收紧阵地、战略撤退、阻击消耗敌人、空山坝大反攻等阶段，到6月份，

① 巴中市老区建设促进会、中共巴中市委党史办公室：《川陕苏区·巴中卷》，四川人民出版社2012年版，引言第3页。

② 中共通江县委党史研究室：《通江苏维埃志》，四川人民出版社2006年版，第82—84页。

③ 林超：《川陕革命根据地历史长编》，四川人民出版社1982年版，第73页。

彻底粉碎了国民党的“三路围攻”。

“粉碎敌人三路围攻后，根据地面积扩大一倍以上。到6月间，根据地的范围北起陕西之镇巴、西乡南部，南至仪陇、江口，东达万源，西抵广元和苍溪城附近，纵200余里，横300余里”；整个根据地“人口达二百余万，面积达三万平方公里”①。红军也由入川时的四个师扩编为四个军，人数达4万余人②。

随着根据地的扩大，一批新政权应运而生，新建的县级苏维埃政权达到9个。见表2：

表2③

名　称	建立时间	治所所在地
长赤县	1933·06	南江县长赤场
江口县	1933·06	平昌县城
广元县	1933·06	旺苍县城
仪阆县	1933·06	巴中县恩阳镇
苍溪县	1933·07	苍溪县文昌宫
仪陇县	1933·08	仪陇县金城镇
万源县	1933·08	万源县竹峪关、县城
嘉陵县	1933·08	广元市元坝区(元坝子)
恩阳县	1933·08	巴中县恩阳镇

① 红四方面军战史编辑委员会：《中国工农红军第四方面军战史》(送审稿)，1963年，第244页。

② 中国工农红军第红四方面军战史编辑委员会：《中国工农红军第四方面军战史》，解放军出版社1989年版，第230页。

③ 关于江口县成立的情况有不同说法，一说1933年11月，在江口镇文昌宫召开了江口县苏维埃第一次代表大会(中国共产党平昌县委员会党史研究室编：《中国共产党平昌县历史1921—1949》，中央文献出版社2011年版，第59页)。一说1933年3月，江口县苏维埃政府成立，驻张公庙。同年6月5日，县苏维埃政府移驻江口镇(中共巴中县委党史工作委员会办公室编：《巴中县党史资料》第三辑，内部资料，1984年，第140—141页)。仪阆的情况也存争议，在林超先生的统计中，仪阆县和仪陇县被视为一个政权。笔者认为是不合适的。因为这不仅仅是一个名称的更换，其辖区也进行了调整：仪阆县下辖巴中和仪陇、阆中接壤地区的7个区、53个乡和230个村苏维埃；仪陇县下辖13个区、66个乡、240多个村苏维埃(中共南充市委党史研究室、南充市老区建设促进会编：《南充苏区》，内部资料，2011年，第112、114页)。

1933年7月,蒋介石任命刘湘为“四川剿匪总司令”,准备对根据地发动新的“围剿”。但无奈四川军阀内战正酣,田颂尧又刚受重创,暂时无力马上对根据地发动进攻。于是红四方面军抓住这一宝贵机会,在8月中旬至10月底发动了仪(陇)南(部)、营(山)渠(县)、宣(汉)达(县)三次进攻性战役。“仪南、营渠、宣达三次进攻战役,共经过了两个半月的时间,歼灭敌人近两万,缴获长短枪一万二千余支和大批军火物质,开拓了大片新区。”①随着根据地辖区的发展,县级苏维埃政权的建设,进入一个新时期。

这时期新建的县级苏维埃政权共8个。见表3:

表3②

名　称	建立时间	治所所在地
阆南县	1933·09	阆中县水观乡
长胜县	1933·10	巴中县鼎山场、仪陇县立山乡
营山县	1933·10	营山县城
渠县(渠北县)	1933·10	渠县贵福乡
宣汉县	1933·10	宣汉县城
红胜县	1933·10	万源县罗文乡
达　县	1933·10	达县县城
城口县	1933·10	万源县大竹乡

如此,“全盛时期”川陕革命根据地建立的县级苏维埃政权应是创立时期、“反三路围攻”、“三次进攻战役”三个阶段政权建立的总和,即27个。另外,在1933年12月建立了莺舞县苏维埃(按:莺舞县又名英安县,为纪念牺牲在该县的红31军政治部主任林英安,川陕省苏维埃政府将莺舞县命名为英安县),1934年9月,建立了阆苍县苏维埃(尽管它是由苍溪县苏维埃迁入阆中

① 中国工农红军第红四方面军战史编辑委员会:《中国工农红军第四方面军战史》,解放军出版社1989年版,第246页。

② 长胜县成立情况参阅中共巴中县委党史工作委员会办公室编:《巴中县党史资料》第三辑,内部资料,1984年,第144—145页。

县境内的，但因其管辖范围也发生了变化，故笔者认为应单独计算①）。如此，对“全盛时期”或“疆域的最大时期”川陕革命根据地建立的苏维埃县级政权数量的表述，应为29个或27县（区）2市。见表4：

表4

名　称	建立时间	治所所在地
陕南特别区（镇西县）	1932·底	陕西镇巴县城
赤北县	1932·12	通江县两河口、泥溪场
赤中市	1933·01	通江县城
赤江县	1933·01	通江县毛浴镇
红江县	1933·01	通江县涪阳坝
巴中特别市	1933·01	巴中县城
巴中县	1933·01	巴中县清江渡
洪口特别区	1933·春	通江县洪口场
苦草坝特别区	1933·02	通江县苦草坝
南江县	1933·02	南江县城
长赤县	1933·06	南江县长赤场
江口县	1933·06	平昌县城
广元县	1933·06	旺苍县城
仪阆县	1933·06	巴中县恩阳镇
苍溪县	1933·07	苍溪县文昌宫
仪陇县	1933·08	仪陇县金城镇
万源县	1933·08	万源县竹峪关、县城
嘉陵县	1933·08	广元市元坝区（元坝子）
恩阳县	1933·08	巴中县恩阳镇

① 苍溪县苏维埃在迁入阆中县老观场后，管辖了部分阆中县的地方，具体为1个区苏维埃，6个乡苏维埃（中共阆中市委党史研究室、阆中市老区建设促进会：《红色摇篮——阆中革命老区》，四川师范大学电子出版社2011年版，第32页）；而在此之前，苍溪县苏维埃仅管理本县地域，即苍溪县的嘉陵江以东地区（中共巴中市委、巴中市人民政府：《川陕革命根据地简史》，内部资料，2005年，第152页）；有资料载：苍溪县苏维埃于9月迁入阆中县老观场，又名“阆苍苏维埃”。老观区苏维埃最早属长赤县苏维埃（中共南充市委党史研究室、南充市老区建设促进会编：《南充苏区》，内部资料，2011年，第117页）。

续表

名　称	建立时间	治所所在地
阆南县	1933·09	阆中县水观乡
长胜县	1933·10	仪陇县立山乡、巴中县鼎山场
营山县	1933·10	营山县城
渠县(渠北县)	1933·10	渠县贵福乡
宣汉县	1933·10	宣汉县城
红胜县	1933·10	万源县罗文乡
达　县	1933·10	达县县城
城口县	1933·10	万源县大竹乡
莺舞(英安)县	1933·12	旺苍县英萃乡
阆苍县	1934·09	阆中县老观场

显然,现在学术界通行的说法,即“全盛时期”或“疆域的最大时期”川陕革命根据地共建立了“23县1市”、“23县1市1区”或“23县(市)”的结论,没有客观反映川陕革命根据地的发展实际,此结论值得商榷。

三、嘉陵江战役前后建立的县级苏维埃政权

反六路围攻结束后,据战局发展需要和中央指示,红四方面军在1935年春相继发动了广昭战役、陕南战役、仪陇苍溪战役和嘉陵江战役,故这一时期县级苏维埃政权的建立,可以分为嘉陵江战役之前、嘉陵江战役之后两阶段进行叙述。

根据中央“四方面军应重新准备进攻,以便当野战军继续向西北前进时,四方面军能钳制四川全部的军队”①的要求,以及创建川陕甘革命根据地、粉碎国民党“川陕会剿”的需要,红四方面军于1935年1月至3月间,连续发动了广昭战役、陕南战役和仪陇苍溪战役。这些战役,极大地打击了川陕军阀,

① 中国工农红军第红四方面军战史编辑委员会:《中国工农红军第四方面军战史资料选编》(川陕时期),解放军出版社1993年版,第371页。

尤其是四川军阀,打乱了国民党“川陕会剿”的部署,有力地支援了中央红军的军事行动,并为红四方面军强渡嘉陵江扫清了障碍。

嘉陵江战役前,先后建立了5个县级苏维埃政权。见表5:

表5①

名　称	建立时间	治所所在地
红坪县(洪坪县)	1935·01	广元市朝天区青林乡
宁强(羌)县	1935·02	宁强县城
阳平县	1935·02	宁强阳平关乡
南郑县	1935·02	南郑新集区
勉　县	1935·02	勉县西山谷口

为迎接中央红军北上,红四方面军在1935年3月28日发动了嘉陵江战役。此役先后歼敌7个团,攻克了近400华里的沿江地区。此后红四方面军继续向川西北进发,希望早日与中央红军会合。

红军渡过嘉陵江后的军事形势十分严峻,为尽快摆脱敌人围堵,早日与中央红军会合,1935年4月江油会议决定,“首先占领北川、茂县、理番(今理县)、松潘一带地区,背靠西康作立脚点”②。为实现这一战略目的,红四方面军成功发动了土门战役,从而打开了红军前进的通道。1935年5月,川陕省苏维埃政府进驻茂县仪凤镇。1935年7月,中共川陕省委和川陕省苏维埃政府,分别被中共川康省委和川康革命委员会所取代,红四方面军结束了在川陕革命根据地的战斗历程。

在这期间,红军兵锋所指,先后又建立了24个县级苏维埃政权(21个县2个市1个番区)。见表6:

① 勉县治所待考,此据相关材料推断。

② 中国工农红军第红四方面军战史编辑委员会:《中国工农红军第四方面军战史》,解放军出版社1989年版,第320页。

表 6①

名　称	建立时间	现在所在地
赤化县	1935・04	广元市利州区赤化镇
忠发(中法)市	1935・04	阆中县城
阆中县	1935・04	阆中县城
德丰县	1935・04	南部皂角乡
普安县	1935・04	剑阁普安镇
金仙县	1935・04	剑阁金仙乡
合林县(赤化县)	1935・04	剑阁鹤岭乡
赤水县	1935・04	青川县青溪乡
江油县	1935・04	地址不详
梓潼县	1935・04	梓潼县城
济时县	1935・04	江油雁门镇
重华县	1935・04	江油重华镇
彰明县	1935・04	江油彰明镇
中坝市	1935・04	江油城内

---

① 赤化镇的老地名为"白田坝",参阅中共广元市委党史研究室编:《红四方面军在广元》,中共党史出版社 2009 年版,扉页"川陕革命根据地苏区政权建设情况图"。忠发市、阆中县苏维埃,参阅中共阆中市委党史研究室编:《中共阆中地方史稿(1929—1949)》,内部资料,1997 年,第 50 页。合林县又名赤化县,与 1935 年 3 月红军在广元市利州区赤化镇建立的赤化县同名,参阅中共广元市委党史研究室编:《红四方面军在广元》,中共党史出版社 2009 年版,第 95—97 页。赤水县成立情况参阅中共广元市委党史研究室编:《红四方面军在广元》,中共党史出版社 2009 年版,第 97 页。江油县一说在江油重华公社,参阅林超主编:《川陕革命根据地历史长编》,一说重华苏维埃和江油苏维埃是两回事,参阅中共江油市委党史研编:《红军在江油》,内部资料,2011 年,第 97 页,本表采用《红军在江油》的说法。济时县是当时为了纪念原红四方面军第四军十一师政治委员甘济时而命名,参阅江油市地方志编纂委员会:《江油县志》,四川人民出版社 2000 年版,第 288 页。平武县、平南县、平北县(北川县)、红江县(红岩县)成立情况参阅中共绵阳市委党史工作委员会、中共广元市委党史工作委员会编:《红四方面军在绵阳广元斗争纪实》,四川社会科学院出版社 1986 年版,第 112—114 页。茂县参阅中共阿坝州委党史研究室、阿坝州地方志办公室编:《阿坝州志之红军长征在阿坝(1935・4—1936・8)》,四川大学出版社 2007 年版,第 188—189 页。

续表

名　称	建立时间	现在所在地
平武县	1935·04	平武县城
平南县	1935·04	平武县平南乡
平北县(北川县)	1935·05	北川城关镇
红江县(红岩县)	1935·05	广元红岩乡
茂　县	1935·05	县城凤仪镇
松潘县	1935·06	松潘县镇坪
汶川县	1935·06	汶川县涂禹山
理番县	1935·06	理番县薛城
懋功县	1935·06	小金县新街
黑水特一番区番民革命政府	1935·06	不　详

在整个川陕革命根据地时期,究竟建立了多少个县级苏维埃政权?前已述及,在创立时期,建立的县级苏维埃政权为5县2市3特区,总计10个;在“全盛时期”,新增县苏19个,总计27县(区)2市;嘉陵江战役前,新增县苏5个,总计32县(区)2市;嘉陵江战役后,新增县苏24个,总计54县(区)4市。故笔者认为,整个川陕革命根据地时期所建立的县级苏维埃政权应为54县(区)4市,共计58个。

四、川陕革命根据地县级苏维埃政权的特点和问题

川陕革命根据地建立的县苏数量非常可观,若再考虑到其短暂的存在时间、狭小的活动区域及不停转战的严酷环境,这一数量足够令人惊叹!然大多数县苏又呈现出治所不稳定、辖区调整频繁、机构时撤时建和存在时间不长的特点。造成这一状况的原因既是革命所需,同时也是战争所迫。

在频繁的战争环境下和不断转战中仍积极、频繁地建立地方苏维埃,恰是

中共苏维埃革命的一大特点。之所以如此，一方面是因为受到苏联革命的影响，另一方面则是开展革命的实际需要。

1917年11月7日，列宁在彼得格勒工农兵代表苏维埃会议上的讲话——《关于苏维埃政权的任务的报告》中指出："这个工农革命的意义是什么？这个革命的意义首先在于我们将拥有一个苏维埃政府，一个绝无资产阶级参加的我们自己的政权机关，被压迫的群众将亲自建立政权，旧的国家机构将被彻底打碎，而新的管理机构即苏维埃组织将建立起来。"①1927年革命失败后，中共走上了工农革命的道路，按照列宁的理论，革命的首要任务就是建立苏维埃政权，所以红军每到一处开展革命的首要任务就是建立地方苏维埃政府。县苏作为最重要的地方政权机构，自然是建立地方政权机构的首要任务和目标。

苏维埃革命中让群众认知中共和其领导的革命并由此产生拥护之情，这比抗战时期要难得多，特别是在像川陕这样"嵌入式"的革命根据地就更加艰难。革命要嵌入到对中共和其领导的革命缺乏认识的群众和地方中去，除"打土豪，分田地"、积极宣传动员外，建立全新的地方政权机构是让群众产生直观印象、加深认识的最佳方式。共产党所建立的"官府"——苏维埃，没有了高高在上的县大老爷与县长大人，取而代之的是"让群众当家作主"、由工农群众做一个县政府的领导人，如此鲜明的对比与直观的行动胜过千言万语的宣传，让曾对中共及其领导的革命倍感陌生的群众轻易体会到共产党和军阀、国民党的实质性区别，是把宣传中"共产党是穷人的救星"真正落到实处的最佳路径选择，是群众认知中共和其领导的革命最有效的突破口之一。

建立县苏不仅是让群众认知中共和拥护中共的重要途径，更重要的还是动员群众全力支持革命的领导机关。群众对中共和其领导革命发自内心的支持和其全力支持革命、为革命做出牺牲是有相当距离的。让群众全力支持、参加革命离不开组织动员，由此县苏自然要承担这一任务，为了组织动员的需

① 列宁：《关于苏维埃政权的任务的报告》，载《列宁全集》（第三十三卷），人民出版社1985年版，第2页。

要,必须建立密集的县苏。由此我们可以看到,在川陕革命根据地核心的通江县,当时所建立的县苏就多达6个,在巴中县和南江县亦建立了多个县苏。

县苏政权的不稳定是由残酷的战争环境造成的。根据地经历了若干次军事斗争的洗礼,使得整个根据地的面积长期处于动态变化中,从而导致了治所、辖区的不稳定和领导机构的不停流动。

为了应对敌人的"三路围攻"和"六路围攻",根据敌强我弱的严峻态势,川陕苏区不得不一次又一次地"收紧阵地",大片根据地被迫主动放弃。在反"三路围攻"时,红四方面军"逐次收紧阵地,直至放弃了通、南、巴三县城,将主力收缩到通江以北方圆百里的空山坝地区。"①到5月中旬,"红军已收缩至通江东北一隅,方圆不过几十里。敌与川陕省委驻地沙溪场仅一山之隔……夜晚红军总指挥部连敌人的机枪声和手榴弹爆炸声也能听到"②。在反"六路围攻"时,情况更为严重。为集中兵力于主要方向打击敌人,红四方面军不得不连续四次紧缩阵地。1934年3月撤出巴中城,4月撤出南江城,6月撤出通江城,红军主力集中于通江以北至万源以南之一线。1935年3月底渡过嘉陵江以后,为策应中央红军入川的需要,红四方面军一直处于无后方依托的流动作战状态,在敌人疯狂的反扑下,基本上没有建立稳定根据地的机会。

在严酷的军事斗争中,根据地时大时小,有的地区红军刚占领就很快撤出,有的地区占领一两个月就被迫放弃,且许多苏维埃政府都经历过多次搬迁。如巴中特别市,1933年1月下旬建市,3月因战事撤出,5月底回迁;同年10月至11月又撤出,随后又回迁;1934年8、9月又转移,9月11日迁回,直至1935年3月随红军撤走。③ 再如宣汉县苏维埃,1933年10月26日成立,同年11月9日撤出,1934年8月恢复,1935年2月结束工作。达县苏维埃,1933

① 四川省社会科学院、陕西省社会科学院编:《川陕革命根据地史料选辑》,人民出版社1986年版,第439页。

② 成都军区党史资料征集委员会办公室编:《川陕革命根据地军事斗争史》,四川大学出版社1987年版,第53页。

③ 蒲孝荣:《四川政区沿革与治地今释》,四川人民出版社1986年版,第524—525页。

年10月下旬成立,同年12月撤至通江毛裕镇。1934年3月撤销,同年8月恢复,1935年2月结束工作。① 苍溪县苏维埃,1933年7月上旬建置,政府驻地先在今苍溪县运山乡;1934年春转移至今文昌乡,同年9月又移至今阆中县老观乡;1935年3月撤离。值得一提的是,在政府驻地迁徙的时候,行政辖区有时也会发生变化。

这一时期的政权存在时间,与根据地的存在时间基本一致。但具体到每一个政权又有所不同。存在时间超过两年的县级苏维埃政权仅有:巴中特别市、赤北县、赤江县、红江县、苦草坝特别区、洪口特别区、南江县、巴中县。见表7:

表7②

名　称	建立时间	结束时间
赤北县	1932·12	1935·02
赤江县	1933·01	1935·02
红江县	1933·01	1935·02
巴中特别市	1933·01	1935·03
巴中县	1933·01	1933·03
洪口特别区	1933·02	1935·02
苦草坝特别区	1933·02	1935·02
南江县	1933·02	1935·04

存在时间超过一年的县级苏维埃政权有:长赤县、江口县、广元县、仪陇县、苍溪县、万源县、嘉陵县、恩阳县、莺舞(英安)县、阆南县、长胜县、红胜县等。见表8:

① 中共达州市委党史研究室:《中国共产党达州历史》(第一卷),中共党史出版社2009年版,第102—103页。

② 赤北县、赤江县、红江县、洪口和苦草坝特别区政权的结束时间均参阅《中国共产党四川通江县组织史料》,四川人民出版社1993年版,第34、29、37—38、41、40页。巴中特别市、巴中县、南江县结束的时间参阅中共南江县委党史研究室编:《川陕革命根据地南江斗争史》,中共党史出版社1991年版,第300页。

表8①

名　称	建立时间	结束时间
长赤县	1933·06	1935·04
江口县	1933·06	1935·04
广元县	1933·07	1935·04
苍溪县	1933·07	1935·05
嘉陵县	1933·07	1935·04
仪陇县	1933·08	1935·03
万源县	1933·08	1935·02
红胜县	1933·10	1935·02
恩阳县	1933·08	1935·03
阆南县	1933·09	1935·04
长胜县	1933·10	1935·03
营山县	1933·10	1935·01
城口县	1933·10	1935·02
宣汉县	1933·10	1935·02
达　县	1933·10	1935·02
莺舞(英安)县	1933·12	1935·04

其余的存在时间均很短暂,有的只有几个月,不超过一周的县份超过20个。有的政权仅仅存在一两天,像青川境内的赤水县甚至还未来得及开会挂牌就消失了②。

① 长赤县结束时间参阅中共南江县委党史研究室编:《川陕革命根据地南江斗争史》,中共党史出版社1991年版,第300页;江口县参阅中国共产党平昌县委员会党史研究室编:《中国共产党平昌县历史1921—1949》,中央文献出版社2011年版,第93页;广元、嘉陵、莺舞参阅中共广元市委党史研究室编:《红四方面军在广元》,中共党史出版社2009年版,第190页;苍溪参阅苍溪县委党史研究室,苍溪县中共党史学会编:《中国共产党苍溪历史大事记(第一卷)》,中共党史出版社2013年版,第12页;万源参阅中共万源党史研究室:《中共万源地方史(1921—1949)》,内部资料,2001年,第104页;阆南参阅中共南充市委党史研究室、南充市老区建设促进会编:《南充苏区》,内部资料,2011年,第117页;仪陇县结束参阅中共南充市委党史研究室编:《中国共产党南充历史大事记(1919—1993)》,中共党史出版社2011年版,第25页;恩阳、长胜参阅中共巴中县委党史工作委员会办公室编:《巴中县党史资料》第三辑,内部资料,1984年,第152—153页;营山结束参阅中共营山县委党史研究室编:《历史丰碑—川陕革命根据地营山斗争史》,电子科技大学出版社1993年版,第64页;红胜、城口、宣汉和达县结束参阅中共达州市委党史研究室:《中国共产党达州历史(第一卷)》,中共党史出版社2009年版,第102—103页。

② 中共广元市委党史研究室:《红四方面军在广元》,中共党史出版社2009年版,第97页。

另外,由于频繁战争的影响,当时县级苏维埃政权还表现出如下值得注意的现象:政权建立的整个走势先是由北向南发展,而后又由东向西移动;政权存在时间最长的是以通、南、巴、平为核心的区域;越靠近中心区域的政权,存在的时间越长;渡江之前建立的政权存在的时间较长,渡江后建立的政权存在时间较短;有的是先成立了政府再开代表大会(如江口县);有的是先开代表大会后成立政府(如旺苍县);有的地方完成了政权的筹备工作,却又未能召开成立大会(如青川境内的赤水县);有的发现了建立政权的会议文件,却又没法确定其政权治所(如江油县);有的称为市的地方,除巴中特别市外,诸如城守市、周口市、列宁市,依照一九三一年十月中央执行委员会通过的《苏维埃地方政府的暂行组织条例》,其行政级别只相当于乡或街道办事处①。

综上所述,在第二次国内革命战争时期,川陕革命根据地建立的县级苏维埃政权的数量是巨大的,前后共达到 58 个。这个数目,仅仅低于中央苏区的 66 个②,而远远高于其他革命根据地。考虑到其存在时间,川陕革命根据地县级苏维埃政权的建立速度亦是惊人的,中央苏区从建立到鼎盛时期(1927—1934 年春),用 6 年时间建立了 66 个县级苏维埃政权;川陕革命根据地在不到 3 年时间里(1932 年 12 月—1935 年 7 月),就建立了 58 个县级苏维埃政权,在速度上远远超出第二次国内革命战争时期的所有根据地。但由于特殊的历史环境,川陕革命根据地县级苏维埃政权的稳定性也远远低于中央苏区,而大大高于许多其他革命根据地。另外,由于过去的研究不够,使得不少县级苏维埃政权的基本情况模糊,相关历史资料流失严重,给进一步深入研究带来了巨大困难。尽管如此,川陕革命根据地县级苏维埃政权的研究,仍能将人们对川陕革命根据地的研究引向更宽广的领域,从而帮助人们更全面、更深入地认识川陕革命根据地在中国革命史上的突出贡献和巨大作用。

---

① 韩延龙、常兆儒编:《中国新民主主义革命时期根据地法制文献选编》(第 2 卷),中国社会科学出版社 1981 年版,第 10 页。

② 1934 年春,整个中央苏区设有江西、福建、闽赣、粤赣 4 个省和瑞金直辖县,先后共辖 66 个行政县。其中江西省有 22 个县,福建省有 12 个县,闽赣省有 25 个县,粤赣省有 7 个县(林强:《中央苏区的范围究竟有多大》,《中央党史研究》2008 年第 5 期)。

川陕苏区研究中的“国方资料”使用

——从“木门会议”的研究资料谈起

蔡东洲 张 亮

木门会议在川陕革命根据地的发展史上、在中国民主革命的历史长河中皆有着极其重要的历史意义。然而，研究木门会议的历史文献资料却十分零散而稀少。我们在收集和整理川陕革命根据地历史文献的时候竟然没有找到有关木门会议的报告、决议和会议记录之类的东西①。据徐向前回忆，他“就作战和建军问题发了言。那时讲话不用稿子，事先想几条，列在小本本上，即席发挥。时隔多年，讲了哪些具体内容，已经记不太清楚了”②。可见，当时根本就没有形成纸质文件，以致今天了解和研究木门会议的文献资料依据仍然还是徐向前的回忆③。

其实，不仅仅是木门会议的研究资料缺乏，整个川陕革命根据地的历史文献都很缺乏。这种现象直接产生了两种不良后果：一是影响中国现代史、中国革命史和中共党史研究的拓展和深化，二是影响革命精神的弘扬、红色资源的利用。因而，研究木门会议、研究川陕革命根据地的历史问题应该多渠道、多视角地寻求文献资料，其中国民党方面的文献资料（以下简称“国方资料”）不

---

① 这次整理的最终成果为西华师范大学历史文化学院、川陕革命根据地博物馆编：《川陕革命根据地历史文献资料集成》，四川大学出版社2012年版。

② 此据“木门会议军事会议纪念馆”的同志介绍。在访问徐向前时就他在木门会议上的讲话稿存留问题提问，徐如是作答。

③ 徐向前：《历史的回顾》，解放军出版社1984年版。

失为重要一端①。

一、"共方资料"的缺乏

毛泽东曾代表中华苏维埃共和国中央执行委员会与人民委员会对川陕苏区进行了高度赞誉:"由于红四方面军的远征,在辽远的中国西北部,开展了广泛的群众革命斗争,把苏维埃的种子广播到革命形势比较落后的区域中去了。红四方面军的英勇善战,在不足一年之内,已经在二十余县建立了苏维埃政权,已经发展了十倍以上的红军队伍,号召了整个四川的工农劳动群众与白军兵士倾向于苏维埃革命,在中国西北部建立下苏维埃革命新的强有力的根据地。川陕苏区是中华苏维埃共和国的第二大区域,在川陕苏区,有地理上、资源上、战略上和社会条件上的许多优势,川陕苏区是扬子江南北两岸和中国南北两部间苏维埃革命发展的桥梁,川陕苏区在争取苏维埃新中国伟大战斗中具有非常巨大的作用和意义。这使蒋介石与四川军阀都不得不在红四方面军伟大的胜利面前发抖起来。"②

但是,与其他同时代的革命根据地相比较,学术界对川陕苏区的关注与其特殊的历史地位很不相称,其研究一直相当薄弱和滞后。造成这种现象的主要原因有两个方面:一方面长期受到其主要领导人"张国焘问题"的负面影响,另一方面受研究资料分散而稀少的制约。20 世纪 80 年代以来不断有学者收集、整理川陕苏区的文献资料,或称史料汇编,或名为资料选编(选辑),以期突破文献资料的制约,但效果并不理想,进入 21 世纪后再无新的资料整理问世了。我们在收集和整理《川陕革命根据地历史文献资料集成》时,就有学者明确告诉我们:"川陕苏区的资料就这么多了。"言下之意,再没有可供收集和整理的资料了。

---

① 为了叙述方便本文简称国民党方面的文献资料为"国方资料",简称共产党方面的文献资料为"共方资料"。

② 中国现代史资料编辑委员会翻印的内部资料《苏维埃中国》(第二集),1957 年,第 248—249 页。

造成川陕革命根据地历史文献资料缺乏的主要原因有五：

其一，苏区干部文化程度太低，有些会议、事件本来就没有形成纸质文件。徐向前回忆说：“文化程度偏低，是干部队伍的一大弱点。除总部保留了屈指可数的知识分子干部（如张国焘、陈昌浩、曾中生、傅钟、李特、黄超、余笃三、朱光、张琴秋、舒玉章等）外，军以下几乎是清一色的工农干部，有些师团干部，斗大的字认不了几个，连作战命令、书信也不会写。受领任务，传达指示，全凭记忆力。有位师长，作战勇敢，屡建战功，但写不了自己的名字。签收文件，划个‘鸭蛋’了事。这固然是旧社会的历史条件造成的，但更主要的是与当时轻视文化知识、排斥知识分子的大环境有关。”正是由于整体文化程度太低，而知识分子太少，像木门会议这样重要的军事会议都没有形成书面文件。

其二，红四方面军紧急撤离川陕，随即进行长征，根本无法保存和带走大量文件。一些文职干部带走了一些重要文件，并主动销毁了一些在当时看来不重要的文件。即使带走部分亦难免途中丢失或转移。现存于四川省芦山县博物馆的数十件川陕苏区文件就是红军在长征途中遗失下来的。红军走后，国民党军队和政府人员为了在这一区域重建统治秩序，对红军留下的遗物、文件进行有组织的清查和销毁，如 1946 年国民党四川省政府还在电令川北各县清除红军石刻标语①。因而，能够幸存下来的川陕苏区文件自然很少了。

其三，20 世纪 80 年代以来收集和整理的川陕苏区文献资料存在着主客观两个方面的遗漏。所谓“主观遗漏”，指受当时政治局势和政治理念的影响，尤其是受张国焘问题的左右，主动放弃一些文件不收录，或在收录某些文件时采取摘录、节录的方式，致使许多重要的历史信息被忽略。所谓“客观遗漏”，指有些文件难于寻找，或不为当时整理者所知，比如《红色中华》《斗争》等刊物上的文献资料根本未被已出版的史料汇编或资料选辑收录过。

其四，1951 年，中央人民政府南方老革命根据地访问团川陕分团，分别以王维舟、余洪远为正副团长，赴川陕革命老区慰问，收集并带走了一批珍贵历史文献资料。这些文献资料在其后的 60 年间并没有整理出版，应该是“束之

---

① 这份四川省国民政府的电文现存于四川省档案馆。

高阁”了。自然无法为一般研究者所知、所用。

其五,自然损毁严重。同其他文物、文献一样,革命文物、文献随着岁月的流逝在不断地损毁着。80 年过去了,川陕相关市县博物馆、文管所收藏的川陕苏区的纸质文件都有不同程度的损毁、断裂、残缺、破损、虫蛀等现象。据一个博物馆管理人员透露,有些纸质文件在“文化大革命”前还完好保存着,而今或原件流失,不知去向;或破损不堪,无法存留。

二、“国方资料”的价值

按照传统的政治分野,在中国民主革命时期存在着敌、我、友三方势力。实际上,这是中国共产党在特殊历史条件下出于团结中间力量的策略而提出的,事实上真正第三方政治势力在复杂局势下有时是较难界定的。基于这种认识,在川陕苏区历史文献资料的问题上,我们把过去称为“敌方”的国民党军政文件确定为“国方资料”,把传统所谓“第三方”的时事评论和新闻报道亦归之“国方资料”。在川陕苏区存在的这两三年时间里,国民党、南京政府、四川当局在如何应对和处置红四方面军入川的问题上留下了大量的“官方文件”,当时的新闻媒体对红军入川也有众多的时事评论和跟踪报导。如果我们能够很好地发掘这些文献资料,那么川陕苏区的研究资料就会大大地丰富起来。

“国方资料”涉及川陕苏区政治、军事、经济、文化等各个方面。这里择举四个方面的内容,以窥见其对川陕苏区研究的价值。

其一,“国方资料”中有对川陕苏区的历史过程的持续报导,这在当时四川的几种报刊上表现得尤其突出。“共方资料”关于川陕苏区的历史多为新中国成立后的回忆,如川陕苏区重要领导人傅钟曾撰有《红四方面军创建川陕革命根据地及长征情况概述》,但并非即时记录,而是 20 世纪 50 年代的回忆①,而且此类回忆录不仅有时间、地点、人物的偏差,而且带有明显的片断性,缺乏整体

① 傅钟:《红四方面军创建川陕革命根据地及长征情况概述》,《党史资料》1955 年第 3 期。

性。当时红四方面军主要任务和工作重心是求生存、求发展，没有记录川陕苏区历史的专门机构和专职人员。但国民党控制下的新闻媒体，如《大公报》、《国民公报》、《国闻周报》、《四川日报》、《新蜀报》、《成都快报》、《新新新闻报》等则对川陕战局进行了持续报导，从而较系统地反映了川陕苏区的始末。

《成都快报》和《新新新闻报》关于木门战况报导简表

时　间	成都快报		新新新闻报	
	标题	第×版	标题	第×版
1933. 02. 24			主力部队向木门推进	5
1933. 07. 06			木门、旺苍坝	6
1934. 01. 25	准备攻木门长池	3		
1934. 02. 07	“伪”引军驻守木门	4		
1934. 03. 12	一路军向木门进攻	3		
1934. 03. 16			“匪”向三江口退却	5
1934. 03. 17			邓电告短期可攻克木门	特刊
1934. 03. 18			木门要隘已冲破	5
1934. 03. 19			木门“匪”险要已失	特刊
1934. 03. 24			一路军巩固木门阵地	6
1935. 04. 13			昨克长池、木门两险要	6

《成都快报》和《新新新闻报》对 1933 年到 1935 年红军和国民党军在木门攻守争战进行了直接报导，共计 11 条①。虽然污蔑红军为“匪”，为“伪”，但确实透露了不少历史信息。如果我们将这两种报纸关于旺苍坝的 28 条直接报导与关于木门的 11 条联系起来，大致可以再现红军在今旺苍县的主要活动。

其二，“国方资料”中有国民党党、政、军应对红军入川的政治训令、军事部署、“围剿”措施、实况战报等，如《国民党重庆行营参谋长团川中“剿匪”工

① 《新新新闻报》和《成都快报》，皆收藏于四川省图书馆。

作报告书》、《刘湘颁布对“匪区”封锁条例七条》、《国民党川军第三路军李家钰部与红四方面军作战报告书》、《国民党川军第六路军王缵绪部与红四方面军在四川彰明一带战斗详报》等等。这些战报由军中文职人员撰写,有着规范的格式和内容,在一定程度可以再现当时的战况,如《国民党军第一师胡宗南部与红四方面军在四川广元昭化战斗详报》形成于 1935 年 1 月,共计四千多字,由“战前之形势”、“作战经过”、“判断‘匪方’尔后之企图”、“意见与心得”等四个部分组成。其中前两个部分详于战役过程,后两个部分侧重判断红军之走向和总结对付红军之经验。这些国民党官方、军方文件的内容,既有涉及红军入川前的“防堵”、又有入川后的“围剿”,还有离川后的“重建”,如 1936 年 4 月 13 日和 23 日四川省情报处长冷开泰两次报告国民党“重建”南江县府中的贪腐问题,即《省情报处密呈南江县府擅设粮秣处勒索民粮的报告》、《省情报处密呈南江县长不顾民命只图贪赃的报告》。

其三,“国方资料”中保存有不少“共方”的文件。有的资料对“共方”文件采取内容摘录,可能出于政治局势或新闻报道的需要,这种内容摘要的例证不胜枚举;有的资料则对“共方”文件全文转载,或作为附件,或追求真实,仅以川陕省达县工农税务局布告的《税务条例》为例。当时的《四川日报》在 1924 年 3 月 3 日全文转载了这个《税务条例》,它对川陕苏区的税收种类、税收名目、税收数额等都进行了详细的规定。可川陕两省相关市县博物馆、文管所并无收藏,全凭当时《四川日报》的转载而存留下来,迄今整理出版的川陕苏区文献资料无一不是依据这条转载,而研究川陕苏区的经济发展、税收状况无一不以此为首要材料。

其四,“国方资料”中侧面透露了川陕苏区众多法令、政策、措施的执行程度。总览“共方”现存文献资料,我们会发现这些法令、政策和措施虽然带有明显的理想主义和“左”倾主义色彩,但为川陕苏区构建了一幅政治民主、经济繁荣、生活安康的美好蓝图。在当时政治历史条件下,川陕苏区存留时间又如此短暂,这些文件到底落实和执行得如何?这在“共方资料”几乎找不到答案。红军撤离川陕后,国民党委派了多类专员进入这一区域,他们的见闻在一定程度为这个问题提供了答案。如关于苏区兴办的学校,循实在《川东北“剿赤”印象记》中说:文化教育委员会下设学校教育科,“负责创办列宁小学,开办医学班、农事学校、苏维埃学校、财政经济学校、教师养成所及审查学校教师等项。所说此中所列各项,多半是毫无设施,有的是未曾举办;只有列宁小学,‘匪区’中到处都有,这是赤化‘匪区’儿童的一剂猛热的药”。这就明确告诉我们,有些学校并没有真正开办,只有列宁学校在苏区各地普遍建立。

三、“国方资料”的使用

回顾三十多年来川陕苏区研究的文献资料整理和历史问题研究,我们不难发现:充分发掘和选择使用“国方资料”是把川陕苏区研究推向深入的实际需要。这种需要主要体现在两个方面:

其一,保持川陕苏区历史研究的客观性。研究川陕苏区的历史问题同研究其他历史时期的历史问题一样,需要多渠道的信息资料、多角度的审视判断,仅仅依靠单一来源的资料,甚至从信单一来源的资料,就无法克服历史研究中的主观性和片面性。毫无疑问,国共双方的资料都带有显明的政治色彩,使用“国方资料”需要下一番去伪存真的辨别功夫。当时国民党官方、军方的文件总是在极力夸大自己军事胜利的同时,制造红军烧杀抢掠的谣言,污蔑红军为“赤匪”、“乌匪”。而当时的新闻报道未必来源于川陕苏区,主要依据国民党官方、军方的文件和民国党潜入川陕苏区探子的道听途说,如《旺苍坝人民被屠杀过半》之类的报导①。因而,使用“国方资料”应该与现存川陕苏区“共方资料”和川陕苏区创建人的回忆进行比对和考辨。

其二,把川陕苏区历史研究推向深入。迄今为止,收集最完整、整理最规范的川陕苏区文献资料,无疑是《川陕革命根据地历史文献资料集成》了,但它基本上仍然是一部关于川陕苏区的“共方资料”汇集,对于支撑再现这一特殊历史事件、研究这一特殊历史问题,还是显得不足。而“国方资料”在不少方面可以弥补这个不足。如关于苏区的宣传,“国方资料”记载:“宣传队的任

① 这份四川省国民政府的电文现存于四川省档案馆。

务,不但是向群众直接进行宣传鼓动,并且组织群众,帮助地方工作。宣传队分经常、临时二种:经常宣传队是脱离生产,专任宣传;临时宣传队由各革命组织临时组织之地方各机关,县以上设经常宣传队,10人为1队,每县得设3队到5队,设队长1人,大队长1人,受县苏维埃常委会指挥。各县宣传队又统一于省苏常委会之下的宣传队总部。区以上可设临时宣传队,必要时受县苏之经常宣传队指挥。红军中设经常宣传队,每连3人到5人为1小队,设队长1人。营设分队长1人,指挥3小队——合为1队。团政治处宣传科内设大队长1人统一指挥之。必要时可增加临时宣传队,并扩大经常的。"①这段对苏区宣传队的总结,其完整性和系统性都超过了"共方资料"的相关记载。又如关于苏区的交通站。"国方资料"记载:"'赤匪'为了在军事上运输便利起见,去年将'匪区'划以巴中为交通中心点,外分六大干线:一是由巴中经仪陇到营山,一是由巴中经旺苍坝到广元,一是由巴中到南江,一是由巴中经通江到绥定,每一线由起点到终点,距五十里一分站,并附设招待处(即运输队住宿食饭之地点,由各地区政府负责),起点送至分站时即交代,再由甲分站送到乙分站,如此依次下去,每站有运输队数百人,均系强编而成,'匪'采取这种办法,'匪区'虽然山高路狭,则交通都还相当的顺利。"②这是"共方资料"不曾公开透露,或不曾具体归纳的内容。

四、结　语

"历史是过去的政治,政治是当前的历史。"这是英国历史学家关于政治与历史的经典表述,道出了二者的密切关系,但历史毕竟不能等同政治。长期以来,有的学者总是将历史当作政治研究,在中国现代史研究中尤为突出。第二次国内革命战争时期的革命根据地在中国现代史上具有特殊的地位,但其研究存在着严重的政治化倾向,其重要表现就是在文献资料的选择和使用上,

① 循实:《川东北"剿赤"印象记》,《西北文化日报》1933年12月26日。

② 《"匪区"交通线》,《四川日报》1934年10月27日。

只有“共方”,没有“国方”,甚至对传统所谓的“第三方”的文件也要通过“省略”、“节录”等方式进行“过滤”使用。80 年过去了,这种现象应该得到改变,让川陕苏区的研究归位于历史,以更大的气度和气概,大胆而客观地选择和使用“国方资料”,将川陕苏区的历史研究推向深入。

任炜章研究三题

——基于民国《渠县档案》为中心的考察

苟德仪

任炜章（1893—1934），四川南部县人，曾任国民革命军第二十军第四混成旅副旅长、渠县县长、红四方面军独立师师长，后在川陕苏区肃反期间被杀。目前学界对他的研究已不少，如王兰英的《任伟章与“川北民军”》一文，在参考《南江党史资料》基础上，简述了任炜章从一个旧军人转变为一个优秀红军指挥员的过程①。林红的《从旧军人到红军将领——红四方面军独立师师长任伟章》一文，对他的一生作了简要叙述②。刘邦琨的《独立师师长任炜章的惨烈之死》一文，重构了任炜章被杀害的过程③。刘邦琨的《张国焘川陕肃反之罪孽》一文，以口述史料为基础，叙述其被害经过④。如果说上述文章重在叙述，那么余渊的《有关土地革命战争时期四川武装起义时间、人物、地名等问题的订正》一文则偏重问题探讨。该文对任炜章的名字、政治面貌、职务进行了考证，认为其名中的“炜”字更接近历史原貌；任炜章并未任过川军第二十军第二混成旅旅长，而是第十八旅副旅长；任炜章是否加入过共产党，徐向

---

① 王兰英：《任伟章与“川北民军”》，《四川文物》2001 年第 1 期。

② 林红：《从旧军人到红军将领——红四方面军独立师师长任伟章》，《四川档案》2006 年第 5 期。

③ 刘邦琨：《独立师师长任炜章的惨烈之死》，《文史博览》2006 年第 12 期。

④ 刘邦琨：《张国焘川陕肃反之罪孽》，《党史天地》2004 年第 11 期。

前回忆录以及任炜章之女的回忆皆未提及①。

在一些地方史志中,对任炜章生平也有介绍。比如《南部县志》、《南部文史资料》、《南江党史资料》(第二期)、《南充市文史资料》中,皆有任炜章的传记及其女任芬余的回忆性文章。②

在有关军事史、中共党史、革命史著作中,对任炜章亦有涉猎。比如《川陕革命根据地军事斗争史》对他领导的起义过程作了介绍。在《川陕革命根据地南江斗争史》中,叙述了任炜章及其领导的川北民军在南江县的活动情况。在《解放军烈士传》中对任炜章一生进行了回顾。在《勇者无畏:为国捐躯的八百将校》一书中,对任炜章的生平事迹作了简述,且侧重1929年之后。在《中国革命起义全录》中,也有对其领导川北起义的介绍。③ 此外,在一些论著或者工具书中,对任炜章亦有零星提及,限于篇幅,兹不赘述。

总之,既有研究对厘清任炜章的生平事迹是有裨益的,不过整体上看,或囿于资料的搜集不到位,或因研究者学术视野的褊狭,以致研究中问题意识的普遍缺失,很多成果多是"浅表性"的重复论述,鲜有层层剥落、深入分析的精品力作。至今有关任炜章的许多基本问题都还没有得到解决,如他的姓名、职务、政治面貌、资助十九路军、任渠县县长的时间等诸多问题尚存争议,需进一步考订。鉴于此,本文以民国《渠县档案》为资料,对此略作探究。

---

① 余渊:《有关土地革命战争时期四川武装起义时间、人物、地名等问题的订正》,《四川党史》1996年第3期。

② 分别参见四川省南部县志编纂委员会:《南部县志》,四川人民出版社1994年版,第770—771页;政协四川省南部县委员会文史资料委员会:《南部文史资料》第7辑,1996年,第72—73页;中共南江县委党史资料征集办公室:《南江党史资料》第2期(送审稿),送审时间为1983年11月13日,第1—14,18—19页;南充市政协文史资料委员会:《南充市文史资料》第4辑,1995年,第115—117页。

③ 分别参见成都军区党史资料征集委员会办公室:《川陕革命根据地军事斗争史》,四川大学出版社1987年版,第35—37页;中共南江县委党史研究室:《川陕革命根据地南江斗争史》,中共党史出版社1991年版,第16—20页;解放军烈士传编委会:《解放军烈士传》第5集,长征出版社1992年版,第364—371页;中国军事博物馆:《勇者无畏:为国捐躯的八百将校》(上册),光明日报出版社1995年版,第442—443页;张东辉:《中国革命起义全录》,解放军出版社1997年版,第429—430页。

一、任炜章之名再考

在中国近现代史上，一人拥有几个名字是一个普遍现象。任炜章也是如此，总结起来约有以下诸说：

1. 任伟章

这种称法在既有研究中是居于主流的，散见于相关论著、地方史志中，比如前文提及的王兰英的《任伟章与“川北民军”》以及林红的《从旧军人到红军将领——红四方面军独立师师长任伟章》等文中，也见于《南部县志》、《南部文史资料》（第7辑）、《川陕革命根据地南江斗争史》等书中①，无法枚举。

2. 任炜章

这种说法不仅见于刘邦琨的《独立师师长任炜章的惨烈之死》一文中，也见于《川陕革命根据地军事斗争史》、《四川省志》、《解放军烈士传》等书中②。

3. 任焯章

此说法见于1933年2月19日的《红色中华》第54期上，当时任氏率领三千余人参加红军，发布了题为《我们要想翻身只有坚决起来：打倒帝国主义和国民党》的宣言，文末署名“中国工农红军第四方面军独立第一师师长任焯章”。《四川党史研究资料》总第25期转载此报道时，注明“任焯章即任炜章、玮章”。③ 此宣言收录于《土地革命战争时期各地武装起义·川滇黔地区》

---

① 参见四川省南部县志编纂委员会：《南部县志》，四川人民出版社1994年版，第770—771页；赵纯新：《任炜章——红四方面军独立师师长》，载于《南部文史资料》第7辑，1996年，第72—73页；中共南江县委党史研究室《川陕革命根据地南江斗争史》，中共党史出版社1991年版，第16—20页。

② 参见成都军区党史资料征集委员会办公室：《川陕革命根据地军事斗争史》，四川大学出版社1987年版，第35—37页；四川省地方志编纂委员会：《四川省志》之《人物志》（上），四川人民出版社2001年版，第122—123页；解放军烈士传编委会：《解放军烈士传》第5集，长征出版社1992年版，第364—371页。

③ 转引自中共南江县委党史资料征集办公室：《南江党史资料》第2期（送审稿），送审时间为1983年11月13日，第1页。

时,亦认为“焯”系“炜”之误。[①]《宜宾党史人物传》(第五卷)有关李鹏的传记,旁及“1933 年 2 月 19 日,廿九军第三混成旅旅长任焯章在南江县率 3000 人起义”之事。[②]

有论著在有关“孝泉兵变”叙述中,也提及二十九军独立师二十六团中还有一个叫任焯章的中共党员,在兵变中牺牲。[③] 不过此任焯章显然与本文所研究的任炜章不是同一人。

4. 任玮章

徐向前回忆红四方面军入川解放通南巴时说:“在南江方向,进展也较顺利。王树声率七十三师于十二月底进至大河口地区,与刘汉雄部一个团遭遇,一举将其全歼。接着,土著武装任玮章部起义。经关峪口、甄子垭等战斗,红军二月一日解放南江。”在回忆录中,徐用了大量篇幅披露“任玮章”起义的原因、方面军总部收编任玮章部以及他在肃反中被杀害的详情。[④] 此外,一些研究论著也称“任玮章”。[⑤]

针对这种众说纷纭的情况,余渊考订后认为,一些书刊记载把任的名字写成伟章或玮章,“伟”“玮”是“炜”之误。其依据是《南充中心县委向省委的报告》和《新蜀报》1933 年 4 月 1 日、4 月 14 日等的报道,还有任炜章之女任芬余的信件。[⑥] 对这个问题,我们认为还有进一步探讨之必要。

在任炜章参与续修的《渠县志》中,“任炜章”“任伟章”两说并存。该志

---

① 中国人民解放军历史资料丛书编审委员会:《土地革命战争时期各地武装起义·川滇黔地区》,解放军出版社 1996 年版,第 302 页。

② 中共宜宾市委党史研究室:《宜宾党史人物传》(第 5 卷),宜宾市印刷公司 2000 年版,第 69 页。

③ 中共绵阳市委党史工作委员会:《中共绵阳地方党史稿》,四川人民出版社 1989 年版,第 48 页。

④ 徐向前:《历史的回顾》,解放军出版社 1984 年版,第 256、271 页。

⑤ 参见林超:《川陕革命根据地历史长编》,四川人民出版社 1982 年版,第 38 页;温贤美:《川陕革命根据地》,四川人民出版社 1985 年版,第 14 页;中共绵阳市委党史工作委员会等:《红四方面军在绵阳广元斗争纪实》,四川省社会科学院出版社 1986 年版,第 9 页;廖国良等:《中国工农红军事件人物录》,上海人民出版社 1987 年版,第 436 页;等等。

⑥ 余渊:《有关土地革命战争时期四川武装起义时间、人物、地名等问题的订正》,《四川党史》1996 年第 3 期。

载:“本年春,县令任炜章拟付印刷,制预约券壹千有零张,发各镇购买,共计洋陆千捌百余元,又需数月始克收入,建议续修开会表决。”同卷“续修姓氏”中明确提及了“渠县县长任炜章”。① 该志卷八《官师志一》中又称“任炜章”。② 这难道是写错了吗?

在民国《渠县档案》中,任炜章与任伟章并存的现象也是普遍的,为了更直观地证明这个问题,兹将原档展示如下:

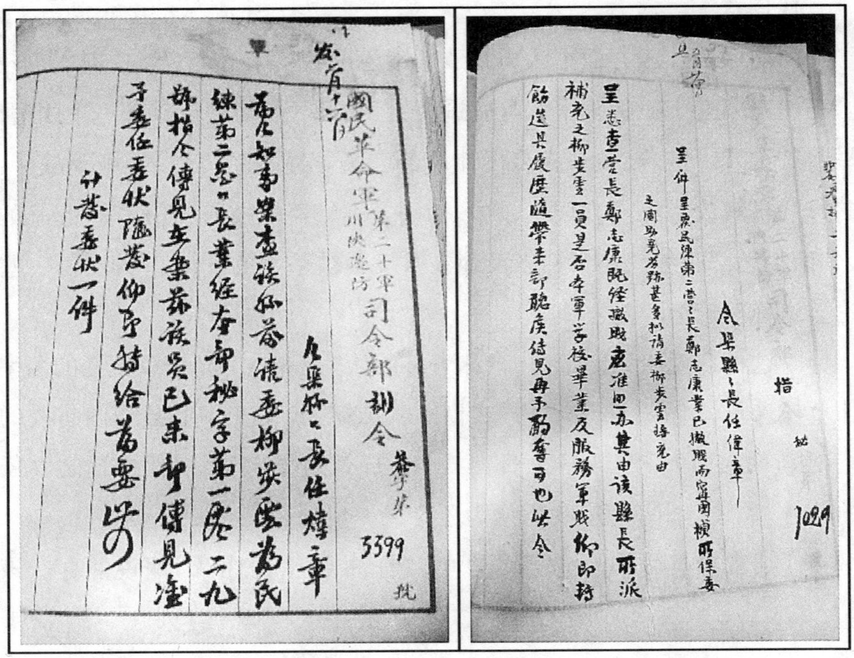

图1 民国二十一年军长杨森给任炜(伟)章的训(指)令(局部)

图1中有两份档案,左边的训令(3399号)是1932年6月11日杨森发给县长任炜章的,事由是委任柳步云为民练第二营营长并发给委状,令渠县县长任炜章转给柳步云收执。③ 右边的指令(秘字1029号)是同年五月杨森发给任伟章的,该令针对之前任炜章呈覆民练第二营营长郑志康业已撤职而宁国

① 杨维中等:《渠县志》铅印本,1932年,卷一。
② 杨维中等:《渠县志》铅印本,1932年,卷八。
③ 渠县档案馆藏,渠县档案:1-1-203。

桢所保委之员劣迹甚多,拟请委柳步云接充一事。杨森要求任伟章查明柳步云是否本军学校毕业,服务军职仰即转饬造具履历随带来部听候传见,再予酌夺。① 众所周知,任炜章曾入杨森所办泸州讲武堂学习,又被杨森委任为防区内渠县县长,其关系非同一般。在正式的公文中出现"炜章"与"伟章"并存,恐怕不会是笔误所致。

我们还可以在《渠县档案》中找到相关佐证材料,如由渠县县政府发出的公文或者函件,上面皆签有"任炜章"或"任伟章"的名字,名字下多盖有"任炜章"的篆文印章,如下图所示:

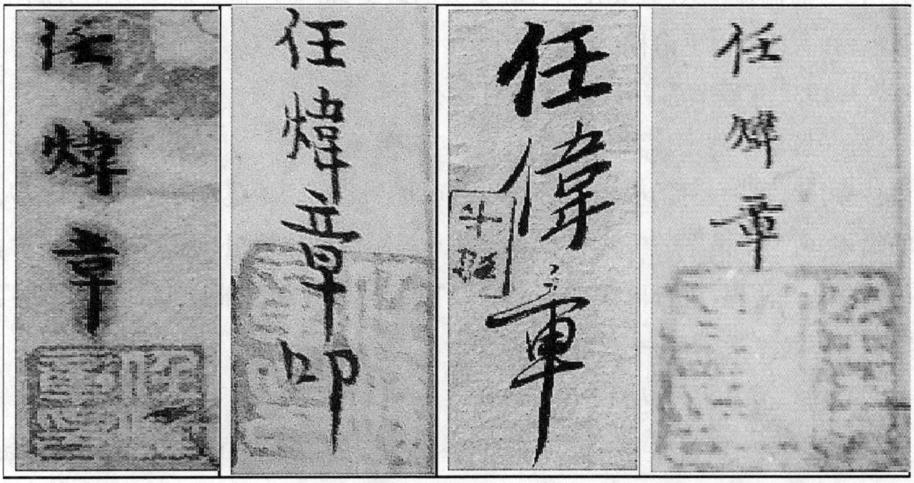

图 2 民国二十一年渠县县政府公文(函)中出现的任炜(伟)章及印章

可以肯定,即便这些以渠县县政府名义发出的公文非任炜(伟)章起草,作为一县之长的他,肯定是知情或审阅过的,显然不会出现笔误的情况。

由此,可以得出如下两点结论:第一,任炜章和任伟章在当时是并用的,都是指代同一个人,而用"炜"的时候偏多②,其印章中主要是"炜"字,但并非如

① 渠县档案馆藏,渠县档案:1-1-202。

② 这可以其他相关资料佐证,比如《南充中心县委向省委的报告》,载于《文件汇集》甲 8 中,另《新蜀报》1933 年 4 月 1 日第 6 版标题"任炜章因作战不力被杀"。皆参见余渊前揭文。南江县的石刻标语"任炜章是二十军的旅长,现在在红军中当师长",同样可证明。参见川陕革命根据地博物馆:《川陕革命根据地石刻资料》,内部资料,1979 年,第 10 页。

余渊考证的那样，“伟”是“炜”之误。第二，在相对比较可靠的《渠县志》和《渠县档案》中，尚未见有“任焯章”和“任玮章”之说，既有研究认为“焯”系“炜”之误或是可信的，当然也不排除在特殊时期故意所为。而“任玮章”之“玮”，支撑材料甚少，尚难采信。

二、任炜章任职渠县时间辨析

任炜章兼任渠县县长是其人生的重要阶段，此前的研究，由于忽视对《渠县档案》的梳理，不仅夸大任炜章在渠县的政绩，甚至连他任职渠县的时间都是模糊的，约有以下诸种说法：

1. 1932 年春节前后上任，离职时间不详

在《解放军烈士传》第 5 集中，提及“任炜章在 1932 年春节前后，担任了渠县县长”，同时还提到：“1932 年 5 月间，任炜章秘密地建立了一支 200 余人的武装，名为平民军……6 月，杨森得到平民军活动的情报，决定除掉任炜章。任炜章知其阴谋，机智地摆脱杨森‘特科队’的监视和军部设下的逮捕陷阱，跑到了平民军大本营——槐树场西禅寺。”①

2. 1932 年 3 月至 7 月

《南江党史资料》（第二期）如是说：“一九三二年三月，任炜章署渠县县长，同年七月弃职起义。”②欧汉英在《渠县抗日救亡综述》一文中，也提及任炜章于 1932 年 3 月就任县长。③

3. 1932 年 2 月至夏天

刘邦琨在《独立师师长任炜章的惨烈之死》一文中认为，1932 年 2 月，杨森指派任炜章到四川省渠县兼任县长，1932 年夏经广元、巴中，去南江桃园寺驻扎。④

---

① 解放军烈士传编委会：《解放军烈士传》第 5 集，长征出版社 1992 年版，第 366—367 页。

② 详情参见中共南江县委党史资料征集办公室：《南江党史资料》第 2 期（送审稿），送审时间为 1983 年 11 月 13 日，第 1 页。

③ 详情参见中国人民政治协商会议四川省渠县委员会文史资料研究委员会：《渠县文史资料》（第 1 辑），1988 年，第 14 页。

④ 刘邦琨：《独立师师长任炜章的惨烈之死》，《文史博览》2006 年第 12 期。

4. 1932 年 2 月至 7 月

王兰英在《任伟章与“川北民军”》一文中说,1932 年 2 月,任伟章兼渠县县长,渠县人民称赞他的为政。1932 年 7 月,任伟章率部弃职起义,建“人民军”于渠县。①

此外,尚有一些论著笼统认为任炜章任县长是在 1932 年。②

要之,上述观点各异,甚有相抵牾之处。究竟任炜章何时到任,何时离职,显然是一个尚未解决的问题。

任炜章参与了《渠县志》的修撰,故该志的记载值得注意。郭奎铨于 1932 年 12 月所作的《续修县志叙》中称:“本年春,县令任炜章拟付印刷,制预约券壹千有零张,发各镇购买,共计洋陆千捌百余元,又需数月始克收入,建议续修开会表决。”同卷“续修姓氏”中明确提及了“二十军四混成旅副旅长、渠县县长任炜章”。③ 卷八《官师志一》称“任伟章,县长,南部人,二十军旅长,二十一年二月委署”。④ 县志记载本是可信的,不过这里的“委署”和实际到任尚有差异。

据民国《渠县档案》,可证任炜章正式到任是在 1932 年 3 月 7 日。档案中有一件是任炜章(他的全衔为国民革命军第二十军第四混成旅副旅长兼署渠县县长)上任伊始给教育局的训令(内字第 1 号)⑤:

> 为令知事。奉国民革命军第二十军军长川陕边防司令杨(森)令委炜章兼任渠县县长等因。遵于三月七日接篆视事。除呈咨函令暨布告外,合亟令仰该局即便知照。此令。
>
> 中华民国二十一年三月八日
>
> 兼县长任炜章

① 王兰英:《任炜章与“川北民军”》,《四川文物》2001 年第 1 期。

② 林红:《从旧军人到红军将领——红四方面军独立师师长任炜章》,《四川档案》2006 年第 5 期;四川省南部县志编纂委员会:《南部县志》,四川人民出版社 1994 年版,第 770 页。

③ 杨维中等:《渠县志》铅印本,1932 年,卷一。

④ 杨维中等:《渠县志》铅印本,1932 年,卷八。

⑤ 渠县档案馆藏,渠县档案:1-2-951。

我们虽未发现杨森委任任炜章的委任状,但由此已可知,任炜章于1932年3月7日正式到任无疑(此前渠县县政府的公文署名为县长刘治国)。① 而杨森发的委任状的时间定在此前,《渠县志》记载的"二月委署"当是可信的。

任炜章任县长时间不长,便被继任者龙焕章替换,龙乃"二十军旅长,二十一年八月委署"渠县县长。② 从法律程序角度审视,龙被委任的时间实际上即为任炜章离任时间。在《渠县档案》中我们未找到杨森任命龙焕章为渠县县长的委任状,不过找到了渠县县政府给教育局长邹仁杰的训令(第3号)③:

> 为令知事。案奉国民革命军第二十军军长川陕边防司令杨(森)令委焕章为渠县县长等因。遵于八月一日接篆视事。除分别呈咨函令暨布告外,合亟令仰该局即便知照。此令。
>
> 中华民国二十一年八月　日
>
> 县长龙焕章

此训令的具文时间为"八月",具体日期不详。该训令上有"八月五日"所作"归档"二字批示,盖有印章(内容模糊难识)。由此判断,此训令具文时间当在1932年8月5日之前。《渠县档案》显示,同年8月3日龙焕章已在批示文件了。④ 因此,从法律程序看,龙焕章被任命当在8月1日前,任炜章离任的时间也如此。档案中保留了很多任炜章批示的文件,其中一件是1932年7月27日批示的,内容就一个"存"字,日期上盖篆文印("任炜章印")。⑤ 据此可知,任炜章离任渠县县长的时间当在1932年的7月27日至8月1日之间。

---

① 渠县档案馆藏,渠县档案:1-2-951。
② 杨维中等:《渠县志》铅印本,1932年,卷八。
③ 渠县档案馆藏,渠县档案:1-2-951。
④ 渠县档案馆藏,渠县档案:1-2-872。
⑤ 渠县档案馆藏,渠县档案:1-2-923。

通过上述，任炜章任渠县县长的时间，从法律程序上讲应以杨森颁发委任状的时间为始，以撤销其职务另任龙焕章的时间为终。因尚未找到委任状，据其他相关资料可推断前者的时间为1932年3月7日前，后者为8月1日前。从实际任职的角度言之，任是1932年3月7日到任的，离任时间当在7月27日至8月1日期间。

众所周知，县长本为政府之独任长官，亦是一县行政之主宰，其职责所在，实为一切地方行政之基础。不过，在军阀混战的民国，"县长难为"已是一个不争的事实，此时知县行政受到多方掣肘，诸如地方军阀的控制、地方豪绅的干预、行政经费及薪水的不足等。① 在防区制的四川，这种特征更为明显。以任炜章为例，他是作为国民革命军第二十军第四混成旅副旅长的身份兼任渠县县长，同时兼摄渠县保卫团办事处的处长。② 仅从这些官衔的字面意思理解，其军事意义已大于民政意义。渠县属杨森的防区，在杨的防区内，大小官吏皆由杨森委任，比如广岳渠营蓬童子义勇军第三团的团长、广岳渠营蓬五县禁烟局局长、渠县禁烟分局局长、渠县烟酒第十四区分局局长、渠县县长等职皆如此，直接对杨负责。③ 在那个军政大于民政，各路军阀穷兵黩武的时代，本该以民政为主的知县，其日常工作多在军政，可以想见。基于此，任炜章在任内不仅时间短，而且受制于杨森的控制，甚至地方豪绅的干预，不仅县长难为，且难有所为也在情理之中。翌年，任率部起义，在宣言中说："焯（炜）章等出身穷家，久历行伍，自惭二十年来在军阀统治下奔走牺牲，无非受人驱使利用。"④这何尝不是任炜章内心的真实写照？因此，利用现存的《渠县档案》对任炜章的政绩做实证的分析，而不是假想似地美化、夸张，方是未来应该努力的方向。

---

① 尚季芳：《县长难为：民国时期县级官员的艰难处境——以甘肃省为例》，《西北师范大学学报》2009年第2期。

② 据县志载，渠县于民国元年即设团防营，后改为团练局，局设正副局长，各乡镇设团练分局，专办民团。民国十九年，改团练局为保卫团办事处，处长由县兼摄，副处长以现任局长充之。参见杨维中等：《渠县志》卷七《兵备志》，民国二十一年刻本。

③ 渠县档案馆藏，渠县档案：1-2-951。

④ 详情参见《红色中华》1933年2月19日。

三、捐资慰劳十九路军史实新考

1931年“九·一八”事变后,日本很快占领了东三省。是年11月,日本先后在天津、汉口、重庆、上海等地进行挑衅活动。翌年初,日本僧侣5人在上海三友实业社总厂大门外,向正在操练的工人义勇军抛石挑衅,致起冲突,日增1死2伤。事后,日本驻沪总领事向上海市政府发函抗议,提出道歉、惩凶、赔偿和取缔抗日运动等要求。经过双方交涉,上海市政府于1月28日下午答应了日方要求。不过这并没有改变日本预谋已久的侵略。是日夜,日军在闸北发动进攻,驻上海的十九路军奋起抵抗,淞沪抗战开始。此即所谓的“沪变”(又称上海事件或“一·二八”事变)。

该事件发生后,更加激起全国业已兴起的反日、抗日运动。在西南一隅任县长的任炜章即一例。对此,学界已有专论。欧汉英在《渠县抗日救亡综述》一文中说,1932年,当日寇进攻上海这一事件之后,渠县县长任炜章支持各界宣传抗日,在他带头乐捐之下,办事人员随之踊跃捐献,共大洋200元,汇至十九路军慰劳。① 还有学者认为,任炜章“为了慰劳在上海抗日的十九路军,亲拟训令,规定县府官员都要捐款,并带头捐现款50元,占捐款总数的四分之一。”②

通过爬梳民国《渠县档案》,我们发现这些结论与事实不尽相符,有必要进行重新考证。档案中保留了民国二十一年三月署名任炜章的信函,原文如下③:

> 迳启者。溯自沪变发生以来,倭寇恃其机舰枪炮精利,侵佔我繁荣地域,屠杀我亲爱民族,全仗我十九路军大好健儿,牺牲头颅,喷洒热血,拼命与之搏击,阻其长趋直犯之势,长江流域得以保全。惟我十九路军以血

① 参见中国人民政治协商会议四川省渠县委员会文史资料研究委员会:《渠县文史资料》第1辑,1988年,第12页。

② 解放军烈士传编委会:《解放军烈士传》第5集,长征出版社1992年版,第366页。

③ 渠县档案馆藏,渠县档案:1-2-872。

肉身躯当惨酷弹丸，苦战日久，疲劳异常，凡我后方赖其安全者，谊当缩衣节食，抽出金钱，输送前方，聊作犒慰。兹拟凡属本县在□人员，其月薪二十元以上者，捐纳百分之五，月终汇齐，由中国银行汇交十九路军资接济，用酬勋劳，各机关现任职员素明大义，谅能同表热忱，共纾国难。

□启

县长任

中华民国二十一年三月

任炜章此信尚不确定是给谁的，据信的内容，可推断应是给不隶属于渠县但又设在渠县的一些机构负责人的。信中透露了如下信息：第一，任炜章具有强烈的爱国之心。第二，捐资主体是该县公职人员，标准为月薪二十元以上者，捐百分之五。第三，月终汇齐，由中国银行汇交十九路军。

同年3月28日，渠县县政府发第69号训令，命该县各机关、法团、各区公所、各场团督等曰：①

为令知事。溯自沪变发生以来，倭寇恃其机舰枪炮精利，侵佔我繁荣区域，屠杀我亲爱民族，全仗十九路军拼命与之搏击，阻其长趋直犯之势，长江流域赖以保全。惟念十九路军苦战日久，疲劳殊甚，凡我后方赖其安全者，谊当缩衣节食，抽出金钱，输送前方，聊作犒慰。兹由本县长发起，在各办事人员，每月在薪资项下抽捐百分之五，共计贰百元。从四月一号起，由第三课代交重庆中国银行，汇至十九路军验收。并各集各机关法团会议，酌定抽捐数目，当经一致可决。除分令外，合亟抄发议定抽捐数目，令仰该即便遵照，按月将捐款缴本府庶务处收齐归垫，勿违。

计抄发抽捐数目单一纸

民国二十一年三月廿八日

兼县长任

① 渠县档案馆藏，渠县档案：1-2-872。

此训令内容与前面信函，在捐资比例、办理程序方面相同。不同者在于：第一，捐资一事由任炜章县长发起；第二，捐资总数 200 元；第三，从 4 月 1 日起，由县财政局第三课交重庆中国银行，汇至十九路军验收；第四，每月捐款须缴该县庶务处收齐；第五，训令附有粘单，将每月需捐资数详细罗列。现整理如下：

表 1　渠县各机关法团等每月捐款数目表

十区二公所	四十六场团总督练	十区区教育委员	十区区建设委员	农会	工会	商会	教育会	县指委会	财务监察委员会	本城船帮公所	路政委员会	保卫团办事处	公安局	建设局	教育局	第三课	慈善局	教养工厂	中学校
每区每月一元	每月各共一元	每区每月各一元	每区每月各一元	每月五角	每月五角 自捐	每月一元	每月五角 自捐	每月五角	每月一元 自捐	每月五角	每月一元	每月二元	每月一元	每月二元	每月二元	每月二元	每月五角	每月五角	每月二元

女中校	第一高小校	渠县日报社	烟酒局	三汇硝磺局	禁烟局	统捐局	典狱署	三汇县佐署	本城硝磺局	电报局	三汇商会	三汇船帮公所	财务特派员	邮政局	谢□便	□□□	王洁澄	任县长	县府职员
每月一元	每月一元	每月一元	每月四元	每月四元	每月四元	每月一元	每月一元	每月四元	每月四元	每月一元	每月二元	每月二元	每月四元	每月一元	每月一元	每月一元	每月一元	每月五十元	十八元五角

档案称“以上共二百元”，我们核算了一下，合计恰为 200 元（与任的训令提到的数目一致）。任炜章还拟好给十九路军总指挥蒋光鼐、军长蔡廷锴的

电文称：①

南京转十九路军总指挥蒋，军长蔡及全体官兵各同志钧鉴。溯自沪变发生来，倭寇恃其机舰枪炮精利，侵佔我地域，屠杀我同胞，全仗我十九路军大好健儿，拼命与之搏击，阻其长驱直入之势，长江流域赖以保全。惟我十九路军苦战日久，疲劳殊甚。炜章亦军人之一，现因环境关系不克，力效前趋，共尝甘苦，谊当省食缩衣，抽出金钱，输送前方，聊作犒慰。兹同所属各职员在应得薪资项下月捐百分之五，从四月份起交中国银行汇至十九路军，以资接济，尚祈于汇到时俯赐验收，藉展微忱。

第二十军四混成旅副旅长兼渠县县长任炜章叩

中华民国二十一年三月

同时，档案中还保留了任炜章给重庆中国银行的电文。② 其文曰：

重庆中国银行鉴。渠县县政府同人每月募捐洋二百元作十九路军慰劳费，由贵行汇至沪上，从四月份起，另函交汇，特先电达，尚希詧照。

渠县县长任炜章叩

中华民国二十一年三月

此训令刚出，就有人提出异议。渠县官硝碛卡卡员戴泽霈于三月三十日在给任县长的呈文中说，按照训令，他每月本该捐四元，但查"职每月薪金祇二十六元，照规定百分之五应捐洋一元三角，理合呈请钧府俯赐鉴核备查"，任炜章于三十一日批示："呈悉。查本府发起募集十九路军慰劳金二百元，原拟在各办事人员薪资项下月抽百分之五，嗣由各机关法团议定摊捐数目与原拟百分之五各不相符，兹录摊捐数目清单随令抄发，系便一目了然，该员每月

① 渠县档案馆藏，渠县档案：1-2-872。
② 渠县档案馆藏，渠县档案：1-2-872。

应捐洋四元仰仍照缴可也。”①档案的记载到此为止。

目前,我们所能见到的档案资料都是民国二十一年三月份的,四月及以后的资料阙如。据此可得出如下认识:第一,捐资十九路军,充分显示了任炜章作为中国军人的那种满腔爱国热情。第二,捐资一事,由任炜章发起,并相继做了大量准备和联络工作。第三,至于四月以后如何实行,每月捐资总数二百元是否到位,任炜章是否每月捐资五十元,从既有的资料中无法证实。我们翻检了有关十九路军的史料,亦未发现十九路军接受渠县捐资的记载。而既有的研究,很显然是误读了相关资料,把准备做的事当作已完成的事,故然。

四、结　语

综上所述,学界对任炜章的研究已有不少成果,不过还有一些基本的学术问题尚未解决,制约了对相关问题的进一步探讨。任炜章任渠县县长时遗留下来的档案,成为解决这些问题的原始依据。通过爬梳相关原始资料,对三个具体学术问题作了重新考察。

首先,关于任炜章的名字,此前已有四种不同说法。通过研究,我们认为任炜章和任伟章在当时是并用的,用“炜”的时候偏多,并非如余渊考证的那样,“伟”是“炜”之误。而“任焯章”之说,既有研究认为“焯”系“炜”之误或是可信的。“任玮章”之“玮”,支撑材料甚少,尚难采信。

其次,任炜章任渠县县长的时间,可以分两个层面讨论。第一,从法律程序上讲,官员的任职时间当以上级签发委任或撤职命令的时间为准,若据此,则任炜章的任职应以杨森颁发委任状的时间为始,以撤销其职务另任龙焕章为终。因尚未找到委任状,据其他相关资料可推断前者的时间为1932年3月7日前,后者为8月1日前。第二,从实际任职的角度言之,任是1932年3月7日到任的,离任时间当在7月27日至8月1日期间。

最后,对于任炜章发起捐资慰劳十九路军问题,据目前的资料只能得出如

① 渠县档案馆藏,渠县档案:1-2-872。

下认识:捐资一事确实由任炜章发起,并做了大量准备和联络工作,但是尚无证据证明捐资在该年4月份实施过,认定任捐资50元,显系误读所致。如果他的计划能实现,任炜章不是一次捐资50元,而是每月捐资50元。捐资总数是每月200元。而既有的研究,很显然是误读了相关资料,把准备做的事当作已完成的事。

论川陕省第二次党代会与木门军事会议

李　健

1933年6月,在川陕革命根据地的历史上是极不平凡的岁月。在这个月,根据地军民不仅完全粉碎了四川军阀田颂尧的"三路围攻",使刚刚建立起来的川陕革命根据地得到了巩固和发展,而且还先后召开了两个十分重要的会议:川陕省第二次党代会和木门军事会议。川陕省第二次党代会对根据地的未来作了明确的战略定位,规划了清晰的发展蓝图,全面部署了党和苏维埃政权的建设、红军扩编和整训等各项工作;木门军事会议就落实党代会的决议和精神,特别是有关部队扩编与整训作出详细而具体的安排。这两次会议意义重大,联系紧密,互为补充,是帮助我们解读这一时期川陕苏区历史的一把钥匙。

然而,过去人们对这一时期的历史研究是不够的,以至于在不少学术成果中对这段历史鲜有表述或表述不准确,从而导致人们对这段历史的认识出现盲区和误区①。为此,笔者尝试将这两次会议结合起来研究,希望能给人们认识这段历史提供一个新的视角。

---

① 在林超主编:《川陕革命根据地历史长编》(四川人民出版社1982年版)、中国工农红军第四方面军战史编辑委员会:《中国工农红军第四方面军战史》(解放军出版社1989年版)等权威著述中,在介绍川陕省第二次党代会内容时,均没有谈到红四方面军扩编为四个军的问题,这显然是对党代会主要内容的重大疏漏。在谈到木门军事会议红军扩编问题时,也没有在相关章节提及党代会有关红四方面军扩编的决定,这显然也是不应该的。在我们所看到的不多的研究木门会议的论文中,如"浅析木门会议的历史地位和作用"(严尚华、黄立诗:《四川党史通讯》1987年第3期),对川陕省第二次党代会只字未提。

一、粉碎“三路围攻”后川陕苏区亟待解决的问题

从1933年3月到6月，川陕苏区人民和英勇的红四方面军将士，经过卓绝奋战，成功地取得了反“三路围攻”的全面胜利，四川军阀田颂尧受到了沉重打击。时任红四方面军总政委的陈昌浩在给四川省委的信中这样写道：“我军此次空前胜利，田逆四十六团，几乎完全消灭，获枪六千支，机炮百挺，俘敌旅、团长八人，官兵五千，毙伤敌万人以上，田逆残部只十团，逃乱[窜]阆、昭、剑、潼，已溃不成军。我军正前进，距广保三路只几十里，决以灭尽田逆为目的。绥刘、杨、陕军均备受打击不敢进。赤区现已包括通、南、巴、广、万、绥、营、宣、阆、苍、宁、城、西、镇共川陕十四县，通南巴全为赤区。现赤区万人参加红军，群众热烈至极，土地分好，苏维埃纷纷建立，川陕省委省苏已壮大起来。”①

随着革命形势的迅猛发展，根据地亟待解决的问题也日益凸显：

（一）如何进一步巩固和扩展苏区？在离开鄂豫皖后，经过了几个月的流动作战，红四方面军又成功地在川陕边界创建了川陕革命根据地。特别是反田颂尧“三路围攻”的胜利，不仅巩固了前一时期建立的苏区，而且使得新区在短时间内得到了很大的发展。用当时《新蜀报》撰稿人的话说：“近则通南巴复遭沦陷，赤焰愈张，大有星火燎原之势，再无根本对应之策，则四川不成江西第二者几希”②。革命形势迅猛发展，川陕苏区未来的前途备受关注。尽快给出一个清晰的蓝图，以此进一步统一思想，凝聚人心，成了当时川陕苏区领导人亟待解决的问题。

（二）如何进一步扩大红军队伍？反“三路围攻”的胜利，使根据地扩大了，红军的战斗力增强了，红军队伍的壮大有了现实的基础。但“川陕省党对革命军事工作方面，还是非常不够的。首先是扩大红军并未按期完成迭次的计划；对宣传鼓动工作及实行红军优待条例等等，还有许多缺点；对地方武装

---

① 四川省社会科学院、陕西省社会科学院：《川陕革命根据地史料选辑》，人民出版社1986年版，第405页。

② 《新蜀报》1933年6月29日。

的扩大不够,而且因为部分的没有注意成分清洗,受到了几次的反动阴谋的损失,游击战争也还未开展到应有的程度;动员群众武装自己和保卫苏区的工作并未深入,群众的军事教育,党、团员军事化,对红四方面军雇工、贫农的干部输送,简直还未开始。"因此,川陕苏区的领导人要求:"两月内扩大一万红军,最近完成五千,举行扩大红军运动周。""成立赤江独立师、各县独立团、各区游击队,把田匪送来的五千支枪完全拖起来,不空一支枪。"①

(三)如何尽快地培养大批干部?干部的缺乏与整体素质不高,是当时最突出的问题。苏区的领导人对此非常着急。"在通南巴赤区迅速发展,红军伟大胜利的情况下,愈是感觉干部之缺乏。""现在我们不但没有彭杨学校和苏维埃学校,而且在地方群众中没有党和团的经济工作,在红军没有经常的军事政治训练工作,更没有经常的理论教育工作,连文化工作都没有。这样如何培养干部?""如果没有经常的培养干部的工作,一面党和苏维埃的工作,无法建立稳固基础,一面也无法大大扩大红军和供给红军需要,并且也无法将党的路线在红军和群众中广泛的而深入的执行起来。"②

(四)如何进一步提高红军部队的军政素质?入川后军事斗争的不断胜利,使部队得以壮大,实力大大增强。但随着人员的增加,部队成分的变化,许多老战士被提升为干部,就在一定程度上造成了部队素质和管理水平的下降。这一时期逃兵的增加,就是最好的证明。当时的红军领导人之一张琴秋曾在《干部必读》撰文,谈到"警卫二团自从驻扎老君山之后,从三月起到五月止有一连的战士、班排长,甚至连长都开小差走了。原因当然很复杂,但主要是指导员范恒积对战士没有教育,开口闭口要砍脑壳,动不动拿盒子枪不准战士请假,又不准战士写信回家。发现成排人开小差之后,不考虑这事的来源和抓紧教育其他同志,反而以命令来镇压他们回家,指导员向班排长说今后那班里有开小差,要砍班排长的脑壳。这样的禁止开小差,结果,战士都在夜间偷跑了,

① 西华师范大学历史文化学院、川陕革命根据地博物馆编:《川陕革命根据地历史文献资料集成》,四川大学出版社2012年版,第84页。

② 四川省档案馆:《川陕苏区报刊资料选编》,四川省社会科学院出版社1987年版,第46—47页。

班排长怕砍脑壳，也只有开跑。再他们解决了一个开过三次小差的战士，也没有向人家解释清楚，战士们便更害怕了，就形成了全连人开跑，纷纷于夜间摸回家来。现在只剩下孤独的指导员和两个传令兵了。"①就是在后来召开的党代会文件中，也提到"目前新兵时有不请假逃回家中的现象，必须大大的加强政治教育，做深刻的解释工作，反对农民意识，反对家庭乡土观念，只有坚决的、勇敢的抛弃一切的来为革命胜利而斗争"②。

同时，徐向前也在回忆录中谈道："文化程度偏低，是干部队伍的一大弱点……军以下几乎是清一色的工农干部，有些师团干部，斗大的字不识几个，连作战命令、书信都不会写。受领任务，传达指示，全凭记忆力。有位师长，作战勇敢，屡建战功，但写不了自己的名字。签收文件，划个'鸭蛋'了事……一定的文化知识，是提高干部的军政素质、指挥才能、战略战术素养的基础。由于红四方面军的干部队伍文化程度偏低，当时又存在普遍轻视文化知识的倾向，给部队发展建设造成的障碍，是相当严重的。"③

为解决上述问题，川陕省第二次党代会和木门军事会议于 1933 年 6 月下旬先后召开。

二、川陕省第二次党代会对"扩红(编)"和"整训"作出的部署

在 1933 年 6 月下旬召开的川陕省第二次党代会，是当时为适应川陕苏区迅猛发展的革命形势而召开的一系列会议中最重要的一次会议④。

---

① 中国工农红军第四方面军战史编辑委员会:《中国工农红军第四方面军战史资料选编》(川陕时期·上)，解放军出版社 1993 年版，第 426 页。

② 中国工农红军第四方面军战史编辑委员会:《中国工农红军第四方面军战史资料选编》(川陕时期·上)，解放军出版社 1993 年版，第 306 页。

③ 徐向前:《历史的回顾》，解放军出版社 1988 年版，第 196—197 页。

④ 6 月 23 日，川陕省第二次党代会;6 月 28 日全军干部大会(木门会议);7 月 6 日川陕省共青团第一次代表大会;8 月召开了全省苏维埃第二次代表大会(原计划 7 月召开)、川陕省地方武装会议、全军医务会议等等。

在川陕革命根据地发展新机遇来临之际，川陕党组织于 1933 年 6 月 23 日①在通江的新场坝召开了第二次党代会。“中国共产党川陕省第二次党员代表大会在廿三日开幕，每一个到会的同志都应了解当前的新形势与新任务。现在川陕正当在开展伟大的胜利的局面，党的任务是将这胜利推到新的胜利道路上去。”“二次会议意义非常伟大，最要紧的是切实整顿和扩大党的组织，加强每个党员的共产主义教育，在新的胜利条件下，动员千万群众，扩大与加强红军，改进与巩固苏维埃，团结群众在共产党的周围，扩大革命战争，彻底消灭四周敌人，争取更大的胜利！”②

在这次党代会上，不仅为川陕革命根据地规划了未来的蓝图，而且还就红军扩编、组织系统与编制、干部培养和军政训练等问题，作出了详尽的部署。

根据革命形势发展的需要，党代会明确要求将川陕革命根据地，建设成中国西北部苏维埃革命的核心地区。而迅速扩大红军，是完成这一使命的首要任务。

早在川陕省第一次党代会上，就对川陕革命根据地给出了明确的历史定位：“川北党是在全世界全中国的革命狂潮中而胚胎的，是在全四川工农劳苦群众的斗争中，特别是得到红四方面军的催生术而产生的。他虽然还是很幼龄的产儿，可是他一生长，就负有非常伟大的任务，即是开展西北革命的广大源泉，变帝国主义国民党反革命的西北后方为中国革命的后方的任务。”③在《保卫赤区运动周决议讨论大纲》中，对川陕苏区未来的战略地位有十分具体的描述：“在发展的前途来看，向南发展可截断长江直下武汉，向东发展可以打通几百里的白区，与川鄂边湘鄂西、鄂豫皖赤区联系，向北发展可以奇取汉

---

① 在林超主编：《川陕革命根据地历史长编》（四川人民出版社 1982 年版）、中国工农红军第四方面军战史编辑委员会《中国工农红军第四方面军战史》（解放军出版社 1989 年版）等著作中，却将党代会召开的时间说成是 6 月 25 日。笔者认为，无论是当时的文件还是当时的报刊记载，党代会召开的时间应该是 6 月 23 日。

② 西华师范大学历史文化学院、川陕革命根据地博物馆编：《川陕革命根据地历史文献资料集成》，四川大学出版社 2012 年版，第 1493—1494 页。

③ 四川省档案馆：《川陕苏区报刊资料选编》，四川省社会科学院出版社 1987 年版，第 2 页。

中,堵截汉水,进至威逼西安,向西发展可以通往甘肃新疆与苏联打成一片。"①川陕省第二次党代会通过的《目前政治形势与中国共产党川陕省党的任务》进一步指出,川陕革命根据地正处在一个新的发展时期:"川陕赤区的广大工农群众和红军几个月激烈战争的结果,已消灭田颂尧部,这一伟大胜利,树立了川陕赤区的真正根基。赤区大大扩展和巩固,红军百倍加强,群众中的阶级分化愈见显明,积极性愈见增加,新的工农武装队伍的迅速发展。这样,川陕赤区和红军就开辟一个愈更巩固和能够迅速发展的新局面,整个西北部将卷入苏维埃革命的巨浪中去。"②

然而,前一阶段川陕党组织的军事工作是"非常不够"的,在川陕省第二次党代会上受到了严厉的批评:"然而大会严格的指出,川陕省党对革命军事工作方面,还是非常不够的。首先是扩大红军并未按期完成迭次的计划;对宣传鼓动工作及实行红军优待条例等等,还有许多缺点;对地方武装的扩大不够,而且因为部分的没有注意成分清洗,受到了几次的反动阴谋的损失,游击战争也还未开展到应有的程度;动员群众武装自己和保卫苏区的工作并未深入,群众的军事教育,党、团员军事化;对红四方面军雇工、贫农的干部输送,简直还未开始。大会认为这些都是要在这次大会来严重转变的。"③这也就是在川陕省第二次党代会上,要把军事问题、尤其是扩大红色武装问题作为一个十分重要内容的现实前提。

为此,川陕省第二次党代会要求将迅速扩大红军作为这一时期最紧迫的任务。"一、扩大红军游击队、赤卫军。川陕省党采取了最坚决的进攻敌人的路线,而且获得了伟大胜利。但是必须指出扩大红军的工作做得不够,最近将来必须完成第一期动员,动员一万新的红军战士,将缴得敌人的五千支

---

① 四川大学川陕革命根据地研究组:《川陕革命根据地历史文献选编》(上),四川人民出版社 1979 年版,第 12 页。

② 四川大学川陕革命根据地研究组:《川陕革命根据地历史文献选编》(上),四川人民出版社 1979 年版,第 21—22 页。

③ 中国工农红军第四方面军战史编辑委员会:《中国工农红军第四方面军战史资料选编》(川陕时期·上),解放军出版社 1993 年版,第 305 页。

枪掩将起来。”①

在这次会议通过的《红军与地方武装决议(草案)》,还对红军部队如何扩编作出了具体部署:

(一)扩红、扩编的方案:“迅速充实红四方面军的力量。在新的伟大胜利基础上,红四方面军已扩大为四个军的单位,大会认为必须在‘八一’以前,扩大一万新红军到红四方面军去。首先将缴获敌人五千以上的枪械掩起来,将每个军的单位迅速完成两师到三师的实际编制,将每个团、营、连单位照新的编制扩充。特别是以(要)用非常大的竞赛方式来鼓动千百万群众兴奋起来,使群众大批参加红军,来适应更大新的胜利的发展。这是当前的第一等任务。完成这种任务,要改善宣传队和宣传鼓动工作,要领导全党和团、苏维埃、雇工会、贫农团、妇女生活改善委员会等一致动员,尤其是要一点一滴的实现对红军的优待条例,和广泛的扩大拥护红军运动。”

(二)组织系统与编制问题:“军事系统为中央集权制,西北革命军事委员会直接隶属于中央军事委员会,有总揽西北各省革命军事权力,除直接指挥西北各省红军外,并经过各省苏区军事指挥部指挥各省苏区地方武装,在便利和必要条件下,亦可将某些地方武装划归直接指挥,川陕省军区指挥部当然直接隶属于军委会的。”“编制方面,因为革命战争的开展,三三制的单位(缺旅)已觉有不够适应战局的缺点,营与团同样也有扩充适应战局的必要。”

(三)干部培养问题:要“加强培养工农干部与收集军事专门人才这一工作”。“应该大大办好彭杨学校,并须有计划扩大与加强这一学校,适应于目前的需要。”“红军及地方武装中须加紧干部的经常训练,尤其是师或团建立以在职干部流动的教导队及挑选一部下级干部定期的教导队。”“大批吸收地方工农干部到红军各组织中学习、工作,即在参谋处、政治部、经理处工作,在

① 四川大学等编:《川陕革命根据地历史文献选编》(上),四川人民出版社 1982 年版,第 23 页。辨识模糊的字,疑为“五千支枪”。因为在这次会议文件《中共川陕省第二次党员代表大会讨论的斗争纲领》中有这样的要求:“两月内扩大一万红军”,“把田匪送来的五千只枪完全掩起来,‘不空一支枪’”。参阅四川大学等编:《川陕革命根据地历史文献选编》(上),四川人民出版社 1982 年版,第 17 页。

工作中训练。""地方组织在区一级以上党、团、苏维埃、工会、学校等,要共同成立红军干部预备团"。"从各方面设法收集各种军事专门技术人才,和炮科、工科、无线电、兵工厂、飞机、医务等专门人才。"

(四)军政训练问题:"加强无产阶级的领导与整理党和政治工作。这里首先是供给好的党、团员到红军中去,和坚强红军中政治委员制度,同时不仅是要征调大批雇工、贫农进去,改进其成分,而且要特别是提高共产主义的教育与加强共产主义的思想。""加强军事教育……以连为单位成立红色战士军事研究班,以团或师为单位成立红色干部军事教导队,战前战后之军事准备与研究,全团全师全军举行定期的军事理论、军事技术的竞技会,有系统的定出新兵、老兵、干部各种军事教育计划和编纂适合于这些计划的材料出来。"①

从我们今天所能看到的一些资料中可以发现,川陕省第二次党代会确实是把"扩红(编)"与部队的整训问题,作为了最重要的议题之一。正是有了党代会对军事工作的详细部署与安排,才使得后来的木门军事会议取得了意义重大的成果。

三、木门军事会议具体落实了第二次党代会的工作安排与部署

木门寺位于旺苍、南江、巴中和苍溪四县交界地带的青龙寨,距木门场(当时为长赤县第五区苏维埃所在地)南约两里地。为了适应川陕革命根据地发展的需要和具体落实川陕省第二次党代会精神,1933年6月28日,红四方面军在这里召开了一次重要军事会议,即木门军事会议。参加会议的有张国焘、陈昌浩、徐向前、王树声、曾中生、傅钟、曾传六、张琴秋、李先念、倪志亮、余天云、张广才、詹才芳、王宏坤、周纯全、何畏等100余人。中共川陕省委和川陕省苏维埃政府的主要负责人列席了会议。红四方面军总指挥徐向前、政

① 西华师范大学历史文化学院、川陕革命根据地博物馆编:《川陕革命根据地历史文献资料集成》,四川大学出版社2012年版,第80—81页。

委陈昌浩主持会议。由于这次会议没有留下可供查阅的文献资料,笔者只好依据徐向前等人的回忆和相关的文献来还原其会议内容。

(一)认真总结了反“三路围攻”的作战经验。这是在许多著述中的通常表述。从相关的文献材料看,该表述是符合实际的。

反“三路围攻”,是红四方面军入川后第一次与川军的大规模作战。来自鄂豫皖的红军部队,过去对川军不甚了解,也没有经历过川北险恶的地理环境下的战斗。同时,这还是一次在刚刚建立的新根据地内与敌人的作战。这次作战经验的总结,对部队未来作战风格的形成和作战能力的建设,对根据地的巩固与壮大,都具有至关重要的作用。

为了开好这次军事会议,自6月份以来,川陕苏区领导人就不断在《干部必读》上发表总结军事经验的文章:1933年6月13日第6期“俘虏兵工作”、“各团须研究夜间动作”;1933年6月15日第8期“更真实的胜利”;1933年6月20日第11期“与川军作战的要点”;1933年6月21日第12期“还要大大努力——我们军事上的缺点很多”;1933年6月24日第13期“我们干部的弱点”等,对红军入川以来作战的经验教训,尤其是“反三路围攻”作战的经验教训,进行了认真的总结和深刻的反思。这就为后来木门会议进行系统的军事总结,打下了坚实基础。

徐向前在《历史的回顾》中写道:“总结反三路围攻的作战经验,是会议的重要议题之一。各部队检查了作战中的优缺点,交流了情况和经验,我就作战和建军问题发了言。”①根据徐向前的概括,反“三路围攻”成功的作战经验是实行了与鄂豫皖时期不同的“积极防御”。

“反三路围攻,我们的战略方针是积极防御,而不是消极防御。收紧阵地呀,节节抗击呀,待机反攻呀,重点突破呀,就是以有利的地形,少数的兵力,劣势的装备,与优势的进攻敌人‘磨蹭’,经过一个逐步消耗敌人阶段,使他们战线拉长,孤军深入,疲惫不堪,难乎为继,而后我实施总反攻,把敌人一下子打垮。这与鄂豫皖时期截然不同了……这个时候,则是采取阵地战和运动战相

---

① 徐向前:《历史的回顾》,解放军出版社1988年版,第194页。

结合的打法，搞收紧阵地这一套啦。这是利用了川北南低北高、山险路隘的特殊地形，战略方针和战术原则适应了的情况。”①

正如《中国工农红军第四方面军战史》所概括的那样：反围攻作战的胜利，证明红四方面军的作战方针是正确的。“整个战役由收紧阵地，集中兵力，适时反攻，重点突破，迂回包围和猛打穷追几个环节所构成。其中收紧阵地又是首要的一着。”②

陈昌浩撰写的《与川军作战要点》，也总结了不少反“三路围攻”的经验。“看清地形、道路、要口，问明当地土人，或派小部队去游击侦查。”“占据要点，坚固主阵地。”“敌情要侦查清楚。”“集中兵力于要点，或先破其主力，或先乘敌弱点。”“集中进攻，分散游击。”“多留预备队。无论攻敌或防敌，预备队要多留。”“巩固工事，多设木城。”“沉着以挫敌，待其衰而击之。”“少用攻坚，多用迂回。”“多重于消灭敌人。击溃敌人容易，夺取敌之要点也容易，主要是消灭敌人。”“节省子弹，射必求中。”“夜袭。敌人最怕夜袭，各部应有经常夜袭。”“指挥员要有单独布置的能力。”“要达到任务。任务必坚决达到，即有力不可能之任务亦必求尽量完成。”“追击要整齐灵便。”“死的当活的打，弱者当强者打。”③

可见，徐向前和陈昌浩两人的总结，是对整个总结成果的高度概括。他们俩各有侧重，又相互补充。徐向前的总结主要从战略的角度，而陈昌浩则更多从战术的角度。通过这次总结，标志着红四方面军在川陕革命根据地的基本作战风格完全形成。

（二）根据川陕省第二次党代会的精神，会议落实了红军部队扩编的具体事宜。然而几乎所有的著作，都把这一内容表述成为“木门军事会议作出了红军扩编的决定。”显然，这个表述与当时的历史事实是不相符的。

---

① 徐向前：《历史的回顾》，解放军出版社 1988 年版，第 190—191 页。

② 中国工农红军第四方面军战史编辑委员会：《中国工农红军第四方面军战史》，解放军出版社 1989 年版，第 224 页。

③ 四川省档案馆：《川陕苏区报刊资料选编》，四川省社会科学院出版社 1987 年版，第 263—266 页。

"木门会议关于扩编红军的决定,给红四方面军的发展壮大奠定了组织基础,有力地推动了川陕革命根据地的大发展"①。"会议总结了粉碎敌人三路围攻的作战经验,并根据部队和地方武装有了很大发展的情况,正式决定将原有四个师扩编为四个军。"②"此外,会议根据今后更加严峻的斗争形势和红军与地方武装发展的实际情况,确定了扩大红军的方针,决定将四个师扩编为四个军和重建彭杨军事政治学校。"③而这些表述,据笔者研究,主要是依据的徐向前的回忆。

徐向前在《历史的回顾》中,就木门会议的内容这样写道:"再一个议题是部队扩编和整训问题。反三路围攻的胜利,极大地提高了红军的声望,参加红军成了群众心目中最荣耀的事情,部队和地方武装力量有很大发展。为了适应新形势,会议决定将红四方面军的四个师扩编为四个军,并通过整训,加强政治工作和军事训练,恢复彭杨干部学校,进一步提高部队的军政素质。"④

事实上,这个表述成了木门会议决定红军扩编的主要依据。但是,从历史文献上我们可以清楚地发现,作出红四方面军扩编的决定,应该是在木门军事会议之前,而不是在木门军事会议上。

早在1933年6月21日的《干部必读》第12期上,就有了"四军召开政治工作会议"的报道:"四军昨日在洪口(通江属)举行政治工作会议,精神极为热烈。……再由军政委纯全同志报告:红军的伟大胜利和目前全国革命形势更进一步的发展,与摆在我们面前的中心任务,指出了过去工作的错误和今后切实转变的方针。会议中并计划在六月份至少扩大一千新红军,很快的成立四个独立团,帮助每区成立一个模范营,战斗连,红军内部党员发展三分之一,团员要发展一半。三个月内每个战士都能认字、读报、看地图。地方工作切实转变过去的错误,要到群众中去,到山上和深沟里去,到赤卫军、少先队中去,

① 广元市老区建设促进会、中共广元市委党史研究室:《川陕苏区·广元卷》,四川人民出版社2012年版,第24页。

② 中国工农红军第四方面军战史编辑委员会:《中国工农红军第四方面军战史》,解放军出版社1989年版,第228页。

③ 唐敦教等:《川陕革命根据地斗争史》,华夏出版社1989年版,第86页。

④ 徐向前:《历史的回顾》,解放军出版社1988年版,第195页。

领导群众斗争,动员群众武装起来,猛烈扩大红军,扩大地方武装,彻底消灭敌人。"①

如前所述,在川陕党的第二次代表大会上通过的《红军与地方武装决议(草案)》中,就已经清楚地写道:"迅速充实红四方面军的力量。在新的伟大胜利基础上,红四方面军已扩大为四个军的单位,大会认为必须在'八一'以前,扩大一万新红军到红四方面军去。首先将缴获敌人五千支以上的枪械拖起来,将每个军的单位迅速完成两师到三师的实际编制,将每个团、营、连单位照新的编制扩充。"②

因此,在木门会议上,只能是落实红军扩编的具体事宜,而不应该、也不可能是作出了"扩编的决定"。

(三)为了适应部队扩编的需要,会议根据川陕省第二次党员代表大会精神要求,还详细部署了加强政治工作、进行大规模整训和恢复彭杨军事学校等工作。但几乎所有的著作都将上述内容表述为"作出决定"。显然,这种表述是不准确的。因为这些决定和"红军扩编的决定"一样,都是在川陕省第二次党员代表大会上或之前就已经作出了的。

为了加强红军干部的培养,事实上,红四方面军入川后,很快就作出了恢复彭杨军事学校的决定。《中国共产党川陕省第一次代表大会关于组织问题的决议》明确提出:"在这里党团员的军事化是非常重要的,因为这一工作的建立,对红军干部的补充与群众军事教育的领导,都有非常大的帮助。同时建立较完备的彭杨学校,输送好的同志及工农干部到彭杨学校去。"③1933 年 2 月 16 日的《川北穷人》就刊登过《彭杨军事政治学校招生》的消息:"同志们!彭杨学校是培养工农干部的地方,彭杨学校是学习军事政治的机关,彭杨学校是我们实习工作的实验场。同志们!走进彭杨学校,拿起我们的刀枪,好与我

① 中国工农红军第四方面军战史编辑委员会:《中国工农红军第四方面军战史资料选编》(川陕时期·上),解放军出版社 1993 年版,第 421—422 页。

② 中国工农红军第四方面军战史编辑委员会:《中国工农红军第四方面军战史资料选编》(川陕时期·上),解放军出版社 1993 年版,第 306 页。

③ 四川省档案馆:《川陕苏区报刊资料选编》,四川省社会科学院出版社 1987 年版,第 7 页。

们的敌人作长久的斗争”[①]。只是当时人们并未能对彭杨军事学校高度重视，其招生的效果也不好，以至于在同年7月6日第21期《干部必读》对此提出了批评。“彭杨学校布置已妥，设备较前期完善很多，但学生只到百二十三人。各军各师除四军及三十军之三十团与九军之三十六团外，其余多未按数送来。这证明各部对训练干部尚缺乏应有决心，现已严电储送。”[②]由于川陕苏区干部培养迫在眉睫，故在木门会议前，当时的苏区领导人、党的文件决议都在不断地强调或提到彭杨军事学校的建设问题：“须迅速成立彭杨学校第二期，医务训练班，无线电训练班等，参谋处、经理处、医院、政治部，都须增加学习的工作人员。”（张国焘“干部问题”1933年6月10日）[③]“彭杨学校是培养红军下级政治干部，党应多输送党、团员和积极工农去彭杨学校学习，加强党在红军中的领导骨干。”[④]（《中共川陕省第二次代表大会组织问题决议案》1933年6月23日）在《目前政治形势与川陕省党的任务》的文件中，也明确提出了“建立彭杨学校，训练大批军事政治干部”的任务。[⑤] 在《红军与地方武装决议（草案）》中，也专门提道：“应该大大办好彭杨学校，并须有计划扩大与加强这一学校，适应于目前的需要。”[⑥]显然，说木门会议决定建立彭杨军事学校，是不准确的。

至于木门会议还作出了“加强政治工作和军政训练”的决定，今天尚未查到相关的原始文献。但从当事人的回忆来看，当时会议应该是作出了这方面的工作安排的。因为在木门会议后，红四方面军各部队确实兴起了军政训练

---

① 西华师范大学历史文化学院、川陕革命根据地博物馆编：《川陕革命根据地历史文献资料集成》，四川大学出版社2012年版，第1472页。

② 四川省档案馆：《川陕苏区报刊资料选编》，四川省社会科学院出版社1987年版，第222页。

③ 四川省档案馆：《川陕苏区报刊资料选编》，四川省社会科学院出版社1987年版，第46—47页。

④ 西华师范大学历史文化学院、川陕革命根据地博物馆编：《川陕革命根据地历史文献资料集成》，四川大学出版社2012年版，第85页。

⑤ 西华师范大学历史文化学院、川陕革命根据地博物馆编：《川陕革命根据地历史文献资料集成》，四川大学出版社2012年版，第26页。

⑥ 西华师范大学历史文化学院、川陕革命根据地博物馆编：《川陕革命根据地历史文献资料集成》，四川大学出版社2012年版，第81页。

的热潮。至于人们在表述“加强政治工作和军政训练”具体要求时，大都是引用的第二次党代会上的相关文件内容。

（四）会议针对军内“肃反”存在的突出问题，进行了反思和检讨，并提出了停止军队内部“肃反”的要求。

红军部队的“肃反”，是我党处于幼年时期和特殊历史条件的产物。它不仅仅发生在鄂豫皖苏区和川陕苏区，当时所有的红色革命根据地和红军部队都无一幸免。只是在张国焘主政的川陕苏区的“肃反”特别引人注目。而作为军事会议的木门会议，居然能对这一问题提出激烈的批评和认真的反思，并明确提出停止在军内“肃反”的要求，这在中国革命史上和中共党史上均属少见。用徐向前的话说，“木门会议，在抵制张国焘的罪恶‘肃反’上，取得了胜利，意义非同小可。”①

但笔者认为，有的著述提到在木门军事会议上作出了“停止在军内‘肃反’的决定”②，是缺乏依据的，而且与后来历史的发展也是不相符的。事实上，在木门会议结束不久，红四方面军内部的“肃反”又开始了。1933 年 8 月 6 日的《干部必读》，发表了陈昌浩的署名文章“托陈取消派之完全破产”，在这篇文章中点名批判了余笃山等一批红军高级将领。③ 8 月 14 日，陈昌浩又在《干部必读》发表了“反对目前党内的主要危险——右倾”，明确提出“肃反还不甚深入”④。8 月 31 日的《干部必读》又刊登了张国焘的文章——“右派的根本错误”，对西北革命军事委员会参谋长曾中生进行了全面清算⑤。可见，红军内部的“肃反”尽管在木门会议后有所好转，但实际上根本就没有停止过。

---

① 徐向前：《历史的回顾》，解放军出版社 1988 年版，第 195 页。

② 参阅中国工农红军第四方面军战史编辑委员会：《中国工农红军第四方面军战史》，解放军出版社 1989 年版，第 228 页；中共绵阳市委党史工作委员会、中共广元市委党史工作委员会编：《红四方面军在绵阳广元斗争纪实》，四川省社会科学院出版社 1986 年版，第 20 页。

③ 中国工农红军第四方面军战史编辑委员会：《中国工农红军第四方面军战史资料选编》（川陕时期·上），解放军出版社 1993 年版，第 464—467 页。

④ 四川省档案馆：《川陕苏区报刊资料选编》，四川省社会科学院出版社 1987 年版，第 63—65 页。

⑤ 盛仁学编：《张国焘问题研究资料》，四川人民出版社 1982 年版，第 343—348 页。

尽管如此,木门军事会议作为川陕苏区历史上召开的少有的大型军事会议之一,其重要意义仍然是不可低估的。一是会议对入川以来的作战情况、尤其是反“三路围攻”的情况进行了系统总结,进一步明确了对川军的作战思路,标志着红四方面军在川陕苏区的战略战术原则的正式形成。二是会议部署落实了部队扩编的具体事宜,为红四方面军的发展壮大奠定了坚实的组织基础,有力地推动了川陕苏区革命武装力量的蓬勃发展。三是会议部署安排了部队整训的具体要求、内容和实施步骤,迅速掀起了军政训练的热潮,从而极大地加快了红军部队的革命化、正规化建设的步伐,使部队的战斗力得到了迅速的提升。四是会议为根据地后来的迅猛发展,尤其是为“三次进攻”和反“六路进攻”的军事胜利,奠定了坚实的基础。

川陕苏区的领导人曾在1934年11月红四方面军第一次党政工作大会上的总结中,这样说道:“这次大会的重要性,表现在什么地方?这次大会不但讨论了原则上的许多问题,而且同时解决了许多实际的,以至最琐碎的组织问题,在解决这些问题当中,大会表现了全方面军的政治上的极伟大的进步,比‘木门会议’时期更为进步。”“若果过去‘木门会议’是粉碎四川军阀以刘湘为首的联合进攻的伟大推动力,那么这次会议就是给四川以至全西北的国民党军阀统治判决死刑,是冲破“川陕会剿”的有力准备,是赤化全川争取整个西北革命首先胜利与彻底粉碎“五次围剿”的绝大保障。”①

通过对川陕省第二次党代会和木门军事会议的研究,我们可以发现,这两次会议是川陕革命根据地在其发展的关键时期召开的极其重要的会议。由于处在严酷的战争环境,这两次会议都不得不把大部分精力放在了军事方面。再加上我军历来都是执行的“党指挥枪,而决不允许枪指挥党”,故许多重大的军事问题,都是在党的会议上决定的。因此,将这两次会议结合研究,就能帮助我们走出过去认识中的一些误区,同时也能帮助我们填补以往认识中的一些盲区,从而使我们更加全面地认识川陕革命根据地的历史。

① 西华师范大学历史文化学院、川陕革命根据地博物馆编:《川陕革命根据地历史文献资料集成》,四川大学出版社2012年版,第340—341页。

木门会议与川陕革命根据地军队建设

朱　华　安晓军

川陕革命根据地是在中国共产党的领导下，由中国工农红军第四方面军和川陕苏区群众共同创建的“工农武装割据”，是中国共产党早期最重要的根据地之一，是当时中国共产党领导下的第二大苏区。木门会议是红四方面军入川后召开的第一个重要军事会议，为川陕革命根据地的创立发展以及红军北上抗日创造了有利条件。

一、木门会议的历史背景

1932 年年底，适逢四川军阀混战，无暇北顾，川北地区国民党兵力薄弱，且有四川军阀拒绝南京势力入川的矛盾，红四方面军 14000 余人①在徐向前的领导下进入川北，一举解放了川北的通南巴，并创立了川陕革命根据地。川陕革命根据地的建立，立刻吸引了国民党方面的注意。田颂尧方面在蒋介石的督责下，对红四方面军实施“围剿”，企图趁红四方面军立足未稳而一举消灭。田颂尧召集约 6 万部队，分三路纵队对川陕革命根据地实施其“三路围攻”。针对国民党方面的强烈攻势，徐向前等红四方面军领导分析了当时战

① 关于红四方面军入川人数，有“16000 人”的说法，参见林超主编：《川陕革命根据地历史长编》，四川人民出版社 1982 年版，第 39 页；有“15000 人”的说法，参见林超、温贤美主编：《川陕革命根据地史》，四川省社会科学院出版社 1988 年版，第 30 页；本文的“14000 人”，参见四川博物院主编：《西行壮歌——川陕革命根据地斗争史》，四川教育出版社 2011 年版，第 37 页。

场的敌我形势,采取了“收紧阵地,诱敌深入”的方针,逐步粉碎国民党方面的“围剿”。而直到1933年6月15日,这场前后共四个多月的反“三路围攻”战役,在徐向前的领导下才取得完全的胜利。这次反围攻战役的胜利一并收复了通南巴以及其周边地区,这样川陕根据地的范围就扩大到“北起陕西镇巴、西乡,南至四川仪陇、江口,东达万源,西抵广元和苍溪附近,面积近2.3万平方公里,人口约140万。”①随着川陕根据地的不断扩大,举行一次调整性的会议变得很有必要,而反“三路围攻”的胜利也为举行这次会议——木门会议,创造了必要的条件,川陕革命根据地将迎来新的发展契机。

二、木门会议与根据地队伍的发展

1933年6月底,红四方面军于旺苍县木门镇木门寺召开了由张国焘等一百余名干部参会的军事会议——“木门会议”。这是红四方面军入川以来举行的具有重要历史意义的军事会议。此次会议对刚刚结束的反“三路围攻”作了作战经验总结,并对红四方面军过去的肃反问题作了相关检查。此外,对各个师部之间的协同作战,及全党的团结工作也作了检查。最为重要的是,川陕根据地的队伍和地方武装较入川初已经有了很大的发展,会议决定在原有的四个师的基础上,以吸纳地方武装和招募新兵的方式,从而把队伍扩编为四个军;同时对部队的政治工作和军事训练作了相关部署,并决定要恢复彭杨干部学校。

(一)队伍扩编

遵照会议决定,红军于7月上旬进行了整编和扩编,四个师扩编为四个军。其组成情况和编制序列为:“以第10师为基础,连同赤江、赤北两县独立团和万源、江口的独立营扩编为第4军,军长王宏坤,政委周纯全,下辖第10师、11师、12师计8个团;以第12师为骨干,与巴中、恩阳、仪陇、阆中等县的

① 林超、温贤美:《川陕革命根据地史》,四川省社会科学院出版社1988年版,第53页。

独立团、独立营扩编为第9军,军长何畏(抗战爆发后不久叛变,投降国民党),政委詹才芳,下辖第25师、27师计6个团;以第11师为主,连同苍溪、长池等县地方武装扩编为第30军,军长余天云,政委李先念,下辖第88师、89师、90师计8个团;以第73师为基础,连同南江、广元等县地方武装编为第31军,军长王树声,政委张广才,下辖第91师、92师、93师,计7个团。"①

木门会议后红军扩编简表

新建制	原建制	军 长	政 委	所辖师团
第4军	第10师	王宏坤	周纯全	10、11、12师计8个团
第9军	第12师	何 畏	詹才芳	25、27师计6个团
第30军	第11师	余天云	李先念	88、89、90师计8个团
第31军	第73师	王树声	张广才	91、92、93师计7个团

注:据中共旺苍县委党史工委办编:《木门会议文集》,内部资料,1988。

西北革命军事委员会为川陕革命根据地的最高军事领导机关。主席张国焘、副主席陈昌浩、徐向前,参谋长曾中生。下增设红四方面军总指挥部和总政治部,分别由徐向前和陈昌浩担任总指挥和政治部主任,各军的工作分别由以上各机关统一领导。

另外,各军的司令部、政治部也在原来各师领导机关的基础上建立起来。各军还设立直属医院、修械所、担架连、特务营和迫击炮连。红四方面军的直属机关和部队有总经理部、总医院部和警卫1团、警卫2团等单位。

木门会议关于扩编红军的决定为红四方面军的发展奠定了组织基础,推动了川陕革命根据地的大发展。经过这次队伍扩编,红四方面军已由1932年年底入川时的14000余人增加到40000余人,革命队伍得到快速的发展。随着川陕根据地革命队伍的不断壮大,国民党不得不投入更多的兵力来进行围攻,一定程度上策应了其他红色根据地的反"围剿"。也正是红四方面军队伍的不断壮大,为陕南战役和西渡嘉陵江战役的胜利奠定了基础,为策应中央红

① 林超等:《川陕革命根据地历史长编》,四川人民出版社1982年版,第143—144页。

军胜利北上创造了有利条件。

(二)练兵运动

部队扩编完毕,便转入为期三个月的军政训练。新兵数量增加,为提高战斗力,首先帮助有烟瘾的新兵戒烟,既增强了部队体质,也密切了军民关系。其次最为重要的是苦练军事技术,在川陕革命根据地不断扩编队伍过程中,新兵数量大幅增加,而想要在短时间内提高部队的战斗力,开展大规模的练兵运动就显得十分必要。根据地练兵运动因地制宜,在各个场合一有空闲的时间就进行练兵,而且不论品级都要练。“上自军长下到炊事员、给养员,上自总部机关下到各师团机关、连队,人人参加,无一例外。”①练兵运动因时因地制宜,在总结实战经验的同时,并将加强理论学习贯穿练兵运动始终,这样红军队伍的战斗力就得到了保证。

(三)彭杨干部学校的恢复

彭杨干部学校的恢复,为红四方面军培养了大量的军事人才,训练工作也得到了改进。川陕革命根据地的彭杨干部学校创办于 1933 年 2 月,招收 18 岁至 25 岁的农村先进工农青年进学校培养,使之成为红军和地方武装的基层干部,以适应红军和地方武装迅速扩大的需要。红四方面军入川初期战事吃紧,一度停办,1934 年 12 月改为红军大学,办至红四方面军撤离川陕根据地。

此外,“木门会议,在抵制张国焘的罪恶‘肃反’上,取得了胜利,意义非同小可”②。在过去“肃反”工作中,张国焘推行“左”倾错误政策,造成了“肃反”的扩大化,因而树敌过多,自己孤立,得不到群众支持,严重妨碍了根据地的安定与巩固。许多同志内心积蓄很久的意见在此次木门会议上得到表达,并提出改变“肃反”扩大化现象的意见,对“肃反”的歪风邪气起到一定的遏制作用。

---

① 徐向前:《徐向前元帅回忆录》,解放军出版社 1984 年版,第 305 页。

② 徐向前:《徐向前元帅回忆录》,解放军出版社 1984 年版,第 298 页。

在木门会议后不久，川陕革命根据地得到巩固和发展。1933年7月7日，蒋介石任命刘湘为“四川剿匪总司令”，令其统率四川各军阀对红军和川陕革命根据地进行新的“围剿”。红四方面军趁四川军阀互相观望之际，分别发动并取得了仪南、营渠、宣达三次进攻性战役的胜利，红军和革命根据地得到发展。川陕革命根据地延伸至“东起城口近郊，西抵嘉陵江沿岸，南起营山、达县，北至陕南的镇巴、宁强。纵4百余里，横5百余里，总面积达42000余平方公里，人口约700万。控制着通江、南江、巴中、仪陇、营山、宣汉、达县、万源等八座县城。在川陕苏维埃政府领导下，已建立了二十三个县和一个市的苏维埃政府。”①根据地进一步发展壮大，逐渐达到川陕革命根据地的鼎盛时期。

木门会议为红军的发展壮大，川陕革命根据地的巩固和发展，为西渡嘉陵江，接应中央红军北上抗日，奠定了坚实的基础。徐向前这样写道：“红军进行战略大转移，如果没有川陕根据地的桥梁和连接作用，将会增加更多的困难，造成更大的损失。”②毛泽东也曾评价道：“川陕苏区是扬子江南北两岸和中国南北两部间苏维埃革命发展的桥梁，川陕苏区在争取苏维埃新中国伟大斗争中具有非常巨大的作用和意义。”③我们从上可以看出川陕革命根据地在整个革命根据地中的重要性，而这一切又是以木门会议为基调进行发展建设的。

三、木门会议与地方武装建设

川陕革命根据地的各级党组织、苏维埃政府和红四方面军各级领导机关，都很重视地方武装的发展和建设，特别是在木门会议后，更加注重地方武装力量的建设。

---

① 林超等：《川陕革命根据地历史长编》，四川人民出版社1982年版，第174—175页。

② 张剑涛等：《巴山烽火》，四川人民出版社1981年版，第4页。

③ 毛泽东：《中华苏维埃共和国中央执行委员会与人民委员会对第二次全国苏维埃代表大会的报告》，《江西社会科学》1981年第1期。

(一)成立工农红军川陕省军区指挥部。为了进一步加强地方武装的建设,中共川陕省委于1933年8月8日在通江新场坝召开地方武装代表大会,并宣布成立中国工农红军川陕省军区指挥部,①由张广才任指挥长。省军区之下设立各县军区指挥部,统一指挥独立营、战斗连、游击队、赤卫军等地方武装,维护根据地的社会治安,训练地方武装的侦察能力,并加强他们的防范间谍意识,对普通群众进行军事训练,以便发动广大群众更好地支援和配合红军作战。

(二)省军区和县军区政治部的设置,加强地方武装政治工作的领导。地方武装的政治工作,统一由红军政治部领导,地方武装的团、营政治委员一般由党的区委委员兼任,或由区委指派可靠人员担任。地方武装的连政治指导员一般由地方党支部书记兼任,或由上级指派可靠人员担任,另外,"在作战时期,政治工作由该地驻在红军最高级政治机关管辖。"②

当时,川陕省的地方武装,在县、区、乡、村,都有自己的游击队(赤卫队)。一般县成立有独立团(营),区有赤卫军团部(游击大队),乡有赤卫军营部(游击中队),村有赤卫军中队③,其中"独立团、独立营和游击队以及独立连、战斗连,实际上都是脱离生产的武装组织,可以跨县调动使用。根据1933年10月的不完全统计(宣汉、达县地区的川东游击军,脱离生产的23岁以下的少年先锋模范连,都未计在内),川陕省各县脱离生产的独立团、独立营和游击队,共有19000余人。另外,还有少年先锋师、妇女独立师、(工农学)独立师等共5000余人。"④

(三)川陕省游击总指挥部的成立。1934年的春夏之交,川陕革命根据地

① 地方武装的作战任务由川陕省军区指挥部按照《川陕省军区指挥部条例(草案)》统一领导。该《条例》见温贤美等:《川陕革命根据地史料选辑》,人民出版社1986年版,第304—305页。

② 温贤美等:《川陕革命根据地史料选辑》,人民出版社1986年版,第305页。

③ 根据《西北军区赤卫军条例(草案)》中的第三条规定,赤卫军是不脱离生产的。一般的县一级行政单位才有独立团(营、连),且脱离生产,而赤卫军在一定的条件下又可以升级为正规红军队伍。

④ 林超、温贤美:《川陕革命根据地史》,四川省社会科学院出版社1988年版,第95页。

成立了川陕省游击总指挥部，周纯全任总指挥，其下共有东、南、西、北四路，并由游击总指挥专门负责指挥各县的独立团(营)、袭击队和游击队进行作战。但这时很多脱离了生产的独立团(营)、战斗连已编入正规红军。"这些游击队、袭击队和独立营，大部分是在反六路围攻第二次收紧阵地时，由各县、区级机关的工作人员编成的，到收复各县地区后，又回到原地工作。"①

地方武装力量的壮大，为红军队伍的发展奠定了良好的革命基础。徐向前曾提到，"这次扩编，采取由地方武装、赤卫队向主力红军升级为主的办法，较好地保证了扩兵的质量。"②各级地方武装指挥机关的设立，使得川陕军委的指示能够上传下达。地方武装能够很好地协同正规武装力量共同作战，在丰富作战形式的同时，对根据地也起到了有效的巩固作用。

木门会议是红四方面军在川陕革命根据地创立初期的一次重要的军事会议。"木门会议从实际出发总结了反'三路围攻'胜利的经验，肯定了实事求是的战略战术原则，为夺取新的战斗胜利开辟了道路。"③我们在肯定成绩的同时也应该发现其中的问题：根据地的地方武装曾受到红四方面军的重视并得到很好的发展和建设，取得一定的成效，但由于当时张国焘把建设和发展地方武装，看作扩大红军的一种手段，不断把脱产的地方武装编入到红军队伍中去，很大程度上制约了地方武装力量的发展，以致妨碍了地方游击战争的开展，同时也增加了根据地群众的负担。另外由于轻视军队干部文化素质的提高，在一定程度上制约了部队的发展。拥有"一定的文化知识，是提高干部军政素质、指挥才能、战略战术素养的基础。由于红四方面军的干部队伍文化程度偏低，当时又存在普遍轻视文化知识的倾向，给部队发展建设造成的障碍，是相当严重的。"④

---

① 中共中央宣传部党史资料室：《红军第四方面军和鄂豫皖边区、川陕边区史料》，中共中央宣传部党史资料室，1954 年；转引自林超等：《川陕革命根据地历史长编》，四川人民出版社 1982 年版，第 215 页。

② 徐向前：《徐向前元帅回忆录》，解放军出版社 1984 年版，第 300 页。

③ 中共广元市委党史工委：《蜀门红旗：川陕苏区广元史略》，《蜀门红旗：川陕苏区广元史略》编辑委员会，1988 年，第 20 页。

④ 徐向前：《徐向前元帅回忆录》，解放军出版社 1984 年版，第 301 页。

川陕苏区红军的新兵教育与训练

——以《红军新兵基本训练纲要》为中心的考察

贺永田

川陕苏区时期,红四方面军部队扩大迅速,且战事频繁。“入川北一个多月,参加红军的群众即达万人以上”①。在仪南、营渠、宣达三次战役后,“正规部队已达8万人。除扩补红军外,有地方武装1.5万余人”②。“从我军入川到强渡嘉陵江的两年零三个月里,仅战役规模的大仗,就足足打了十六个月。”③

为了适应部队迅速扩张和不间断作战的需要,川陕红军非常重视新兵教育与训练工作。红四方面军在建立和发展川陕苏区的过程中,不断提出要加强新兵教育与训练工作。1933年5月,在《保卫赤区运动周决议》中指出:“目前必须特别注意……新兵专门训练”④。6月,在《红军与地方武装决议(草案)》中指出,要“系统的定出新兵、老兵、干部、各种军事教育计划和编纂适合于这些计划的材料出来”⑤。7月5日,时任红四方面军总政治部副主任曾传

① 成都军区党史资料征集委员会办公室编:《川陕革命根据地军事斗争史》,四川大学出版社1987年版。

② 张崇鱼:《红四方面军在川陕苏区历程大事记》,川陕苏区将帅碑林管理委员会办公室,2006年。

③ 徐向前:《历史的回顾》,解放军出版社1988年版,第271页。

④ 川陕革命根据地历史文献选编编委会:《川陕革命根据地历史文献选编》(上),四川人民出版社1979年版,第9页。

⑤ 总政治部办公厅:《中国人民解放军政治工作历史资料选编第二册·土地革命战争时期》(二),解放军出版社2002年版,第404页。

六在《干部必读》[1]上发文强调,“只有加紧政治教育工作,发展红色战士的斗争,才能消灭开小差及一切不良现象。”[2]8 月 13 日,红四方面军总政治部主任陈昌浩在《干部必读》发文强调,“加紧新同志的军事的政治的党的训练——深刻与真实的训练——是我们每个干部万分紧急的任务。”[3]不久,陈昌浩又发文指出,士兵的“射击技能还很差……尤其是对新同志的训练非常不够”,特别强调“新同志要单独加紧训练,实际演习”[4]。紧接着,陈昌浩又撰文批评新兵训练的不足和强调新兵训练的重要性。“对新兵训练非常不够,各部并无经常的训练与准备,并没有发动每个战士每个干部来注意这一工作的严重性,尤其是新同志还无长久斗争,经验不够,没有收到猛烈战争的训练,如果政治上军事上不极力来培养和训练,我们的困难实大”。文章还特别指出,要“有专门的地点、时间、干部来专门训练新同志,军事政治同时加紧”[5]。9 月 16 日,曾传六再次发文,要求“严格考查新兵的成分”,加强对新兵的政治教育,并规定“以后凡扩大的新兵,必须要当地的苏维埃政府负责对于新兵成分的介绍”[6]。

为了推动新兵教育和训练工作,西北军区总政治部专门制定了指导新兵教育和训练的规范性文件——《红军新兵基本训练纲要》(下文简称《纲要》),并且围绕《纲要》,由总政治部及各级政治部编撰了各种训练材料。

《纲要》分精神教育、体力训练与操场动作、武器教育、战斗动作与野外及夜间动作、步哨警戒、对付飞机与毒瓦斯的常识、管理与卫生七目,就新兵训练

---

① 《干部必读》是川陕苏区时期指导红四方面军工作的综合性时事政治刊物。刊物主要供红四方面军全体干部及地方中、高级干部阅读。1933 年 6 月创刊,1936 年夏停刊。

② 总政治部办公厅:《中国人民解放军政治工作历史资料选编第二册 · 土地革命战争时期》(二),解放军出版社 2002 年版,第 411 页。

③ 西华师范大学历史文化学院、川陕革命根据地博物馆编:《川陕革命根据地历史文献资料集成》,四川大学出版社 2012 年版,第 828 页。

④ 西华师范大学历史文化学院、川陕革命根据地博物馆编:《川陕革命根据地历史文献资料集成》,四川大学出版社 2012 年版,第 859 页。

⑤ 西华师范大学历史文化学院、川陕革命根据地博物馆编:《川陕革命根据地历史文献资料集成》,四川大学出版社 2012 年版,第 867 页。

⑥ 四川省档案馆编:《川陕苏区报刊资料选编》,四川省社会科学院出版社 1987 年版,第 146 页。

的内容与方法作了具体、详细的规定。在川陕苏区，军事教育与训练是以连队为单位进行的。尽管各连队的新兵教育与训练工作可能会有各自的特点，但《纲要》作为川陕苏区红军新兵训练工作的指南，仍具有一叶知秋、整体呈现红军新兵训练工作的意义。

需要说明的是，笔者见到的最为完整的《纲要》版本是1934年1月5日由西北军事委员会总政治部印制的《红军新兵基本训练纲要（第六版）》①。该《纲要》是第六版，可推在此之前可能还有五个版本的《纲要》。如果这个推断成立的话，说明红四方面军在不断地推动和完善新兵训练工作。但限于笔者掌握的资料有限，故下文仅以《纲要》第六版为中心，结合各种训练材料，对川陕苏区红军新兵的教育和训练工作作一深入的考察。

一、新兵的政治教育工作

新兵教育和训练工作，大致分为政治教育和基本军事训练两大部分，而政治教育被置于优先地位。《纲要》指出："新兵刚由农村参加红军，对军事生活未惯，家庭观念未除，以及全国红军与苏区胜利情形、红军任务与纪律等，都未深刻了解，如果遽然加以很严厉的军事锻炼，不但进步不快，反将引以为苦，故对新兵教育，宜先加紧精神教育，也即是最初步的政治教育"②。

政治教育的优先性，在新兵教育与训练的实施过程中，似乎也得到了印证。在一份1934年1月由红三十军政治部翻印的《红军新兵训练纲要》中，只有精神教育（即政治教育）部分的内容。但这份翻印《红军新兵训练纲要》显然是以总政治部刚刚颁布的《纲要》为蓝本的，因为其在标题下即写明该文件来源为"西北军区政治部1934年1月印发"。这似乎是一个难以理解的问题。如果将其解释为因战事吃紧无暇对新兵进行更多的军事训练，而只进行

① 西华师范大学历史文化学院、川陕革命根据地博物馆编：《川陕革命根据地历史文献资料集成》，四川大学出版社2012年版，第858页。

② 西华师范大学历史文化学院、川陕革命根据地博物馆编：《川陕革命根据地历史文献资料集成》，四川大学出版社2012年版，第958页。

了政治教育，似乎也是一个合理的说法。因为当时川陕红军正在进行艰苦的反“六路围攻”。假如这个解释合理的话，恰恰说明了政治教育的重要性和优先性。

新兵政治教育的内容是什么呢？根据《纲要》的规定，政治教育(《纲要》中称“精神教育”)包括八个方面的内容：(1)为什么参加红军；(2)红军的政治任务；(3)参加红军者的条件与发动斗争和清洗；(4)反对一切不正确的倾向与肃反；(5)红军纪律；(6)红四方面军伟大胜利的历略与川陕苏区与红军的发展；(7)全国红军与苏区的发展；(8)共产党与苏维埃和红军。

从政治教育的具体内容来看，新兵政治教育的目的大概有五：

其一，要使新兵明白参加红军与自身利益切实相关，从而达到坚定从军意志的目的。要使新兵“充分了解，参加红军，是为了彻底消灭敌人，是为了自己的土地利益，是为了保护革命胜利，是为了整个阶级利益”。而解决这一问题的要领“要从他们本身利益的最切肤问题上，联系到整个革命利益上去”，要使新兵明白，“每个新兵同志的利益，都只有从消灭敌人‘围剿’中获得。对于优待红军条例与各级苏维埃实行这一条例的详情，更须使他们明白，使他们明白自己一当红军，就绝无其他顾虑。”

其二，要使新兵明白红军的性质和政治任务。要使新兵弄清楚共产党、苏维埃和红军“这三个组织系统和相互关系”，要“说明中国共产党是中国革命的唯一政党”，“尤其要指出中国革命的发展已证明共产党的领导非常坚强与正确，在中国共产党的领导下，必然很快完成中国革命。”也就是说红军是在中国共产党领导之下的革命军队。要“使新同志能够更进一步的了解当红军在政治上的伟大意义。其要领在于把完成土地革命、打倒帝国主义国民党、建立苏维埃政权三大任务为主体，同时联系到共产党的十大政纲和红军的实际战斗任务上去”。

其三，以阶级教育的方法发动新兵配合红军中的清洗与“肃反”运动。要“使每一红色新战士，都懂得红军是共产党领导下的阶级军队，只有工人、雇工、贫农和可靠的中农，才有权利参加。其余地主、富农、流氓、滚到皮等阶级异己分子，都要严禁混入红军中来”，“要特别发动他们内部斗争”。要“启发新同志内部的斗争，来反对他们内部已经发生过或将要发生的错误倾向"，要"使新同志都明白我们的胜利不仅要在消灭外部敌人，而且要消灭内部的敌人；要消灭内部的敌人，必须加紧肃反"。

其四，要使新兵明白熟悉和遵守红军的纪律。要"使新同志明白：红军为什么要有严格的纪律，纪律在政治上在组织上有什么意义；红军如果没有铁的纪律是否可以消灭敌人、和敌人作最残酷的战斗；红军纪律与白军纪律有什么不同，每个红色战士应该怎样自觉地遵守纪律等等。"

其五，通过介绍红四方面军和全国红军战士的英勇战斗史以及川陕苏区和全国苏区的蓬勃发展史，向新兵呈现大好的革命形势，从而使他们对革命前景充满信心和乐观。要"使新同志知道：红四方面军英勇的斗争史，发展的猛烈，百战百胜的事实，以及最近各种英勇伟大胜利的到来。""四川、陕西红军和苏区发展的状况……都要使他们知道。""将全国百万红军的发展与十大苏区的状况，以及各小苏区的情形和各苏区正在打成一片的趋势，都很通俗浅近而扼要的介绍给新同志知道……"

新兵政治教育工作具体如何开展？主要是通过讨论的方式，进行启发式教育。《纲要》要求训练者们根据实际情况，精心准备和组织每一次讨论大会，确保工作的成效。"事先有准备，如讨论大纲和训练者对各种问题的了解等。讨论大纲要事先通知下去，必须制定出训练实施表，时间、步骤、着眼点、参考材料，都要算出。""材料不要过于繁琐，问题不要过于复杂"，要"简明扼要，与实际问题联系起来"。

除开展讨论之外，总政治部及各级政治部还编撰了大量政治性内容的小册子，供士兵们阅读和学习。其中代表性的有《红四方面军英勇斗争史史略》、《红色战士读本》、《红色战士必读》、《红色战士丛书》、《红军须知》、《我们的回答——火线上对白军的宣传册材料》等。这些读本介绍了马列主义基本常识、帝国主义在华罪行、国民党的反动本质、中国的前途、中国工人阶级的特点、中国农民的痛苦、川陕苏区的现状、红四方面军的英勇斗争史、共产党的任务和红军的任务、政治工作、纪律等内容。

红军战士绝大多数出身劳苦大众，文化水平低。那如何确保普通战士会读这些小册子？从笔者发现的零星材料来看，各级政治部有可能对普通士兵的阅读情况作了监测和督促。红三十一军九十一师政治部就开展了这一工作。红三十一军九十一师在翻印《红色战士（第二种）》时，在其“引言”中写道：“这‘必读’的第二册，是继一月十一日所出的第一册写的。但是，第一册已出了许久，不知每个同志是否都读了，希望接到这第二册之后，迅速以营为单位把第一册读了的成绩作一统计报告出来。”①

《纲要》中关于新兵政治教育的八大内容是全军开展新兵政治教育的基本依据，具有全局性指导意义。不过《纲要》同时强调政治训练的内容和材料可以由“各教练者按照纲要与实际情况，斟酌损益”。在实际工作中，这一点可能得到了一定程度的执行。如，1934 年 1 月 3 日，西北军区政治部印制了《红色战士必读》。② 1 月 10 号，红三十军八十九师政治部在翻印时，不但在开篇增加了此读本撰写目的的介绍，而且在《红军须知部分》多列出了十条内容，在《苏区的各种群众组织部分》也比前文多出几部分内容。③

二、新兵的军事训练工作

毫无疑问，基本的军事训练是新兵训练最为重要的内容。《纲要》中新兵基本训练的八个内容中有六个是关于军事训练的。

一是体力训练与操场动作。操场动作主要包括徒手和持枪，即在徒手和持枪情况下队列、步伐及各种战斗姿势的操练。其要旨在“养成集团力量”，“养成战斗精神”，“养成战斗动作的基础”。

体力训练主要包括跑山、爬山、越沟、跳远、跳高、攀越障碍物、柔软体操、爬杆、秋千、拳术等项目。

---

① 西华师范大学历史文化学院、川陕革命根据地博物馆编：《川陕革命根据地历史文献资料集成》，四川大学出版社 2012 年版，第 1078 页。

② 西华师范大学历史文化学院、川陕革命根据地博物馆编：《川陕革命根据地历史文献资料集成》，四川大学出版社 2012 年版，第 953 页。

③ 西华师范大学历史文化学院、川陕革命根据地博物馆编：《川陕革命根据地历史文献资料集成》，四川大学出版社 2012 年版，第 967 页。

在体力训练和操场动作中,强调“避免无意义之诸制式”和“打破旧军队死板的习气……培养战士活泼战斗精神和自动提高学习兴趣”。

二是武器教育。包括红军常用枪支的认识和拆装、射击动作要领、手榴弹的使用、射击实施、武器保存以及劈刺动作等内容。强调射击教育为“新兵的训练中最要紧的部门。当循序渐进,不可过速”。要求在训练过程中注重实效,“不要做表面好看的动作,只求形式划一”;要因人而异,“依射手之性质、体格加以精密注意”;要消除新兵对射击的恐惧心理,培养其射击兴趣。

三是战斗动作与野外。包括新同志须明白战斗间之事项九条、战斗演习和地形识别与距离测量。强调实战能力的养成。要求所有战斗演习项目,“均应作野外科目”,“必须使操场野外动作实际联系起来,使教育之旨,完全适合实战。同时必须使各个新兵同志,对战斗间一般事项有所了解,在野外中得到充实表现”。

四是夜间动作。包括夜间动作要点讨论与解释和实地演习。强调“多作实地演习”。

五是步哨警戒。包括步哨要注意的一般事情和特别事情。强调在实际工作中开展教育。“这种教育,当然免不了讲堂训练。但主要是利用机会教育,即在放哨时,加以特别的指示,并令放哨者相互转达,查哨者临时质问”等。

六是对付飞机、毒瓦斯的简易常识。包括飞机、毒瓦斯防御常识的讲解和演习。

《纲要》还规定要对新兵进行卫生教育。包括饮食卫生、饮水卫生、个人卫生、驻地卫生、阵地卫生等。

从上述训练内容来看,新兵军事训练有四个特点:

一是强调基本军事素质的养成。如提倡多跑山、爬山,以锻炼体能;要求熟悉各种武器弹药性能,掌握使用方法,强调射击技能的重要性等。

二是强调养成战斗精神。如要求士兵“勇敢沉着,忍耐自信,困苦疲乏,在所不顾,虽至战斗惨烈之状,亦不变其精神”;在敌阵内战斗,能“以一兵一卒亦果敢坚决,以应战况变化,而求胜利”;在战斗中“轻伤亦须战斗”;等等。

三是强调实战技能的培养。如体力训练与操场动作的目的在于“训练其适合战斗的动作与体力”;要求“一切动作要注意与实战有关,即是每一动作教练,都是为实战而用的,而不是为了形式的死板的制式而然的”;要“顶好利用围敌机会找到敌之围寨目标,指令新兵分别试射”;各项目的训练均强调演习等等。

四是强调夜战能力的培养。不但在射击教育项目里有夜间射击练习的内容,而且专门进行了夜间动作项目的训练,并且要求“多作实地演习”。

《纲要》作为整个川陕苏区红军新兵基本训练的指导性文件,具有全局性、普遍性的指导意义。不过,在具体执行的过程中,可能会遇到不同的情况。比如说,由于战情紧迫,有些新兵可能只经过短暂的训练,就不得不开赴战场(这种情况是经常性的)。再如,士兵训练以连为单位,但并不一定整连士兵都是新兵。针对可能出现的种种特殊情况,《纲要》也作了灵活的处理:“对新兵训练的纲要……其详细内容,可由各教练者按照纲要与实际情况,斟酌损益。如时间较长,材料当更可充实;时间较短,材料当可更加减少;如纯系新兵连,当可有计划的按部就班,执行训练,新兵已分入各连各排,则可采用两种办法:一由各排班自己按照计划进行对新同志的教育。一由营连长经常集合本营连新兵,加以此种训练。”

三、新兵教育与训练的特点

从《纲要》规定的新兵政治教育和军事训练的基本内容来看,川陕苏区红军新兵教育与训练主要有以下三个特点。

(一)从实际出发,具有针对性

川陕红军新兵政治教育和军事训练工作中最大的两个“实际”为:一是训练的对象是新兵;二是训练的目的是在川北和川军作战。从《纲要》的内容来看,新兵政治与训练就是针对这两个“实际”开展的。

川陕红军中的新兵大多来自农村。在小农生产方式、封闭的生活环境及受教育程度低的条件下,他们小农意识浓厚,鲜有现代民族、国家观念和革命意识，不易于理解和接受中共革命理念。因此，政治教育要收到切实效果，须避免流于形式，选择他们易于接受的内容和方式。《纲要》规定的政治教育的内容涉及八个方面，试图从多角度、多层次来启发和提高新兵的政治觉悟。《纲要》同时强调，在开展政治教育的过程中，政治教育的材料和内容要"从他们本身利益的最切肤问题上，联系到整个革命利益上去"。同时，鉴于从农村来的新兵政治觉悟普遍低下的情况，《纲要》规定将政治教育置于优先的地位，强调"首先宜加紧精神教育"，这也是符合实际情况的。在军事训练中，鉴于农民体力普遍较好但不善于运用的实际，《纲要》强调训练的目的主要在于"训练其适合战斗的动作与体力"。

川军中多食鸦片，打仗时有"一股烟劲，开始猛进，连放带喊，势子很凶"，但烟瘾一到，气势衰绝，不能持久，故须"沉着以挫敌，待其衰而击之"①。因此，《纲要》要求新战士"勇敢沉着，忍耐自信，困苦疲乏，在所不顾，虽战斗惨烈之状，亦不变其精神"。川军虽作战能力较强，但"一点被破，全线崩溃"。故《纲要》要求新兵在"火力炽盛，死伤众多之时，亦能迈进"，在阵内战斗时，"即以一兵一卒亦果敢坚决，以应战况变化，而求胜利"。"四川地势险阻"，"四面均系大山，川东北更甚"，"且多老林，多深沟，多夹涧"。故主要是山地作战，且川军"爬山能力较强"和较为熟悉地形。② 故《纲要》强调新兵要"多跑山、爬山"，"多越沟、跳远、调高"，多练习"攀越各种障碍物"。川军害怕夜战，故《纲要》专辟"夜间动作一项"，着力训练新兵夜晚作战能力。

（二）重内容，轻形式，讲求实效

政治教育之主旨在于提高新兵政治觉悟，坚定其从军意志，为适应艰苦的红军生活做思想上的准备。在教育方式上强调用启发式的方式来调动士兵的积极参与。《纲要》还要求政工工作者要高度重视、充分准备和认真开展每一

---

① 西华师范大学历史文化学院、川陕革命根据地博物馆编：《川陕革命根据地历史文献资料集成》，四川大学出版社 2012 年版，第 775 页。

② 西华师范大学历史文化学院、川陕革命根据地博物馆编：《川陕革命根据地历史文献资料集成》，四川大学出版社 2012 年版，第 789 页。

次政治教育工作。这些都说明,川陕红军新兵政治教育工作不是流于形式,而是重视实际效果。

军事训练更是轻形式,重内容,讲求实效。《纲要》在谈到训练项目"操场动作"时,强调"其目的不只在于训练各种机械的制度操法,而着重在锻炼体力与适合战斗中的活泼运用";要求"一切动作都要注意与实战有关","每一动作教练,都是实战而用的,而不是为了形式的死板的制式而然的";训练中"平时多用常步,死板的规矩正步不必过于拘束";"要避免无意义之诸制式,使空花时间,反延缓战斗动作与野外动作的学习"。在"射击教育"项目中强调,"练习技能之法,要依射手之性质、体格加以精密注意,不要做表面好看的动作,只求形式划一,而失去射击的真正意义"。在"战斗与野外动作"项目中强调,所有"战斗演习,均应作野外科目","必须由操场演习再到野外,必须使操场野外动作实际联系起来,使教育之旨,完全适合实战"。

(三)政治教育与军事训练并重

川陕苏区红军新兵教育与训练工作中主张政治教育与军事训练并重。红军领导人多次强调对新兵工作要政治教育和军事训练同时推进。如,陈昌浩在《加紧对新同志的训练》一文中强调,"加紧新同志的训练,巩固他们在政治上的立场与军事上之技能,使之成为钢铁般的坚定,是一件非常重要的事情"①。不久,陈昌浩在《红军中政治工作之紧急问题》一文中指出,要"有专门的地点、时间、干部来专门训练新同志,军事政治同时加紧"②。

从《纲要》对新兵政治教育与军事训练工作内容的规定和要求看,同样体现了政治教育和军事训练并重的特点。

自古田会议之后,红军确立了政治建军的原则,高度重视军队的政治工作。重视政治教育成为红军的优良传统和提升战斗力的法宝之一。《纲要》

① 西华师范大学历史文化学院、川陕革命根据地博物馆编:《川陕革命根据地历史文献资料集成》,四川大学出版社 2012 年版,第 829 页。

② 西华师范大学历史文化学院、川陕革命根据地博物馆编:《川陕革命根据地历史文献资料集成》,四川大学出版社 2012 年版,第 866 页。

彻底贯彻了红军“政治建军”的原则。《纲要》将政治教育(精神教育)放在文件的第一部分,并强调“首先宜加紧精神教育”,无疑体现了政治教育在整个新兵教育和训练工作中的重要性和优先性。从政治教育的内容及其要求来看,政治教育也是受到高度重视的。新兵政治教育不但内容丰富(涉及八个方面),而且特别讲求实效(如前所述)。此外,《纲要》还要求政工工作者要高度重视、充分准备和认真开展每一次政治教育工作。可见,川陕苏区红军新兵教育与训练工作中非常重视政治教育。

将政治教育置于优先的位置,并不是说军事训练不重要。政治教育在顺序上的优先主要是由于新兵训练工作的规律决定的。正如《纲要》所说:“如果遽然加以很严厉的军事锻炼,不但进步不快,反将引以为苦”。毫无疑问,川陕苏区红军是非常重视新兵基本军事训练的。《纲要》中关于军事训练的内容有六个方面。其规定之详备,内容之丰富,亦足见其重视。尤其是重视对射击的训练,“射击教育,要为新兵的训练中最要紧的部门”。为了加强射击训练,川陕红军还专门编制了《射击学习课程大纲》,分十课进行射击训练。①

川陕苏区红军新兵训练的实效如何,笔者目前未能找到足够的材料来展开论述。如果从不断取得战争胜利的结果来看,新兵训练应该取得了相当的成效。但从红军领导多次、反复强调新兵训练的重要性和紧迫性来看,似乎其效果仍未能尽如人意。当然,要作出客观的评价,尚有待于大量材料的支撑。

总之,川陕苏区时期,在军队数量急剧增加和战事频仍的历史环境下,红军非常重视新兵训练工作,并且摸索出了一整套专门针对新兵教育和训练的方法,有力地提高了新兵的政治、军事素质,增强了军队的战斗力,为红四方面军和川陕苏区的发展与壮大作出了重大贡献,也为中国人民军队的政治教育和军事训练积累了宝贵的经验。

---

① 西华师范大学历史文化学院、川陕革命根据地博物馆编:《川陕革命根据地历史文献资料集成》,四川大学出版社 2012 年版,第 1025 页。

川陕苏区审计工作初探

黄 涓

川陕苏区是红四方面军撤出鄂豫皖根据地后创建的一个重要根据地。从1932年12月创建到1935年4月撤离的两年多时间里，川陕苏区在根据地的建立、巩固和发展方面进行了卓有成效的探索和实践。为巩固革命政权，川陕苏区非常重视审计监督工作的开展，实行财审合一的审计制度，在各级苏维埃执行委员会和常务委员会领导下，由各级监察委员会和财政委员会、经济委员会承担主要审计职能，劳工委员会、粮食委员会、土地委员会等部门也承担与其职能相关的部分审计监督工作。这些部门通过审查、巡视、惩处等手段，在苏维埃机构、党群组织和军队内部开展审计工作，对规范经济秩序，保障物资供应，支援前线战争起到了重要的作用。

一、川陕苏区审计工作的范围和内容

（一）对苏维埃机构的审计

川陕苏区十分重视对苏维埃各级机构的审计监督，其中，各级机关、财政机构、经济机构、粮食管理机构又是审计工作的重点，其审计工作包括对账目收支的检查、对预决算的审核、对工作制度的规范等内容。

1. 对苏维埃各级机关的审计

川陕苏区的审计工作首先体现在对苏维埃各级机关的审计和监督上，要求"实行预算和决算。乡苏每月底要做经济报告到区苏,区苏经济委员每月底要填决算和预算表到县财委,县财委每月底填预算和决算表到省财委会","县委、县苏、工会……等机关开支,须按照人数向财委会领款(至多不过领五天的食费),如有特别开支,须由苏维埃常委会开会决定,由财委会发给之。"①财委会有检查各部经济收支之权,要求各级苏维埃政府经济委员要做到"立即清查各机关账目,免除一切无谓的耗费",②"如有浪费等,由工农察查[监察]委员会处分之。"③

在严格的审查制度下,苏维埃各级机构的账目收支记录都要随时接受上级的审查和监督。如江口县岳家区《观音庵三乡一村苏维埃伙食零用簿》中就对 1934 年农历 8 月至腊月的伙食收入和支出有详细的账目。对于支出,有这样的记录:"9 月 13 日早、午、夜共吃米三升,红军查田五人。9 月 14 日开妇女会,早、午、夜共吃米五升,坐五席,红军五人,女同志二人。17 日早、午、夜红军十二人吃米四升……"对于收入,有这样的记录:"八月初八日,第一连红军驻扎凤山寺,入蒲相和提出白米一石三斗正。八月十四日,入王贵昌提出白米八斗,入蒲忠和提出白米五斗,此米付一、三连红军吃,是马元先收交付红军,我村主席职员并未过手,交斗一概不知……"④在这些账目中,每一天的收支项目和红军来往食宿所开支的大米、食盐,一斤一两,逐月逐日都登记得清清楚楚,这些就是审计工作在规范苏维埃机构账务、监督其经济活动上的具体体现。

2. 对财政机构的审计

根据《川陕省苏维埃组织法》的规定,川陕苏区负责财政工作的机构主要

① 四川省档案馆:《川陕苏区报刊资料选编》,四川省社会科学院出版社 1987 年版,第 360—361 页。

② 西华师范大学历史文化学院、川陕革命根据地博物馆:《川陕革命根据地历史文献资料集成》,四川大学出版社 2012 年版,第 277 页。

③ 四川省档案馆:《川陕苏区报刊资料选编》,四川省社会科学院出版社 1987 年版,第 360—361 页。

④ 西华师范大学历史文化学院、川陕革命根据地博物馆:《川陕革命根据地历史文献资料集成》,四川大学出版社 2012 年版,第 1855 页。

是省苏维埃财政委员会,财政委员会又下设会计处、工农银行和税务总局,对这些财政机构开展经常性的审计工作,能有效保证财政工作的规范性,从而堵住漏洞、增收节支。

(1)对工农银行的审计

川陕苏区省苏维埃工农银行的基金由食盐、银元、珍贵药材、黄金、钞票等共同组成,当时工农银行的资金比较充足。在《红军第四方面军和鄂豫皖边区、川陕边区史料》中,有对省财委会给省工农银行的基金的记载:"大烟土,二十万斤,每两三元;白木耳,百斤,每两二三元;出钞票,二百万元以上(苏洋);出银元,五十万元以上(苏洋);出铜圆,三十万元以上(苏洋);金子,千余两(约值二百万元)。"①

当时对工农银行的审计监督是很严格的,主要集中在以下几个方面:

第一,监督使用旧的货币,发行苏维埃货币。在1933年8月翻印的《川陕省苏维埃经济政策》中,"宣布旧金钱无效,这是不适当的。开始可以采用盖印苏维埃政府印章的办法,或者在旧的金钱上作各种可以分别的标记,假使技术条件允许的话,可以制造苏维埃的金钱(如纸币)收取旧的货币,换用苏维埃的货币。对于发行纸币的问题,则应该非常谨慎,应该尽可能地避免苏维埃货币之跌价。只要在环境许可的地方,我们便必须给红军以金钱,设法使红军尽可能地用金钱购买食物。"②

第二,监督私人银行与钱庄,禁止私自发行货币。在1933年8月翻印的《川陕省苏维埃经济政策》中提出,"对于当地的钱庄,必须任命特别委员监督他的行动,坚决的禁止银行家及其管理者利用当地钱庄进行反革命行动的一切企图。"③

第三,内部的监督与检查。各地工农银行的现金要求逐级收解,金银、货

① 中共中央宣传部:《红军第四方面军和鄂豫皖边区、川陕边区史料》,中共中央宣传部翻印,1945年,第274页。

② 西华师范大学历史文化学院、川陕革命根据地博物馆:《川陕革命根据地历史文献资料集成》,四川大学出版社2012年版,第127页。

③ 四川省财政科学研究所、川陕革命根据地博物馆:《川陕革命根据地财政经济史料选编》,四川省社会科学院出版社1987年版,第86—89页。

币的出入库，贷款、存款、汇款的业务的处理，都要严格按制度规定办事。从下面集中的现金，逐级送到总行。无论何时送到，即使是深更半夜，也都要及时清点入库，不准积压。对于工农银行工作人员的监督也是十分严格的。有一次检查时发现多了一版三串布币，共十五张、四十五串，被一个姓何的女剪票工私自拿去花了，经过查明汇报，由银行把她调出剪票房，送到保卫局去了。①

（2）对税务工作的审计

税收工作是财政工作中的重要环节，也是川陕苏区财政收入的重要来源。据统计，"1934 年冬以后，旺苍坝每场至少可收税 160—170 元，木门场每场可收税 60—70 元；庙二湾因水运方便，一场可收税 70 元以上，仅广元县苏维埃境内，每月可收工商税 1500 元左右，占当时广元县苏维埃每月财政收入（现金）的一半以上。"②另据通江苟伯儒回忆，"当时通江、南江、巴中税源较大，通江月收七八百元，有时上千元；南江、巴中也是月收六七百元或七八百元；其余各县月收二三百元或三四百元不等。"③川陕苏区的审计工作也经常围绕税务工作而展开。

税务审计的重点，分内外两个方面：对外是查偷税、漏税；对内是查收税人员有无贪污受贿行为。一旦发现有违反规定的行为，立即会受到严厉惩处。对偷税漏税者，一经查出，除追缴应交税款外，另加纳 1 倍税金；二次查出，纳 3 倍税金；三次查出，则没收全部商品。对贪污受贿、徇情枉法的工作人员，一律严惩不贷，严重者还要杀头。④ 这些规定和要求，对税收工作起到了很好的监督和规范作用。川陕省苏维埃建立了税收会计和票证工作制度，统一制定三联税票，一联是纳税人保管，一联是收税人留存，一联则上报主管部门。税务人员领用印花税票与三联凭证时，必须做到"三相符"，即印花、凭证、税款三者数量金额相符，才算清楚。川陕省税务总局还经常派人到各地市场巡视、

---

① 中国人民银行四川省分行金融研究所编：《川陕省苏维埃政府工农银行》，四川省社会科学院出版社 1984 年版，第 143 页。

② 四川省老区建设促进会、中共四川省党史研究室：《川陕革命根据地 · 总卷》，四川人民出版社 2012 年版，第 369 页。

③ 袁远福、巴家云：《川陕革命根据地货币史》，中国金融出版社 2003 年版，第 180 页。

④ 中共通江县委党史研究室：《通江苏维埃志》，四川人民出版社 2006 年版，第 339 页。

检查。规定县税收分局的巡视员“每十天巡税一次,算账提钱。”①为防止税务人员久驻熟人多,徇私舞弊,对工作人员实行定期交流制度。税务工作人员往往在一个地方工作两三个月后,就会被调到另外的地方去工作。川陕省各级工农税务局的税收会计,预、决算等,虽迄今无文件资料可查,但1933年颁布的《税收条例草案》中有这样的要求:“各场市税务分所负责人员,每十日必将收税款及发出之三联单存根、印花贴消数目表,报该县分局,各分局每到月终汇报省总局转财委会备查。”②

3. 对经济机构的审计

经济公社、工农饭店、国营药店等国营商业和各地建立的合作社,如“贫农合作社”、“工人合作社”、“妇女合作社”、“士兵合作社”等合作商业机构都隶属于川陕省苏维埃经济委员会管理,也是川陕苏区审计工作的一个重点。

对国营商业机构的审计工作首先体现在对其预算决算的审查监督上,要求其及时制定预算并上报,上级审计部门会在严格审查后作出批示并划拨资金。据资料统计,1933年,赤江县刘坪经济公社建立以后,立即根据进货计划向省财政经济委员会上报了资金预算,省财政经济委员会审查同意后,分三次将经费拨至经济公社,分别是“第一次下拨1000个银元,第二次从打土豪的上缴款中垫了200元,第三次拨款300元,加上调来的大批布匹、百货、底垫共在5000元左右,规定利润是5%。”③此外,省财政经济委员会还专门派出一个巡视员常驻经济公社,监督经济公社的账务。每天晚上,巡视员就会组织大家把当天的采购物品、营业货物和现金进行查点。采购员在外地采回的货物,要查点后分门别类计入账内;当天经营的货物也要当天进行账物的盘点,营业员要把当天现金拿出来,通过大家清点,然后纸币硬币分别封捆,贴上封皮,盖上公章,当面交给现金保管员。

① 中共通江县委党史研究室:《通江苏维埃志》,四川人民出版社2006年版,第331页。

② 四川大学川陕革命根据地研究组:《川陕革命根据地历史文献选编》(下册),四川人民出版社1980年版,第27页。

③ 中共通江县委党史研究室:《通江苏维埃志》,四川人民出版社2006年版,第359页。

对合作社，主要是加强其账目的审查，要求合作社都要及时算账并接受审查。在对合作社进行审查时发现，有些合作社做到了及时算账，账目清楚，如红江县五区五乡贫农合作社，在现存资料中有一本该合作社账单，其中详细地记录了 1934 年 7 月 19 日至冬月 29 日的收入和开支项目：“共入各村的金本票九百六十六吊，共入各村苏洋、川洋、纸洋二十四元，每元照三十吊扣算，合吊票七百二十吊，总共卖物入钱八千零六十一吊八百文，以每元照三十吊扣算，支采办买货路费、伙食共三百零四串，支添修费、累进税共去钱四百十九吊；付社内柴米小菜油盐猪糠一切杂用去钱八百零一串……”①同时，在对合作社进行审查时也发现，有些合作社“被乡村苏维埃的不良分子私人侵蚀，整年没有算账，社员吃不到合作社的盐，也未分红利，又不算账”，苏维埃也做出了及时处理，要求“立刻号召各地，算合作社的账，按期算账分红。”②

4. 对粮食管理机构的审计

粮食是川陕苏区生存和发展的重要战略物资，由省苏维埃粮食委员会具体负责粮食的管理工作，包括公粮的收集、运输、统计和保存。

在对粮食机构的审计工作中，要求粮食进出，都要过斗、记账，要做到“收有凭、文有据，粮食委员管粮，笔书记账。”据宣汉县大水乡原粮食委员赵隆昌回忆说：“袁家岩村苏的稻谷，都是粮食保管员管理，红军用粮开条子。村苏保管员启封过斗，笔书记账。”③此外，“绝对禁止随便糟蹋和消耗粮食，绝对不得私自吞没、变卖、偷窃。”④曾任南江县粮食委员的严守武回忆道：“红军第一次来，我在县粮食委员会工作，各个委员分别到各区、乡收集粮食数字并检查粮食保管情况。如遇保管人员不负责任的，便分别轻重处理。重的交保卫局，

① 四川省财政科学研究所、川陕革命根据地博物馆：《川陕革命根据地财政经济史料选编》，四川省社会科学院出版社 1987 年版，第 184—187 页。

② 西华师范大学历史文化学院、川陕革命根据地博物馆：《川陕革命根据地历史文献资料集成》，四川大学出版社 2012 年版，第 333 页。

③ 四川省粮食局粮食志编辑室：《川陕革命根据地粮政史长编》，四川大学出版社 1988 年版，第 133 页。

④ 四川省粮食局粮食志编辑室：《川陕革命根据地粮政史长编》，四川大学出版社 1988 年版，第 105 页。

轻的交革命法庭罚差工,满后又回去。”①

(二)对党群组织和军队的审计

党群组织和军队所接受的审计主要来自于组织内部,可称为内部审计。在川陕苏区,由于资料的缺乏,目前能找到的关于党群组织和军队内部审计的资料很少,但我们从这些仅存的资料中亦能看出川陕苏区是存在内部审计的,并且对规范党群组织和军队的工作,维护党群组织和军队的利益起到了重要作用。

1. 对党群组织的内部审计

川陕苏区党群组织的内部审计的重点在于其预算、决算的审计上,这是川陕苏区定期展开的、经常性的内部审计工作。要求要有严格的预算决算,定期上报给上级,上级负责批准预算、审查决算,并监督其执行情况。规定川陕苏区各级财政委员会“每月底要有预算和决算表册报告上级,上级根据预算表,计划下月整个开支”②;各群体组织的“经费开支须列举预算,得上级或同级的审查委员会之批准”③;“各级工会每月经费开支,须于每月之前五天制定预算表提交上级批准,每月的决算,须于下月五日以内报告,交审查委员会审查”④。

在制定预算时,要求各级组织分门别类,详细开列各项经费,如1934年陕南特委提交的三月份的经费预算共216元钱,涉及8个项目。其中“(1)生活费四十二元(书记、组织、巡视、油印,每人月六元,以后我们叫巡视员参加地方领导机关,此款可不要)。(2)房租及店费十元(书组共三元,巡视员及各地

① 四川省粮食局粮食志编辑室:《川陕革命根据地粮政史长编》,四川大学出版社1988年版,第134页。

② 中国工农红军第四方面军战史编辑委员会:《中国工农红军第四方面军战史资料选编》(川陕时期·上),解放军出版社1993年版,第446—447页。

③ 西华师范大学历史文化学院、川陕革命根据地博物馆:《川陕革命根据地历史文献资料集成》,四川大学出版社2012年版,第280页。

④ 西华师范大学历史文化学院、川陕革命根据地博物馆:《川陕革命根据地历史文献资料集成》,四川大学出版社2012年版,第64页。

来人七元)。(3)津贴十八元(两个刚牺牲同志的家属、一个住机关的同志各六元,被难家属将来。应归互济会)。(4)路费四十一元(去陕北一人步行,十五元;去关中一人步行,六元;去甘肃一人步行,二十元)。(5)招待费五十元(训练班两期,每期六人,每人二点五元;招待逃难同志及各地接洽党务者二十元)。(6)宣传费二十元(订阅书报及党内刊物的出版)。(7)文具及邮费五元。(8)特费及预备费三十元(工作人员买衣服的津贴以及破坏因不便工作时期临时发生的用途)。以上各项总计二百一十六元。"①

2. 对军队的内部审计

为了更加有效地为前线战争提供更好的后勤保障和物资供应,红四方面军也非常重视军内的审计工作,其审计工作包括以下几个方面:

其一,检查预算决算的执行情况。要求前方各军以及后方各机关各团体对所需物资,"一定要有精确的预算决算和详细的报告表,停止命令方式,自动地进行节省!"②

其二,检查购买制度的执行情况。要求"各军、师、团经理处买了经济公社的货物,一律要把钱",③以维护正常的经济秩序,加强物资管理,促进节省。

其三,检查物资统计和生产情况。如郑义斋在《在大举消灭刘湘中目前几件紧急工作》中,就对送子弹壳及子弹匣的问题、冬衣的统计与保存问题、食盐布匹药材等物资的供给问题、粮食保存与运送问题等提出了详细的要求。又如,在现存资料中,有一份1935年世模上报给总政治委员陈昌浩的《四军十师过嘉陵江前后的实力报告》:"二十八团,在未过嘉陵江前原有人数一千零二十一人,原有长短枪共计六百七十支……(军需品)军帽一千三十一顶、单衣八百八十四套,棉衣一千零二套,大衣三十三件、小米袋九百二十四条、脚马九百五十四双、斗笠七百七十五床……自过嘉陵江到现在,收缴经济大烟,四

① 中央档案馆、陕西省档案馆:《陕西革命历史文件汇集(一九三三、四——一九三六)》(甲7),内部资料,1992年,第313—327页。

② 西华师范大学历史文化学院、川陕革命根据地博物馆:《川陕革命根据地历史文献资料集成》,四川大学出版社2012年版,第1583页。

③ 四川省社会科学院、陕西省社会科学院:《川陕革命根据地史料选辑》,人民出版社1986年版,第283页。

月份收缴大烟二百六十四两，五月份收缴大烟五十四两，四月份收获大洋一千四百二十四元五角，银子八个……”①报告全文共4200余字，分别对十师二十八团和三十六团及十师师直属部队等各自过嘉陵江前后的人员和物资情况作了详细的统计，可算是现存川陕苏区资料中最为翔实的一份军内物资统计表。

其四，加强工作检查，打击虚报、浮报、不报等官僚主义。在1934年冬召开的红四方面军军事干部会议中，会议报告提出要“整理经理工作，做到账目清楚，报告确实。”②1934年红三十军政治部在一个月工作计划中亦明确指出，“各经理处、医院立即要开一次工作会议。对医院医生、医药、伤病号生活，在经理处制选物品，使用经济、物质和经济保管等，都要作一次大的检查，加以切实整理。”③对于1933年8月的工作检查中发现的“许多工作同志对上级不说实话，爱说漂亮话，浮报欺骗等毛病。如各级经理处，自己在前方缴获的需要物品，故意少报，但向上级要求时则又故意多报多要，许多军用品保存不发，如棉衣、大衣、袜子，放着不发”等行为提出了严肃的批评。④

二、川陕苏区审计工作的主要特点

（一）川陕苏区实行财审合一的审计制度

虽然在早期川陕省苏维埃机构的“财政经济委员会”中曾下设了“审计委员会”这一机构，但却找不到关于这个机构的详细职能规定和开展的具体工作的记载。在随后颁布的《川陕省苏维埃组织法》中，“财政经济委员会”分设

① 西华师范大学历史文化学院、川陕革命根据地博物馆：《川陕革命根据地历史文献资料集成》，四川大学出版社2012年版，第753—756页。

② 中国工农红军第四方面军战史编辑委员会：《中国工农红军第四方面军战史资料选编》（川陕时期·下），解放军出版社1993年版，第341—350页。

③ 四川大学马列主义教研室、川陕革命根据地科研组：《川陕革命根据地资料选编》，内部资料，1978年，第205页。

④ 四川省档案馆：《川陕苏区报刊资料选编》，四川省社会科学院出版社1987年版，第362—368页。

为“财政委员会”和“经济委员会”，“审计委员会”这一机构也不复存在了。因此川陕苏区并没有设立起专门的审计机构，实行财审合一的审计制度，审计职能存在于各级监察委员会、财政委员会、经济委员会以及劳工委员会、粮食委员会、土地委员会等机构之中（如图1所示）。这样的审计制度体现出战时的、非专业化的特点，从现代意义上讲，这样的审计制度的设计是不利于审计工作的深入开展的。

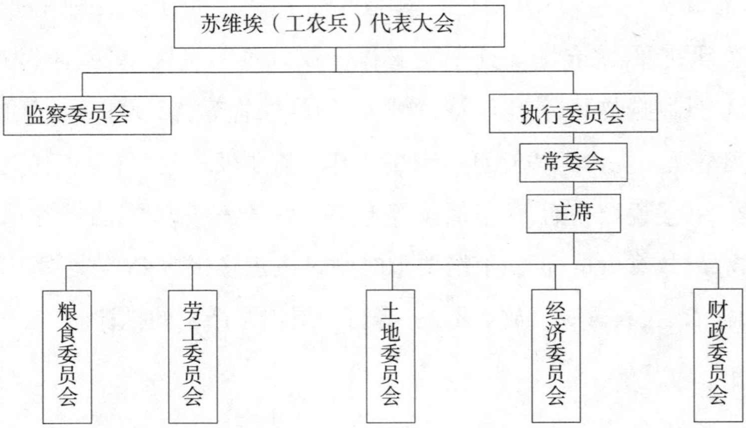

图1 川陕苏区审计机构图

（二）川陕苏区审计工作的规定较为分散

川陕苏区十分重视审计工作在促进根据地发展和支援革命战争中的重要作用，结合自身的实际情况，制定了一系列审计工作的要求和规定，但受机构设置以及斗争形势等方面的影响，这些要求和规定没有集中在某个专门的文件中，即没有像中央苏区一样颁布专门的审计法规（《中华苏维埃共和国中央政府执行委员会审计条例》），而是将这些要求和规定分散在川陕苏区党的代表大会文件、苏维埃政府相关的法律和规定、军队的政治工作条例等文件中。涉及审计工作的法规文件达几十种之多，如《川陕省苏维埃组织法》《苏维埃组织法及各种委员会的工作概要说明》《川陕第四次全省党员代表大会总结》《川陕省苏维埃经济政策》《财政经济问题决议（草案）》《川陕省总工会章程及组织法》《目前政治形势与川陕省党的任务》《税务条例(草案)》等文件中均有多处对审计工作的规定。尽管这些要求和规定较为分散,也不够完善,但它毕竟规范了川陕苏区的审计工作,使其在一定程度上做到有法可依,有章可循。

(三)川陕苏区审计工作的方法灵活多样

川陕苏区在审计工作的开展过程中尝试了巡视审计、报送审计、会议审计等多种审计方法,取得了较好的效果。巡视审计主要指开展各种形式的及时检查和巡视。如规定"各种经济公社建立以后,川陕省财经委员会有一个查税员常驻各社,监督各项开支"①;"除各重要场口设立分所以外,到处找可靠的群众帮助代收,县分局的巡视员每十天巡视一次算账并提钱"②;"特别要根据此次大会决定的一切条例……建立省苏对各县以及县对各区的巡视制度"等。③ 报送审计主要指各级单位按照要求及时上报预算、决算、账单等数据以接受上级领导部门的监督审查。如规定"各场市税务分所负责人员,每十日必将收税款及发出之三连单存根、印花贴消数目表,报该县分局。各分局每到月终汇报省总局转财委会备查"④;"各级工会每月经费开支,须于每月之前五天制定预算表提交上级批准;每月的决算,须于下月五日以内报告决算,交审查委员会审查"⑤;"切实执行预算和决算,各级财委会经理处每月底要有预算和决算表册报告上级"等等。此外,会议审计也是川陕苏区常用的一种审计方法,比如《红三十军政治部一个月工作计划》提出:"各经理处、医院立即要开一次工作会议。对医院医生、医药、伤病号生活,在经理处制选物品,使用经

---

① 中共通江县委党史研究室:《通江苏维埃志》,四川人民出版社 2006 年版,第 334 页。

② 西华师范大学历史文化学院、川陕革命根据地博物馆:《川陕革命根据地历史文献资料集成》,四川大学出版社 2012 年版,第 334 页。

③ 西华师范大学历史文化学院、川陕革命根据地博物馆:《川陕革命根据地历史文献资料集成》,四川大学出版社 2012 年版,第 135 页。

④ 西华师范大学历史文化学院、川陕革命根据地博物馆:《川陕革命根据地历史文献资料集成》,四川大学出版社 2012 年版,第 206 页。

⑤ 西华师范大学历史文化学院、川陕革命根据地博物馆:《川陕革命根据地历史文献资料集成》,四川大学出版社 2012 年版,第 64 页。

济、物质和经济保管等,都要作一次大的检查,加以切实整理。”[①]再如,税务局第五次联席会议对之前的税收工作进行了检查,并指出:“今后对税务工作应该是:(1)凡是建立税务机关的地方,在政治上、行动上直接受该地党、苏维埃的领导和监督。但是在经济系统和工作人员的调资要受上级税务机关的指挥。如果税务人员发生反革命行为,当地领导机关要负责处理。(2)大力帮助税务局工作,并监督奸商偷漏和税务人员弊病。绝对不能无组织地乱收税。如果发生以上事实,即由群众自动逮捕送交苏维埃革命法庭制裁之。”[②]这些多样化的审计方法为后来中国共产党审计工作的开展提供了思路,并得到了进一步的继承和发展。

(四)川陕苏区审计工作的处罚非常严厉

川陕苏区审计工作的有效开展对严惩贪污浪费、维护财经纪律,巩固新生的苏维埃政权发挥了积极的作用。其中对个人的贪污盗窃、损害革命利益的行为打击尤其严厉。1933年12月15日,川陕省重申了中华苏维埃共和国中央执行委员会第26号训令:“凡苏维埃机关、国营企业及公共团体的工作人员,利用自己地位贪污公款以图私利者,分别处以死刑、监禁、强迫劳动,或警告、撤销职务等处分。”在实际工作中,川陕苏区通过审计监督查处的贪污腐败案件主要有以下一些(见表1)。

表1 川陕苏区审计查处贪腐案件简表

审计的部门	查处的部分案件	案件的处理
工农银行	巴中县第三区工农银行三人将金子私运回家,拒不交出。	杀了
	剪票房一女剪票工私自花了一版三串布币,共十五张、四十五串。	送保卫局处分

① 四川大学马列主义教研室、川陕革命根据地科研组:《川陕革命根据地资料选编》,内部资料,1978年,第203—206页。

② 西华师范大学历史文化学院、川陕革命根据地博物馆:《川陕革命根据地历史文献资料集成》,四川大学出版社2012年版,第1600页。

续表

审计的部门	查处的部分案件	案件的处理
税务机构	苍溪分局李应棠将收税之款，私自使用10余元。	送交革命法庭处理
	万源分局发现有反革命分子混入税务机构并与土匪勾结，损失税票、印花、图记等。	枪决
	赤江、恩阳、南江等地有人冒名收取烟馆子税、打草鞋税、屠宰税。	酌情处理
粮政机构	城口县沿河乡杨中成、游开福等五人偷运粮食委员会的粮食回家。	押至乡苏就地镇压
	平昌县镇龙区麻石乡粮食委员赵举恩错记了账，账实不符。	撤职并挂牌游街
	宣汉县胡家区苏粮食委员喻大体贪污银子和粮食。	杀了
苏维埃机关	罗家河坝乡苏维埃副主席杨某、弯柏树乡苏维埃主席戚某、楼房坪区苏维埃主席李某、苦草坝区乡苏维埃主席郑仕昌等贪污钱财。	处决
	上土门乡苏维埃主席谢某用自己的烂裤子换了女犯的好裤子。	处决
	泥溪乡4村土地委员杨某打土豪时拿了些粮食、锄头回家。	被保卫局处死
	赤江县一李姓书记，在任职期中侵吞了打土豪时收缴的金银财宝。	交代罪行，作反面教材
	罗家河坝乡苏维埃主席杨继武贪污钱财。	撤职并送保卫局处理
	苦草坝乡经济公社社长王某挪用公款吸食大烟。	处死
	苦草坝区五乡消费合作社社长郑某打土豪时私拿糊田埂的扯板子。	被保卫局处死

注：此表据《通江苏维埃志》《川陕革命根据地粮政史长编》《川陕革命根据地财政经济史料选编》《川陕省苏维埃政府工农银行》整理而成。

由表1可见，川陕苏区的审计工作的处罚措施较为单一，而且有过于轻率、过于严厉的倾向。如上表所示的“谢某用自己的烂裤子换了女犯的好裤子”“杨某打土豪时拿了些粮食、锄头回家”“郑某打土豪时私拿糊田埂的扯板子”等案子均未经法庭审理而直接被处以极刑。虽说战争时期的管理需要格外严厉，但这样轻率而粗暴的处罚还是缺乏说服力的，也会给苏区的其他工作造成一些不利的影响。

综上，川陕苏区的审计工作虽未像中央苏区那样成立专门的审计机构并颁布专门的审计法规,但仍在政治斗争复杂、战争激烈、财政经济异常困难、专业机构和人员缺乏的情况下开展了灵活多样的审计工作。川陕苏区的审计工作在维护财经纪律、有效执行财经政策、检举贪污浪费、加强廉政建设、保障战争供给等方面起了重要的促进作用,不但为川陕苏区的建立、巩固和发展作出了重要贡献,而且为中国共产党审计人才的培养,审计制度的完善提供了宝贵的历史经验和启示。

川陕苏区的肃反体系考论

何先成

土地革命战争时期的肃反问题是中共党史非常重要的部分。目前学界对于中央苏区、鄂豫皖区、湘鄂西区、闽西、赣东北、陕甘苏区的肃反问题研究,均取得多方面的突破。在肃反机构研究方面,学界的成果主要集中于对中央苏区的国家政治保卫局的探讨①,对其他苏区的政治保卫局探讨较少②,对于除保卫局以外的其他具有肃反职能的机构探讨则更为鲜见。实际上,苏区肃反过程中,除了政治保卫局以外,革命法庭、各级苏维埃、一些军事组织和群团组织等均负有肃反的职责。川陕苏区时期,严酷的军事斗争使得文件资料毁坏严重,遗存的文字、档案、影像、口述等资料十分稀少,学界对川陕苏区肃反问题研究较为薄弱。所幸,西华师范大学、川陕革命根据地博物馆联手,历三年余,全新挖掘和整理关涉川陕苏区的文献资料,汇成《川陕革命根据地历史文献资料集成》。本文据以对川陕苏区的肃反体系进行考论,希冀进一步推动有关川陕苏区肃反问题及其他苏区肃反机构问题的研究。

---

① 李纪松:《"二战"时期国家政治保卫局成立原因初探》,《中国人民公安大学学报》1990年第4期;赵晓耕、曲词:《苏区"国家政治保卫局"与肃反扩大化问题辩证》,《北方法学》2008年第4期;剑英:《国家政治保卫局:中央苏区的特种部队》,《福建党史月刊》2002年第3期;姬素兰:《对国家政治保卫局肃反扩大错误的反思》,《北京警院学报》1996年第3期。

② 路海江:《鄂豫皖苏区政治保卫局述评》,《中共党史研究》2002年第4期。

一、政治保卫局

政治保卫局是巩固苏维埃政权,镇压一切反革命活动(不论在文字上、行动上以及举行武装暴动)最有力的组织,在肃反中有着其他任何部门都无法取代的作用。它有搜查住宅、邮电、书信、印刷品、报纸、行李、身体等权利,有根据苏维埃法律随时逮捕、拘禁和紧急处置反革命的特权。保卫局一般都设在比较靠边,关押、审讯、杀人方便的地方。为了抓捕反革命,搜集反革命材料,保卫局组织有专门的侦探机关。① 保卫局有财产自主权。《财政经济委员会组织与工作概说》规定:"实行经济集中,各部收入款项物资一律送交县财委会,不许保留分文(保卫局在外)。"②川陕省苏维埃的保卫局组织主要有川陕省政治保卫局、各县保卫局、各区保卫局代办处。

红四方面军进入川陕边区,创建川陕革命根据地,逐步恢复在鄂豫皖根据地时期的机构建制。迟至1933年4月,川陕苏区政治保卫局已经重建。保卫局初驻通江毛浴镇,后迁往通江城旧县署。反"三路围攻"胜利后,迁驻新场坝,反"六路围攻"期间,迁驻得汉城,后又迁回通江城旧县署。其职责是,调查各县反革命分子活动的情形;有计划地进行肃清反革命分子及其活动,保障苏维埃政权的稳定;指导各县保卫局的工作。③ 政治保卫局采取集中制的组织形式,局长由省苏维埃政府执行委员会推荐,经过中央政治保卫局批准产生。局长需在中国共产党镇压反革命委员会的直接领导之下,执行其职权。④曾传六、袁克服、余洪远、李维海、郑行其先后担任省保卫局局长,丁武选、袁德

① 西华师范大学历史文化学院、川陕革命根据地博物馆:《川陕革命根据地历史文献资料集成》,四川大学出版社2012年版,第132页。

② 刘昌福、叶绪惠:《川陕苏区报刊资料选编》,四川省社会科学院出版社1987年版,第361页。

③ 西华师范大学历史文化学院、川陕革命根据地博物馆:《川陕革命根据地历史文献资料集成》,四川大学出版社2012年版,第147页。

④ 西华师范大学历史文化学院、川陕革命根据地博物馆:《川陕革命根据地历史文献资料集成》,四川大学出版社2012年版,第132页。

富先后任副局长，秘书长郑行刚、寇庆延。保卫局下设侦察科、特务科、执行科、保管科、手枪队、保卫营、女看守队、秘书处、看守处。①

1933 年 8 月下发的《政治保卫局条例（草案）》规定：政治保卫局的工作应该向省苏维埃作汇报工作，但执行任务的步骤和办法则直接向中央政治保卫总局报告，由中央政治保卫总局检查其工作。若有苏维埃、群众团体或工农个人控告保卫局违法事件时，须由苏维埃执行委员会和工农监察委员会共同组成的特别委员会来处理。但同时，保卫局又可以要求特别委员会的成立要得到中央政府的许可。② 保卫局执行任务时无需向省苏维埃报告，而专职处理保卫局违法事件的特别委员会则需要得到中央政府的许可方能组成。其时，川陕苏区处于相对独立的区域范围之内，战争形势严峻，与中央苏区联系不密切，中央苏区的政令很难传达到川陕苏区，川陕苏区的报告也很难上达中央苏区，换言之，政治保卫局的权力是不受川陕省苏维埃制约的，《条例》实际上赋予了保卫局绝对的权力。因此，在肃反过程中，就很容易造成一些冤假错案。

县政治保卫局属于县苏维埃政府的职能部门之一，但受省保卫局直接指挥，按照《政治保卫局工作条例》和省政治保卫局的指示执行任务。③ 保卫局审案实行三审制，首先由审讯科预审，记录员做口供记录。之后，由局长、副局长、秘书、审讯人员、记录员在一起研究作案人的口供记录，若有不够准确的或不清的，又交审讯科再次审讯，然后正式定罪。但是，对团正或团正以上的旧政府官员，罪大恶极的保董、甲长以及恶霸地主等可以不审就杀。县保卫局局长属于县苏维埃十一人常委，脱离生产，每月工资 6 元（含伙食费）。④

下面简介原通江境内及宣汉县政治保卫局概况。

---

① 中共通江县委党史研究室：《通江苏维埃志》，四川人民出版社 2006 年版，第 106 页。

② 西华师范大学历史文化学院、川陕革命根据地博物馆：《川陕革命根据地历史文献资料集成》，四川大学出版社 2012 年版，第 132 页。

③ 西华师范大学历史文化学院、川陕革命根据地博物馆：《川陕革命根据地历史文献资料集成》，四川大学出版社 2012 年版，第 146 页。

④ 中共宣汉县委党史工作委员会办公室：《宣汉党史资料》（第四集），内部资料，1984 年，第 119 页。

赤北县保卫局：成立于1933年1月，驻泥溪场后景家湾。张正喜、靳仕白、邹公楷、赵南恩、潘□□先后任局长。

赤江县保卫局：成立于1933年春，驻毛浴镇街。邹公楷（后调任赤北县保卫局局长）、彭福寿、蒋安邦任正副局长。驻地有三个排的兵力，共百余人枪，主要任务是侦察处理案件，管理处置犯人。①

红江县保卫局：成立于1933年五六月份，初驻涪阳坝街上，1933年年底迁往新场坝文昌宫，1934年春又迁驻平溪坝。局长石友山，副局长王仕清。县苏维埃迁新场坝后，又增补宋礼荣为副局长。除局长、副局长外，有秘书、审讯人员、记录员等工作人员。同时还设有保卫队、看守队、侦察队、苦工队。保卫队和看守队约有30人，其他人员约20多人。

洪口特别区保卫局：成立于1933年春，驻洪口场。负责人王养全、张成功、周广文。

苦草坝特别区保卫局：成立于1933年1月上旬，驻得汉城菜园，局长周某□□。得汉城、锣坪兵工厂，造币厂各设有1个分局：得汉城保卫分局由红军张营长兼任局长，主要负责保管科、彭杨学校、养老院、俱乐部、财委会等机关单位的安全保卫工作；锣坪兵工厂保卫分局由红军邓营长兼任局长，主要负责上锣坪、下锣坪兵工厂、医院、工农饭店及交通要道的安全保卫工作；造币厂保卫分局辖街道保卫营、邹家岭保卫连，红军赖营长、林教导员等先后兼任局长，主要负责造币厂、街道、机关、医院等保卫工作。②

宣汉县保卫局：成立于1934年，共20余人，包括局长金绍堂，审讯科长、审讯助手、秘书、警卫连一班，搞总务的司务长、炊事员、饲养员，主要任务是调查研究、镇反、肃反、捉人、杀人、关押运送犯人及维持治安。③

区苏维埃保卫局代办处是县保卫局的下属办事机构，负责动员苏维埃和

---

① 中共通江县委党史研究室：《通江苏维埃志》，四川人民出版社2006年版，第107页。

② 中共通江县委党史研究室：《通江苏维埃志》，四川人民出版社2006年版，第109—110页。

③ 中共宣汉县委党史研究室、中共宣汉县委组织部：《中国共产党宣汉县地方志》，成都科技大学出版社1994年版，第204页。

领导群众做肃反工作，调查全区地主和富农家属的处置情形；计划全区要口的岗棚、岗哨和要路票，督促各乡实行戒严，严拿敌人的侦探、坐探及一切阴谋破坏苏维埃的反革命分子；检查各乡、村苏维埃及十家代表的工作，改选混入苏维埃的阶级异己分子。① 肃反运动之初，代办处有权对犯人判刑，对于罪大恶极者，代办处可以报经县保卫局批准后，就地处以死刑。②

川陕省第二次全省工农兵代表大会通过《目前形势与川陕省苏维埃的任务》指出："各县要迅速将保卫局和各区的保卫局代表健全起来。"③从中可以看出，由于当时处于紧张的战争环境，各县保卫局以及各区的保卫局代办处机构、组织、工作制度尚未完全建立，很不健全。

二、革命法庭

革命法庭职责之一是镇压各种反革命的阴谋活动（包括军事上、政治上、经济上的一切破坏行为），保障苏维埃宪法和一切法令的执行，反对任何破坏法令的行为④，帮助政治保卫局、苏维埃机关和群众团体对反革命分子采取一切紧急处置步骤。革命法庭在执行任务时，按照犯罪轻重，阶级成分，分别首从，分别处以劳役、监禁和死刑。

省苏维埃革命法庭为省最高级法庭，县革命法庭直属于省革命法庭，区以下设裁判委员会，直属县革命法庭指挥。⑤

省苏维埃革命法庭：是川陕省苏维埃政府的一个职能机构。成立于 1933 年春，驻通江城钟鼓楼街祝家茶园，反"三路围攻"胜利后，迁驻新场坝，反"六

① 西华师范大学历史文化学院、川陕革命根据地博物馆：《川陕革命根据地历史文献资料集成》，四川大学出版社 2012 年版，第 146 页。

② 中共通江县委党史研究室：《通江苏维埃志》，四川人民出版社 2006 年版，第 110 页。

③ 西华师范大学历史文化学院、川陕革命根据地博物馆：《川陕革命根据地历史文献资料集成》，四川大学出版社 2012 年版，第 135 页。

④ 西华师范大学历史文化学院、川陕革命根据地博物馆：《川陕革命根据地历史文献资料集成》，四川大学出版社 2012 年版，第 957 页。

⑤ 西华师范大学历史文化学院、川陕革命根据地博物馆：《川陕革命根据地历史文献资料集成》，四川大学出版社 2012 年版，第 197 页。

路围攻"中，迁驻得汉城，后又迁回通江城原址。省革命法庭委员有五人，由苏维埃大会选举产生，又在五委员中推选一人担任革命法庭主席，肖一之、袁成教先后任川陕省革命法庭主席。省革命法庭设有审判委员会、公诉处、申诉登记处和执法管理处。

审判委员会：共有十人，由各苏区群众选举产生、革命法庭委员会以正副主席各一人及其他两个委员组成。革命法庭下设二审判，委员会的委员可以增加数十人，由各地群众选举，如某乡苏、某工厂较好的可叫他选举一人为审判员，不脱离生产，有事临时召集。① 劳动民众团体可选派四人参加革命法庭的审判委员会，与五委员共主事务，也可参加审判副委员会帮同审问，但最后案件判决权属之于总审判委员会。

公诉处：由省革命法庭指定专人组织，代表政府机关以原告人资格对一切反革命案件提出公诉。②

申诉登记处：有人告状按照登记规则登记后，规定审讯期和审判条件，委员会交主席批准后，通知原告被告按期到庭审判。

执法管理处：包括看守所、监狱、劳动实习所。

县革命法庭：县革命法庭所解决的案件，须向省革命法庭做报告；县革命法庭所不能解决的问题须移交省革命法庭处理。③ 县革命法庭以三委员组成，由县苏维埃大会选出并经省革命法庭的批准；④设有审判委员会、公诉处、申诉登记处、执法处。县革命法庭主席是县苏维埃常委之一，平日脱离生产，每月工资 6 元（含伙食费）。⑤ 苏维埃各县机构的经济收入除保卫局

---

① 西华师范大学历史文化学院、川陕革命根据地博物馆：《川陕革命根据地历史文献资料集成》，四川大学出版社 2012 年版，第 147—148 页。

② 西华师范大学历史文化学院、川陕革命根据地博物馆：《川陕革命根据地历史文献资料集成》，四川大学出版社 2012 年版，第 199 页。

③ 西华师范大学历史文化学院、川陕革命根据地博物馆：《川陕革命根据地历史文献资料集成》，四川大学出版社 2012 年版，第 146 页。

④ 西华师范大学历史文化学院、川陕革命根据地博物馆：《川陕革命根据地历史文献资料集成》，四川大学出版社 2012 年版，第 199 页。

⑤ 中共宣汉县委党史工作委员会办公室：《宣汉党史资料》（第四集），内部资料，1984 年，第 119 页。

外均需交给县财委会,但存在县革命法庭不遵守制度,不向财委会交纳收入的现象。①

区级裁判委员会:由区苏维埃大会选出三人至五人组成。

值得注意的是,各级判死刑的最后权力属于省革命法庭。②

另外,工农监察委员会与政治保卫局、革命法庭关系十分密切,其职能是拥护工农群众利益,检举和监督苏维埃机关一切行政是否有违反苏维埃法令和侵犯工农利益的行为。工农监察委员会与苏维埃执行委员会平行,有权检查苏维埃国家机关任何部门或个人的工作,并清理苏维埃财政银行和税务局等机构的管理情形。③

三、各级苏维埃和军师政治部政务科

各级苏维埃也担负着协助保卫局肃反的任务。1933 年 11 月颁发的《苏维埃主席联席会议决议》规定:"苏维埃要帮助保卫局组织侦探队肃反,要送人到保卫局受训,专门做肃清反革命的工作。"④

苏维埃政治部:具有裁判被群众举报的苏区红军或地方干部的反革命活动的职能。1933 年 5 月由川陕省省委会印发的《保卫赤区运动周决议》提到:"要号召群众起来监督红军在地方工作的干部,是否他们真正是为穷人谋利益,或者有如此之反革命活动,应由穷人报告与苏维埃政治部裁判之。"⑤

---

① 刘昌福、叶绪惠:《川陕苏区报刊资料选编》,四川省社会科学院出版社 1987 年版,第 366 页。

② 西华师范大学历史文化学院、川陕革命根据地博物馆:《川陕革命根据地历史文献资料集成》,四川大学出版社 2012 年版,第 199 页。

③ 西华师范大学历史文化学院、川陕革命根据地博物馆:《川陕革命根据地历史文献资料集成》,四川大学出版社 2012 年版,第 957 页。

④ 西华师范大学历史文化学院、川陕革命根据地博物馆:《川陕革命根据地历史文献资料集成》,四川大学出版社 2012 年版,第 165 页。

⑤ 西华师范大学历史文化学院、川陕革命根据地博物馆:《川陕革命根据地历史文献资料集成》,四川大学出版社 2012 年版,第 72 页。

区苏维埃政务委员：负责调查和研究该区反革命活动情形，分别首从进行肃反工作。①

乡苏维埃：调查和研究各村反革命活动，加紧站岗放哨戒严，检查路票，严拿敌人的侦探、坐探及一切造谣破坏的反革命分子。②

村苏维埃：注意村内反革命活动，调查全村内富农、地主和反动分子的家属有无反革命活动及对他们的处理。动员群众捉拿奸细及破坏造谣的反革命分子。力量不足时，报告乡苏。为了更切实执行苏维埃各种法令，在村苏之下，建立十家代表制，每十家工农劳苦群众选举一名代表来帮助村苏肃反。主要任务有二：一是发动十家群众严格监视地主、富农和无公民权的分子，将其生活情形经常向上级报告；二是注意当地有无反革命活动和暗藏的反革命分子阴谋破坏的情形并随时报告上级。③

对于已经建立革命法庭和政治保卫局的县苏，1933 年 11 月下发的《川陕省苏维埃革命法庭布告》规定了县区各级苏维埃在肃反时的权限，即党部、苏维埃的工作人员逮捕的反动案犯，不能私自拘留和用刑处决，在逮捕三天内要送往相应的县保卫局或革命法庭。④

军师政治部政务科：是协助保卫局肃反的重要机构。设有政务科长一名，领导全科工作，直接对政治部主任负责，通过师政治部主任与保卫局、地方苏维埃发生联系。其职责有三：一是办理侦察审问内部及地方反革命活动的事宜；二是处理没收工作；三是领导全师的肃反工作。政务科下设审问股和侦察股。审问股主要负责审问一切反革命及侦察嫌疑犯，股长由政务科长兼任。侦察股有侦察队一班人，主要负责侦察地方反革命活动并逮捕反革命案犯，严

---

① 西华师范大学历史文化学院、川陕革命根据地博物馆：《川陕革命根据地历史文献资料集成》，四川大学出版社 2012 年版，第 115 页。

② 西华师范大学历史文化学院、川陕革命根据地博物馆：《川陕革命根据地历史文献资料集成》，四川大学出版社 2012 年版，第 145 页。

③ 西华师范大学历史文化学院、川陕革命根据地博物馆：《川陕革命根据地历史文献资料集成》，四川大学出版社 2012 年版，第 144 页。

④ 西华师范大学历史文化学院、川陕革命根据地博物馆：《川陕革命根据地历史文献资料集成》，四川大学出版社 2012 年版，第 1314 页。

格检举敌人侦察、坐探及随时侦察红军中人员破坏军纪等事项。①

四、军事组织

政治保卫队:是政治保卫局的军事组织,为保障政治保卫局职能的实现而建立,其成分主要是工人、雇工、贫苦农民。保卫队的任务是绝对遵守局长的命令,坚决执行一切肃反工作,向群众做关于肃反的宣传鼓动工作,并与各种革命机关团体建立密切的横向关系。② 它的理论武器是由川陕苏维埃政治保卫局局长曾传六组织编写的《政治保卫队读本》。

赤卫军:是工农群众保卫苏维埃、保护自己阶级利益的武装组织,相当于工农红军的后备军,主要目的是镇压苏区内的反革命,保卫苏区。其成分是十三岁至四十岁以下的工人、雇工、贫农和可靠的中农。③

赤色民警:隶属于地方最高级苏维埃政府的内务委员会设立的赤色民警局。局长由内务委员会任免。成员是十六岁至三十岁的工农分子。十人一班,设班长一人;三班一排,设排长、副排长各一人,三排一连,三连一营。每排赤色民警的人数依地方和警戒范围的大小来确定,以能维持地方治安为最低标准。采取轮流担任制度,轮期至多半年且在服役期间需要脱离生产。具体任务是保卫赤区安宁,取缔一切破坏苏维埃法律的行为;制止反革命活动和逮捕反革命的现行犯;干涉一切破坏苏维埃法律的行动。赤色民警执行任务时有一定权限限制:逮捕的反革命案犯拘留不得超过两天,不得随意审问拷打案犯,要押交政治保卫局进行处理;不得敲诈民众,向案犯收取罚金;不能随便搜查住宅。④

---

① 总政治部办公厅:《中国人民解放军政治工作历史资料选编·土地革命战争时期》(二),解放军出版社 2002 年版,第 967 页。

② 西华师范大学历史文化学院、川陕革命根据地博物馆:《川陕革命根据地历史文献资料集成》,四川大学出版社 2012 年版,第 1188—1191 页。

③ 西华师范大学历史文化学院、川陕革命根据地博物馆:《川陕革命根据地历史文献资料集成》,四川大学出版社 2012 年版,第 956 页。

④ 西华师范大学历史文化学院、川陕革命根据地博物馆:《川陕革命根据地历史文献资料集成》,四川大学出版社 2012 年版,第 412 页。

侦探队:地方党的组织和各军各师各团及各政治部、处,都要选择最好的雇工、贫农,组织经常的侦探队。①

战斗委员会:由各地区的指挥部、保卫局、革命法庭等机关联合组织成立,该机构是领导党、苏维埃和全体群众的指挥部。②

各县军区指挥部:县军区指挥部驻兵至少一至两连人,各区配备一连人,并轮流到县指挥部接受游击战术战略、守山口子及肃清地方反动武装等短期训练任务。县军区指挥部指挥长,属于县苏维埃常委之一,平时脱离生产,每月工资6元(含伙食费)。③

各县赤少队:职责主要有三,一是举行搜山肃反,打击地方反动武装;二是在主要据点建立堡垒;三是建立侦探网,严密站岗放哨,肃清奸细。④

五、群团组织

工会、贫农团、少先队、童子团、少年先锋队、农会、青年团、妇女生活改善委员会等也是协助肃反的重要力量。这些群团组织在执行肃反任务时不能私自吊打人,如发现反革命分子,需由苏维埃交送县保卫局或县革命法庭。若现行犯得有确切证据时,可以同苏维埃负责人先予拘捕押送上级。⑤

工会、贫农团:1933年8月的《团结雇工贫农坚决肃清地方反动》规定,要以雇工贫农为基础,揭发反动势力的活动,将混入苏维埃的地主富农和反动代

---

① 刘昌福、叶绪惠:《川陕苏区报刊资料选编》,四川省社会科学院出版社1987年版,第139页。

② 西华师范大学历史文化学院、川陕革命根据地博物馆:《川陕革命根据地历史文献资料集成》,四川大学出版社2012年版,第943页。

③ 中共宣汉县委党史工作委员会办公室:《宣汉党史资料》(第四集),内部资料,1984年,第119页。

④ 西华师范大学历史文化学院、川陕革命根据地博物馆:《川陕革命根据地历史文献资料集成》,四川大学出版社2012年版,第346页。

⑤ 刘昌福、叶绪惠:《川陕苏区报刊资料选编》,四川省社会科学院出版社1987年版,第138页。

表清洗出去，武装农民，整理地方武装和游击队。[①] 1934 年 2 月 6 日《共产党》第 43 期发表的《怎样才能彻底消灭刘湘》指出："要发动工会、贫农团来彻底改造苏维埃和查田、查阶级、反富农斗争，还要发动他们来做肃反工作，一时一刻不能放松的，才能坚决消灭刘湘。"[②]

川陕省总工会：在工会里宣传反革命分子的罪恶、阴谋，号召工人协助政治保卫局的工作。侦探敌人，加紧放哨、捉敌人侦探。[③]

苏区赤色工会：组织工人赤卫队，加紧政治军事训练，保卫苏区，肃清反革命和保护工人。在红军作战时工会动员群众参加到红军和赤卫队中，帮助红军运输、征收粮食，监视和肃清反革命分子。[④]

雇工团：1934 年 3 月《川陕省第三次雇工代表大会决议（草案）》规定，雇工……加紧站岗放哨，捉拿敌人的侦探，肃清苏区内部的反动，特别要注意警惕富农分子的行为。肃清苏维埃内部的团总、甲长、流氓、地痞以及消极怠工的腐化分子。[⑤]

少先队、童子团：少先队、童子团在举行的代表大会上提出有关肃反的口号标语是一项常规议程。如 1933 年 3 月的《少先队、童子团代表大会口号标语》中有："加紧戒严工作，肃清苏区内部的反革命分子！我们要侦察一切反革命分子的隐藏处！打倒改组派、AB 团、第三党及一切反革命派！"[⑥]其时苏区每五里建有岗哨，少先队、童子团经常担任站岗放哨的任务。《少年先锋》经常报道童子团参与肃反、活捉反革命的事迹。如 1934 年 2 月 5 日的《少年

① 刘昌福、叶绪惠：《川陕苏区报刊资料选编》，四川省社会科学院出版社 1987 年版，第 145 页。

② 刘昌福、叶绪惠：《川陕苏区报刊资料选编》，四川省社会科学院出版社 1987 年版，第 185 页。

③ 西华师范大学历史文化学院、川陕革命根据地博物馆：《川陕革命根据地历史文献资料集成》，四川大学出版社 2012 年版，第 60 页。

④ 西华师范大学历史文化学院、川陕革命根据地博物馆：《川陕革命根据地历史文献资料集成》，四川大学出版社 2012 年版，第 267 页。

⑤ 西华师范大学历史文化学院、川陕革命根据地博物馆：《川陕革命根据地历史文献资料集成》，四川大学出版社 2012 年版，第 259 页。

⑥ 西华师范大学历史文化学院、川陕革命根据地博物馆：《川陕革命根据地历史文献资料集成》，四川大学出版社 2012 年版，第 1258 页。

先锋》第30期发表了题为《赤江城城区童子团活捉反动办案委员》《童子团多么英勇》的文章。① 同年2月22日《少年先锋》第35期又发表了题为《苍溪童子团捉侦探不放松》的文章。②

乡农会和区农会:召集会议讨论肃反工作。1933年10月,四川省委致邛大特区及川康红军游击队的指示信中提到:"乡农会和区农会应该经常召集会议,讨论群众斗争、肃反工作、土地革命……等等问题。"③

妇女生活改善委员会:1933年4月下发的《中共川陕省委关于红五月工作的决议案》规定,川陕省委要动员妇女生活改善委员会,加紧戒严、站岗、放哨、捉敌人侦探,肃清地方反动武装和地主豪绅反动分子。④

青年团:负有协助肃反的职责。1934年1月发布的《青年团工作决议案》规定:"团要领导劳苦青年群众,积极参加肃反工作。要把暗藏在苏维埃及工会、贫农团、少先队里面的不良分子,完全清洗出去。"⑤

少年先锋队:1934年的《苏维埃区少年先锋队工作决议》规定,少年先锋队要"发动青年群众镇压反革命,保卫苏维埃政权,担负一部分维持地方治安的职务,组织游击战争,扰乱敌人后方"。⑥

综上所述,政治保卫局在肃反中有着其他任何部门都无法取代的作用。此外,革命法庭、工农监察委员会、各级苏维埃和军师政治部政务科、政治保卫队、赤卫军、赤色民警、省军区指挥部和各县军区指挥部、侦探队、战斗委员会、各县赤少队、工会、贫农团、少先队、童子团、少年先锋队、农会、青年团、妇女生

① 西华师范大学历史文化学院、川陕革命根据地博物馆:《川陕革命根据地历史文献资料集成》,四川大学出版社2012年版,第1586—1587页。

② 西华师范大学历史文化学院、川陕革命根据地博物馆:《川陕革命根据地历史文献资料集成》,四川大学出版社2012年版,第1607页。

③ 西华师范大学历史文化学院、川陕革命根据地博物馆:《川陕革命根据地历史文献资料集成》,四川大学出版社2012年版,第509页。

④ 西华师范大学历史文化学院、川陕革命根据地博物馆:《川陕革命根据地历史文献资料集成》,四川大学出版社2012年版,第52页。

⑤ 西华师范大学历史文化学院、川陕革命根据地博物馆:《川陕革命根据地历史文献资料集成》,四川大学出版社2012年版,第226页。

⑥ 西华师范大学历史文化学院、川陕革命根据地博物馆:《川陕革命根据地历史文献资料集成》,四川大学出版社2012年版,第252页。

活改善委员会也是肃反的重要力量。这一庞大的肃反体系,在保卫川陕苏区的安全和苏区内广大人民群众的利益方面发挥了重要作用。当然,这一体系实际运作过程中也多有偏差和错误,值得反思,笔者拟另文讨论。

略论川陕苏区的禁烟运动

江抗美

川陕苏区是在我党领导下，由红四方面军用枪杆子打出来的一块重要的革命根据地。在开辟川陕苏区的斗争中，红四方面军不仅经历了与同时期其他各苏区红军相同的斗争任务，而且还经历了其他苏区所没有经历过的一种新的斗争任务——禁烟运动。这是红四方面军在川陕苏区特定的历史环境中经历的一个独特的斗争任务，在党的领导与人民群众支持下，红四方面军胜利地完成了这个任务，取得了伟大的成绩，有极其重大的意义。今天，我们探讨川陕苏区的禁烟运动，不仅有助于我们全面深入地研究了解红四方面军与川陕苏区的历史，而且对我们进行社会主义物质文明与精神文明建设，也有现实意义。

一

川陕苏区位于川陕边界的大巴山区，苏区的主要部分在川北，而以通江、南江、巴中和万源等县为中心区域。川北地区幅员辽阔，物产丰饶，宜农、宜林、宜牧，人民勤劳勇敢。可是，在红四方面军入川以前，在国民党军阀与封建地主阶级的残暴统治下，这里却是贫瘠和灾难深重的地区，广大劳动人民生活苦不堪言。

自20世纪20年代四川由军阀实行“防区制”后，通、南、巴等川北十余县，主要是军阀田颂尧部的防区；防区内大小官吏的任免，田赋捐税的征收，都由军阀决断。他们为了搜刮民脂民膏,不仅征收五花八门的苛捐杂税,层层盘剥,还强迫农民毁粮田种罂粟,征收烟土代替赋税,以牟取暴利,并美其名曰"特别捐"。这种特别捐重得吓人。巴中每年要缴特别捐一百万两,通江七十万两,南江三十万两。[①] 这种特别捐成了军阀官僚统治的一项重要财源,更成为川北人民特别是通、南、巴人民最沉重的负担。鸦片的种、运、售、吸各有捐税。如田亩捐、烟苗捐、红灯捐、黑灯捐、吸户捐、瘾民捐等,真是名目繁多。不仅种者要纳烟捐,不种的也要纳"懒民捐",不吸的要纳"禁烟捐"。再加上官吏的贪污,层层加码,月月摊派,摊到农民身上的捐税就更加繁重。1932 年,南江县仅一个中农就被摊派缴烟捐六十元。军阀官僚还以"杀人可恕,欠款难容"作为法律来强迫农民缴纳烟款烟捐。田颂尧逼捐的手段,更是骇人听闻。一个老百姓欠缴一块大洋的烟捐就要被保甲长抓去打一百板屁股,多欠多打,打完之后,欠款仍要照数缴清。不少人被逼得妻离子散,家破人亡。

反动统治阶级的强征暴敛,曾激起川北人民奋起反抗。1932 年 9 月,南江人民为反对"预征烟款",曾自发地起来进行斗争,前后达两个多月,终于迫使反动当局宣布"延期征收"。[②] 与此同时,通江县也发生了大规模的抗捐斗争。川北人民这些自发的反抗斗争,虽然取得了暂时的局部的胜利,但在当时军阀残暴统治的情况下,不可能彻底解除因鸦片之害而带来的痛苦,更不可能从根本上改变自己的命运。在国民党军阀的强迫下,川北人民被迫改农田为烟田,大量种植鸦片,以缴烟款,完捐税。

鸦片的大量种植,给川北人民带来了极其深重的灾难和无穷的恶果。首先是严重地破坏了川北地区的农业生产,影响并加重了农民的痛苦生活。

当时,中国西南部多产鸦片,四川又是西南部产鸦片最多的地方,据估计,1932 年产量约在四万万两以上,"以每亩产烟五十两计,则川省鸦片田约为八

---

① 四川大学历史系:《川陕革命根据地的建立和发展》,载中国人民政治协商会议四川省委员会、四川省省志编辑委员会编:《四川文史资料选集》(第 21 辑),四川人民出版社 1980 年版,第 6 页。

② 参见《南江革命史》初稿。

百万亩”。① 而通南巴又是四川(除原西康地区外。这个地区在产烟方面占据重要地位,则是在1938年以后。②)种植鸦片最多最集中的地方,据估计,烟田约占土地面积的30%—40%,③并且都是好田地。如通江全县较肥沃的土地都种了鸦片。由于鸦片税重,农民对于鸦片的种植不得不投资出力,对种烟田搞精耕细作,一根杂草都没有,而种粮食的农田则由于缺乏肥料和人力的加工,杂草丛生,在红四方面军入川前,通南巴地区已形成“纵目田畴,已成黑化”的暗淡农村惨象。烟田增多,农田必然减少,农田的减少与种植管理不善,其结果是粮食大幅度减产,穷苦农民无粮为食。当时南江有一首民谣——“三月杂粮,三月糠,三月野菜,三月荒。”——真实地反映了川北人民的悲惨生活,在巴中,还发生过因被迫种鸦片,出现饥荒而大批人饿死,埋入万人坑的惨剧。④

其次,鸦片的大量种植与吸毒之风蔓延,给川北人民的身心健康和精神状况带来了严重危害。由于当时的反动军阀,为了在防区内多收捐款,对于老百姓吸烟采取听任、鼓励的态度,因此很多人无形之中染上烟瘾,成年男子百分之八九十吸食鸦片,壮丁几乎找不出没有烟瘾的,连十二三岁的小孩也有染上这种嗜好的,一般妇女也不例外。男女老少,皆以“吞云吐雾”为乐事,严重者一日也离不开鸦片。当地人们见面往往是先谈吸烟,后谈吃饭。由于鸦片的麻醉性,在医药上有一定的止痛作用,但这些地方鸦片却变成了包医百病的“良药”,人们有了疾病,首先都是用鸦片来救急。任何青壮男女只要吸烟成瘾之后,大都变得面黄肌瘦,少气无力,萎靡不振,意志消沉。这样既严重摧残了人们身心健康,影响了劳动能力,又消磨了斗争意志和进取精神。由于当地

① 章有义编:《中国近代农业史资料》(第3辑),三联书店1957年版,第50页。

② 米庆云:《蒋政权在川西边禁烟的真相》,载中国人民政治协商会议全国委员会文史资料研究委员会编:《文史资料选辑》(第33辑),文史资料出版社1963年版。

③ 四川大学历史系:《川陕革命根据地的建立和发展》,载中国人民政治协商会议四川省委员会,四川省省志编辑委员会编:《四川文史资料选集》(第21辑),四川人民出版社1980年版,第12页。

④ 四川大学历史系:《川陕革命根据地的建立和发展》,载中国人民政治协商会议四川省委员会、四川省省志编辑委员会编:《四川文史资料选集》(第21辑),四川人民出版社1980年版,第13页。

男子大多吸毒，甚至出现农业生产劳动主要靠妇女承担的反常现象。通江就有“要吃通江饭，妇女打前站”的谚语。

另外，烟毒泛滥又给当地社会风气造成严重污染。当时通江县城内约有一千多户人家，“其中两百多户是开设烟馆的。”①偌大的川北地区，罂花遍野，烟馆林立，城镇乡村公开售卖。在通江，鸦片成为最有价值的“货币”，各个集镇上的买卖，多以鸦片议价。巨商富户所积蓄储藏的也是鸦片。人们还往往以拥有鸦片烟土多寡来比较贫富。鸦片甚至成为敬神的祭品，在许多寺庙里，连菩萨的口唇上，都被善男信女们涂上鸦片烟，弄得神仙佛祖也逃脱不了当地“烟火”的熏染。

红四方面军进驻川北前，在军阀豪绅地主的罪恶统治下，鸦片烟毒一时弥漫川北，灾难深重的川北人民，就在这种贫穷愚昧、黑烟毒火的人间地狱里忍受着痛苦的煎熬。

二

1932年秋，由于王明“左”倾教条主义路线的错误领导，鄂豫皖苏区第四次反“围剿”失败，红四方面军主力二万余人被迫撤离鄂豫皖苏区西征。部队一路转战，过秦岭、涉汉水、越巴山，于12月下旬由陕入川，相继解放了通、南、巴，为川陕苏区的建立开辟了道路。然而，四方面军初次入川，要想在川陕边区复杂的环境中站稳脚跟，打开新的局面，创建新的苏区，是很不容易的，当时部队面临着许多新的困难和艰巨的任务。首先是部队急需补充兵力。因为四方面军在撤离鄂豫皖苏区时是二万余人，经过长途转战，部队伤亡较大，入川后只剩一万五千余人，战斗力相对减弱了。为了对付当时国民党军队和各地军阀的联合围攻，保卫人民解放的胜利果实，创建苏区，必须发动群众参军参战。这样，就地补充新的兵员，扩大红军，就成为四方面军当时一个极为迫切极为重要的任务。可是，在解决部队兵员补充问题上，四方面军遇到了一个从

① 张国焘：《我的回忆》（第3册），香港明报月刊出版社1971年版，第163页。

未经历的新难题——即鸦片烟毒泛滥给当地社会与人民带来的严重恶果，给部队发展所造成的一系列不利因素。

由于当地一般男子大多吸毒，烟瘾很大，体质较差。而四方面军原没有一个吸鸦片的，在思想上也根本反对种植与吸食鸦片，更不容许任何一个有烟瘾者加入部队。在通、南、巴解放之初，虽有不少当地群众要求参加红军，但部队当时很难找出不吸烟的强健丁壮来补充，因此红军一般战士认为在这里不能扩大红军，如果勉强把这些“烟鬼”吸收进来，会降低红军的素质。当地烟毒弥漫情况还给部队军心带来很大影响。有些指战员甚至认为这个鸦片世界是太落后了，对党对红军的发展都不利，因此，也产生了不愿在这里扎根的思想情绪。另外，如前所述，由于当地田地多半种植鸦片，粮田不多，加之种植不力，所以粮食产量不高。当地人民粮食本来就不足，再加上红四方面军一万余众之师，而且还要发展，粮食将更为紧张。部队要在川陕边创建新苏区，坚持长期斗争，不增加农田、发展农业生产，粮食来源就成为一个大问题。这一系列问题，迫使红四方面军必须首先解决鸦片之害，因为不禁除烟毒，部队不仅兵源没有补充，粮食也没有补给。无兵无粮，苏区将难以建立，更不能从根本上把川陕边人民从苦难的深渊中拯救出来。

在这种特定的历史条件下，红四方面军在开辟川陕边革命根据地过程中，在发动群众，打土豪分田地，进行根据地建设，粉碎国民党军阀联合围攻的同时，不得不积极进行禁烟工作，把禁除鸦片作为关系到川陕边人民切身利益和部队成败的重要斗争任务来完成，发动了一场声势浩大的禁烟运动。

为了使川陕边人民了解我党和红军禁烟的目的与意义，使禁烟运动顺利开展并取得成效，四方面军一边放手发动群众，一边接二连三地召集各种禁烟会议，利用各种形式进行禁烟动员，掀起了禁烟宣传高潮。他们揭露国民党军阀强迫人民种、吸鸦片的罪恶目的，说明种、吸鸦片的危害及禁烟的意义，唤起广大群众的阶级觉悟，以实际行动积极响应红军的禁烟号召。红军各宣传队为配合这一中心工作，利用群众喜闻乐见的形式编唱了《工农戒烟歌》进行宣传。宣传队员又把歌词内容详细地向群众讲解，给听众留下了深刻的印象，四方面军总部与各师政治部还利用大巴山区石头多，石建筑多的特点，在各地制作了许多通俗醒目的石刻标语来进行禁烟宣传，如："从前川棒老二，发财人估着种鸦片，吸鸦片，为的是他们好来整款子。""鸦片烟是从前川棒老二和发财人用来杀害穷人的毒药！""穷人吸上鸦片烟，面黄肌瘦，消磨斗争意志，哪能去打匪首刘湘。""要消灭刘湘保卫赤区，就要下决心戒烟！"，等等。这些宣传活动有力地促进了群众的觉醒。

为了使禁烟宣传广泛地深入人心，产生积极效果，各级苏维埃政府都把禁除烟毒作为新生的革命政权所要首先解决的一件大事，到处贴出禁烟告示，宣布禁烟条例。如巴中县苏维埃政府在《为禁鸦片烟事》的布告中指出："国民党军阀、豪绅地主、资产阶级为满足他们抽捐税发财，是不顾我们穷人死活的"，他们"强迫我们穷人种鸦片烟，又要收红灯捐、黑灯捐、瘾民捐。这不仅把我们穷人的膏血剥削净尽，最可恶的是使得我们老老少少，男男女女都成了无用的烟鬼，比杀我们穷人还要痛苦啊！"①因此，从维护工农根本利益出发，苏维埃政府首先宣布取消军阀政府的一切鸦片烟税，同时要求人民响应红军与苏维埃政府的号召，禁种禁吸鸦片，并就如何禁种禁吸作了具体规定。

红四方面军与苏区各级苏维埃政府的大规模的禁烟宣传与行动，在川北各阶层人民中引起了巨大的震动。在这之前，在川北人民心目中只有军队与政府强迫他们种植鸦片，派捐征税的可憎形象与痛苦经历，却没有见过哪个军队与政府这样认真关心他们的痛苦与切身利益，动员他们禁烟的。因此，各方面的反应是强烈的。最初，对红军的禁烟宣传有两种态度：一种是一些烟瘾很大的瘾客，对禁烟宣传反应冷淡，他们有一种偏见，认为戒烟足以死人，巨商富户更担心如果真的禁烟，这种特殊"土产"就变成废物，他们的财富，将化为乌有了。他们议论纷纷，或抵触反对，或要求延期办理，其中大多数人都对红军的禁烟能否取得成效持怀疑态度。另一种与此相反，一般穷苦人民和有识之士，他们通过红军与苏维埃政府的禁烟宣传，普遍认清了鸦片的危害，衷心拥护禁烟运动，认为红军的禁烟宣传与行动，切中时弊，真正是为人民着想的，因此对红军抱有莫大的希望。其中许多最穷苦的觉悟分子，不仅带头戒烟，而且

① 本书编委会编：《川陕革命根据地历史文献选编》（上），四川人民出版社 1979 年版。

积极协助红军开展禁烟运动。

对禁烟运动,当地广大劳动妇女表现了极大的热忱,成了禁烟的急先锋。在通江县举行的一次妇女禁烟群众大会上,有五千以上的妇女参加,其中有的是从很远的乡村赶来的。她们在会上控诉鸦片带来的痛苦,倾吐悲惨的遭遇。有的妇女说,因为男人吸鸦片,弄得家里穷上添穷,连唯一的一条裤子都卖掉了;有的讲,由于丈夫吸烟而欠下地主的债,逼得卖儿卖女,家破人亡。妇女们的血泪控诉,使到会的人都落下了同情的眼泪,她们发誓,坚决拥护共产党和红军的禁烟主张,一定要做好亲人的工作,劝他们戒除恶习,振作精神。有的还当场要求参加红军。① 妇女群众对禁烟所表示的热情,大大鼓舞了红四方面军广大指战员,红四方面军总部通令各地,普遍召开妇女大会,推进禁烟工作。这样,禁烟宣传就形成了一场声势浩大的群众性的禁烟运动,禁烟的必要性和重大意义很快就深入人心,拥护并实行禁烟的人越来越多。

在大力宣传禁烟的同时,红四方面军与各级苏维埃政府又千方百计地采取各种措施,积极开展禁烟工作。在禁烟过程中,既严肃认真,又耐心细致;既有原则性,又慎重灵活。鉴于当地鸦片流毒已久,群众受害甚深,积重难返,不能操之过急,于是在禁烟过程中,采取了分别对待,逐步禁除的办法。首先是禁种,已经种了的,要进行种烟登记,本年仍许其收割,但不许随意出售。没有种烟的则绝对禁止再种。对土豪劣绅所储藏的鸦片全部没收,并严格控制苏区内鸦片的买卖。其次是戒烟,已吸烟的要进行吸烟登记,未吸者严格禁止。红军指战员绝对禁吸鸦片。参加各级苏维埃政权组织以及民众团体的人员,一般采取说服教育的办法,要求他们以身作则,带头彻底戒绝。一般工农群众则以宣传教育为主,动员他们戒烟,但青壮年男女必须限期戒绝;而对烟瘾特别大的,50 岁以上的老年男女或有病体弱者可以缓戒,并允许他们在苏维埃政府创办的戒烟局、所开设的"工农烟馆"内吸烟,但数量必须逐步减少,最后戒掉。各地戒烟局、所一方面大力进行禁烟宣传教育工作,同时制造大量戒烟

① 参见《原四方面军妇女独立营营长苏凤同志在川陕革命根据地历史研究会第三次学术讨论会上的发言》,《四川党史研究通讯》第 2 期。

丸，廉价供应，以减轻戒烟者的痛苦，使禁烟运动顺利开展。戒烟局、所还经常报道戒烟情况，说明戒烟的人不仅没有一个死亡，反而戒烟后多数人的身体健康起来，以打消那些对戒烟有疑惧的顾虑，鼓励他们下定决心，戒除烟瘾。

在禁烟运动中，红四方面军和各级苏维埃政府还不断及时地教育广大红军指战员，要求他们不要歧视当地吸烟群众，要把他们作为自己的阶级兄弟，热情耐心地帮助他们彻底戒除烟瘾，并要大家相信，只要他们彻底戒了烟，也可以成为坚强的红军战士，成为红军的好战友。曾长期遭受鸦片毒害的川北人民，在党和红军的关怀帮助下，开始从黑烟毒火的人间地狱里解脱出来，他们彻底洗刷着反动统治阶级强加在他们身上的痛苦与耻辱，坚定地与过去苦难暗淡的生活告别，满怀信心地走向新的人生道路。昔日的鸦片世界正在经历着翻天覆地的变化。

三

我们党与红军在川陕苏区领导开展的禁烟运动，是川陕边近代历史上自鸦片流毒以来破天荒第一次认真彻底的禁烟。由于我们党、红军和工农民主政府是真心实意拯救劳苦大众出水火，禁烟态度坚决，措施有力，在苏区进行了广泛深入的宣传，并实行了一系列符合群众利益的有效办法来禁除烟毒。所以，虽然禁烟运动的时间不是很长，但却很快收到了成效。当年川陕苏区所办刊物《川北穷人》在一篇题为《戒烟局成绩甚佳，大家起来，决心戒烟，毫无痛苦》的报道中就谈道："连日来戒烟的将及百人，两星期内已有五十人完全戒脱，四年者只须一月，毫无痛苦。"①又如南江戒烟局当时每天都有二三十人拿起被盖、碗筷自愿到戒烟局来戒烟。② 通江县城戒烟局第一期的戒烟者约

---

① 《川北穷人》第9期。转引自本书编委会编：《川陕革命根据地历史文献选编》（下），四川人民出版社1980年版，第693页。

② 四川大学历史系：《川陕革命根据地的建立和发展》，载中国人民政治协商会议四川省委员会、四川省省志编辑委员会编：《四川文史资料选集》（第21辑），四川人民出版社1980年版，第13页。

有三百余人,其中不少是由他们的妻子、母亲送来的,第二期就增至千人以上。① 苍溪县在短短的几个月内,戒绝的就有三百多人。② 一些染有烟瘾的青壮年报名参军后,在新兵营里集体戒烟,一般只需一个月即见成效,恢复健康,为红军增添了新鲜血液。这样经过一段时间(约半年多)的艰苦努力,川北通、南、巴一带吸烟的人便大大减少,据不完全统计,当地已戒烟的到此时就占百分之七十以上,没有完全戒绝的约占百分之二十,依然吸烟的老弱不过百分之十而已。③ 禁种取得的成效更大,连国民党统治区的报纸也不得不承认:"在通、南、巴赤区内,鸦片烟的种植是绝对禁止了的,我们走进这些地方,简直看不见一根烟苗。"④

川陕苏区禁烟运动的顺利开展及其取得的巨大成绩,对川陕苏区的创建与发展,对四方面军的发展壮大,具有重要意义。首先,它更加增强了红四方面军在川北人民中的信仰。川北人民认为这是红军到川北后的一大功德,而这是任何其他军队都办不到的。他们切身体会到,国民党军阀把人变成"鬼",共产党和红军把"鬼"变成人,只有共产党和红军才真正关心与解决人民的苦难,是人民的大救星。从此他们更加热爱共产党,热爱红军,坚定了他们跟着党与红军为革命斗争到底的勇气与信心。这样就使红四方面军在川陕边站稳了脚跟,打开新的局面,坚持长期斗争有了深厚的群众基础。同时,也使红四方面军广大指战员在川陕边开辟新苏区,坚持斗争的信心更坚定了。

其次,由于禁种禁吸鸦片,这就彻底堵塞了军阀统治的一大财源,也从根本上解除了川北人民长期以来因鸦片祸害所带来的沉重剥削负担和各种苦难。通过戒烟,川北人民的健康状况有了明显的改善,人们从前那种面黄肌瘦、懒散无力、萎靡不振的样子荡然无存,身体素质大大增强,精神面貌也发生了巨大变化,参军参战的热情亦更加高涨。这就使红军补充有了兵源,为扩大

① 张国焘:《我的回忆》(第3册),香港明报月刊出版社1971年版,第165页。

② 四川大学历史系:《川陕革命根据地的建立和发展》,载中国人民政治协商会议四川省委员会、四川省省志编辑委员会编:《四川文史资料选集》(第21辑),四川人民出版社1980年版,第18页。

③ 张国焘:《我的回忆》(第3册),香港明报月刊出版社1971年版,第166页。

④ 《国闻周报》第12卷第18期。

红军奠定了基础。红四方面军从入川到1933年6月，只有半年时间，仅在通、南、巴一带就扩大了一倍，还组织了上万人的地方武装。到1933年10月，在取得仪南、营渠、宣达三次进攻战役的胜利后，四方面军更扩大到近八万人。这除了在苏区实行土地革命，调动了农民群众的革命积极性等因素以外，禁烟运动的成功不能不说是一个重要原因。

再次，禁种鸦片之后，烟田绝迹了，粮食耕种面积增加了；同时由于禁烟，社会风气也发生了显著变化，社会上那些靠鸦片获利或以鸦片谋生的人以及游手好闲、好吃懒做的现象也减少乃至消失了，从事农业生产的人增多了，使农业生产力得到了解放；再加上土地革命后，党与政府加强对农业生产的组织与领导，向农民提出"多种粮食，少种鸦片"，"加紧春耕生产"，"不荒一寸土地"等号召，鼓励农民精耕细作，多打粮食，因而使苏区农业生产当年大见成效，获得了前所未有的丰收。如南江、通江一带，1933年前（即红军入川前），粮食亩产不过百斤左右，而在1933年至1934年，亩产达到二百至三百斤，①产量增加一至二倍。1934年1月，毛泽东曾在中华苏维埃共和国第二次代表大会上的报告中称赞说："川陕边区的农业收成良好。"②苏区粮食大丰收，使人民生活得到改善，红军的粮食补给也有了保障，从而为红四方面军在川陕边区坚持斗争，粉碎国民党军阀的猖狂进攻，创造了最基本的条件。另外，红四方面军即使在苏区大发展，部队猛烈扩大的紧张情况下，也始终严格实行禁烟，这就使全军将士一直保持着良好的身体素质、严格的组织纪律和旺盛的战斗精神，保证了部队过硬的作风与坚强的战斗力。而红四方面军的对头四川军阀的部队却是有名的"双枪军"，他们从最高长官到一般兵士，都是"大烟鬼"。一旦烟瘾发作时，哪怕是在战场上打仗最激烈的时候，也要停下来吸烟过瘾，不吸鸦片，简直无力作战。这种部队的战斗力就可想而知了。所以，尽管四川军阀人多、"枪多"，仍经常败在红四方面军手下，这除了两个军队的根本性质不同外，恐怕双方一个吸毒成风，一个严禁烟毒，也是一个重要原因。

---

① 参见《1981年中央访问团仪陇工作组总结》。

② 毛泽东：《我们的经济政策》，载《毛泽东选集》第1卷，人民出版社1966年版，第117页。（编者按：《毛泽东选集》第1卷，人民出版社1991年版，第131页。）

总之,红四方面军在川陕苏区开展的禁烟运动,对解除当地人民的痛苦,对苏区的创建与发展,对红军的生存和扩充,都起了积极的作用。不仅如此,它还具有深远的历史意义。它向中国人民和世界人民表明,只有共产党及其领导的红军和苏维埃政府,才真正关心群众疾苦,重视人民健康,认真实行社会改革,彻底洗涤旧制度遗留的污泥浊水,才是工农大众自己的军队和政府。这一切都和当时残民以逞,唯利是图的国民党反动政府及大小军阀一贯利用鸦片加强剥削,毒害人民,形成了鲜明的对照。

川陕苏区时期领导干部的群众观

黄　涓

中国共产党自诞生之日起，就将密切联系群众，维护群众利益，争取群众支持放在党的工作的重要位置，这是党的事业取得胜利的先决条件，也是党永葆生命力的力量源泉。川陕苏区地处偏远，党的影响力十分薄弱，据徐向前回忆："像巴中全县，人口约五十万，却找不到几名党员来"，"许多农民住在交通闭塞的山旮旯里，连三民主义、国民革命也闻所未闻，更不要说什么共产主义和苏维埃运动了"①。在这样的情况下，如何取得群众的信任与支持便成为川陕苏区革命工作和政权建设得以展开的重要前提。因此，红军一进川，西北革命军事委员会主席张国焘、红四方面军总指挥徐向前、红四方面军总政治部主任陈昌浩等领导人就组织调动了大批有群众工作经验的干部、战士组成红军工作队，深入到川陕各地的家家户户去开展群众工作，体现出川陕苏区领导干部对群众工作的高度重视。川陕苏区领导干部的群众观与中国共产党长期以来形成的一切为了群众，群众利益至上的群众观是一脉相承的，是马克思主义中国化的重要理论成果和实践经验。具体来讲，川陕苏区时期领导干部的群众观，主要有以下几个方面的内容。

一、相信群众力量，肯定群众的历史作用

历史是人民群众创造的。川陕苏区的历史主要是一段军事斗争、武装斗争

---

① 徐向前：《历史的回顾》，解放军出版社1988年版，第169页。

的历史,同时也是一段群众广泛参与、积极配合的历史。在川陕苏区存续的两年多时间里,共有10多万群众参加红军,组织运输队支援前线达200万人次以上。

川陕苏区领导干部对群众力量十分看重。曾任红四方面军总医院院长的周光坦在全省土地委员会议报告《平分土地与消灭刘湘战斗任务》中,指示我们要相信群众力量,"要晓得穷人有力量,什么都是穷人做出来的,土地是穷人做出来的,房屋也是穷人做出来的,刘湘的枪支也是穷人做出来的"①。曾任红四方面军总指挥部参谋长的曾中生特别看中群众力量在战斗中的重要作用,他在《与川军作战要点》中提出红四方面军战术的要点是:"红军作战,群众力量,处处配合,声威壮大";在讲述游击战争的"通则"时提出要"与群众组织具体配合、要发动群众骚扰敌人、打圈子对付敌人"②。针对当时群众对自己力量认识的不足,陈昌浩在《空前胜利与我们的紧急任务》中提出,"要通过各种途径的教育,使川陕群众坚信自己力量之伟大,从而更热烈地来参加革命。"③

对于群众力量的巨大作用,川陕苏区领导干部在回忆这段历史时都给予了极大的肯定。徐向前在《历史的回顾》中写道,"战争的胜利,来源人民群众的伟大力量","没有人民群众的强大力量做后盾,我们要打赢这场战争是难以想象的"④。曾任红四方面军政治部副主任的傅钟在《祝贺与怀念》中写道,红军在川陕地区先后粉碎了军阀田颂尧、刘湘两次大规模的围攻;同时扩大了根据地,壮大了自己,而这些胜利是与川陕地区广大人民群众积极支援分不开的。傅钟还特别肯定了妇女群众的作用,他认为"广大妇女群众,直接帮助红军运粮运草,救护伤病员,在扩大红军与拥军优待红属的工作中,亦起着重大作用。"⑤

---

① 红色号角编委会:《红色号角——川陕苏区新闻出版发行工作》,四川人民出版社1991年版,第159页。

② 温贤美主编:《根据地英烈传》,四川省社会科学院出版社1984年版,第21页。

③ 四川省社会科学院、陕西省社会科学院:《革命根据地史料选辑》,人民出版社1986年版,第364页。

④ 徐向前:《历史的回顾》,解放军出版社1988年版,第300页。

⑤ 四川省社会科学院、陕西省社会科学院:《革命根据地史料选辑》,人民出版社1986年版,第533、469页。

二、维护群众利益,努力为群众解决困难

人民利益高于一切,是马克思主义一贯坚持的立场和观点,也是中国共产党人一切行动的出发点和归宿。川陕苏区领导人高度重视群众利益,帮助群众解决实际困难,很好地体现了维护群众,群众利益至上的群众观。

其一,帮助群众消除匪患烟毒,营造良好的生存环境。在川北地区,除军阀混战之外,匪患横行、烟毒遍地也给群众的生命财产带来极大危害。红军入川后,徐向前、陈昌浩令各部队以军事打击与政治瓦解相结合的方针,剿灭土匪"棒老二",并将抓获的土匪头目、骨干予以公审。群众高兴地说:"有红军在,我们再也不怕'棒老二'了!"①对于群众关心的戒烟工作,徐向前采取教育为主、逐个解决问题的办法,发动大家开展戒烟工作。在部队,他还亲自去做士兵戒烟的思想工作,帮助新兵戒烟。曾任川陕省委宣传部部长的刘瑞龙也很重视川陕苏区的戒烟工作,率领川陕省委宣传部编写了《戒烟歌》等歌谣,刻写了许多宣传禁烟的石刻标语,以多种形式向群众宣传鸦片烟的危害。此外,领导干部还时常视察和探望戒烟者,如张国焘回忆说:"我和徐向前、陈昌浩等都曾亲自深入戒烟所,作过许多次督导工作。"②在大家的一致努力下,川陕苏区的戒烟工作取得了很好的成效,连国民党的报纸也承认:"在通南巴赤区内,鸦片烟种植是绝对禁止了的。我们走进这些地方,简直看不到一根烟苗。"③

其二,为群众提供紧缺物资,解决群众的实际困难。川陕地区地处偏远,山高林密,本来经济状况就十分落后。加上常年的军阀混战,群众更是苦不堪言。川陕苏区领导干部急群众之所急,想方设法为群众解决实际困难。针对群众耕牛、农具、种子严重不足的问题,时任川陕省苏维埃政府主席的熊国炳经常到农村调查研究,带领群众成立众多的生产合作社,组织千万支代耕队、收割队,并为群众免费发放种子。仅1934年,他领导的川陕省苏维埃政府为

① 夏明星:《徐向前与陈昌浩》,《湖北文史》2008年第2期。
② 中共巴中县委党史室:《巴中现代革命史》,四川人民出版社1991年版,第264页。
③ 陈以政:《川陕苏区的禁毒考察》,《四川文物》1999年第2期。

群众发放粮种15万斤，有力地支援了春耕。针对川陕苏区建立以后国民党的经济封锁政策所带来的物资短缺问题，当时的中共川陕省委书记周纯全指出今后的工作重点是抓住以下几项："第一，要好好平分土地，解决好穷人的吃饭问题。第二，要发展生产，农民要在分得的土地上，大量种粮、种菜，发展猪、牛、羊，走自给自足之路。第三，解决群众的一个缺盐迫切的问题。"在中共川陕省第四次党员代表大会总结会上周纯全还发表了激动人心的演讲，要求广大党员"要自己想法，改善群众生活痛苦。要解决盐的问题，解决赤区经济，第一个要办合作社，群众没有锅，就办锅厂，没有农具，办农具厂，群众要糖，我们可以办糖坊，群众需要盐，组织合作社买盐，这样不管敌人怎样封锁，我们自己也有办法"①。

其三，领导群众开展土地革命，帮助群众增产增收。川陕苏区建立之前，当地的土地占有情况极为不公，绝大部分农民缺少土地，连基本生活都难以维持。土地问题无疑是川陕苏区群众利益中最为迫切和紧要的问题，也是川陕苏区政权建设中最为重视的一个问题。据刘瑞龙的回忆，川陕省委多次强调，土地革命是川陕革命根据地全党工作的中心，是做好一切工作的出发点和基础，要求所有党员和干部都要积极组织和领导广大农民群众的土地斗争。②周纯全在中共川陕省第四次党员代表大会总结会上讲演指出，"我们为要消灭敌人，只有组织广大群众的斗争，党为要发动群众斗争，要马上解决土地问题、改造苏维埃。"③因此，川陕苏区建立后，立即掀起了土地革命的浪潮。徐向前领导部队打土豪、分土地、分粮食，陈昌浩也派遣大批的干部和战士，组成工作队，深入到农村群众当中领导土地革命。并与张国焘联合署名发布《关于土地问题的布告》，加深了广大群众对川陕苏区土地政策的了解。红四方面军总医院政治部主任张琴秋则不顾自身安危，亲自带领工作队、宣传队，深

---

① 张崇鱼：《周纯全在川陕时期》，川陕苏区将帅碑林管理委员会办公室编辑，2005年，第20、30页。

② 红色号角编委会：《红色号角——川陕苏区新闻出版发行工作》，四川人民出版社1991年版，第187页。

③ 张崇鱼：《周纯全在川陕时期》，川陕苏区将帅碑林管理委员会办公室编辑，2005年，第25页。

入山寨村庄，宣传讲解党的方针政策，发动群众打土豪、分田地，开展土地革命。① 对于土地革命的成效，刘瑞龙认为“打土豪，分田地，一下子就掀掉了地主、豪绅、国民党军阀压榨农民的锁链。土地革命，把共产党、红军、工农政府解放工农的主张普及到千家万户”；“土地革命，使川陕工农劳动人民和中国共产党领导的红军融为一体，患难与共，人民把红军当做亲人，竭诚拥护红军”；“土地革命中，共产党领导广大农民组织武装起来，把农村原来一盘散沙的农民组成为坚强的、有组织的、建设新生活的革命力量”②。

有了土地以后，川陕苏区领导干部还提倡积极发展农业生产，从而真正实现农民的增产增收。据刘瑞龙回忆，“川陕边区的党、政和红军，把发展农业生产、增产粮食和经济作物、解决军民吃穿问题作为首要任务。”③在川陕苏区领导干部的共同努力之下，苏区制定了恢复和发展农业生产的几项重大政策：第一，号召和教育农民禁绝鸦片。第二，领导农民兴修水利。第三，奖励开荒。第四，提倡多养牲畜，积造肥料，改良土壤。第五，提倡培养森林，发展经济林木。第六，解决军民吃盐困难，战胜敌人的封锁。第七，充分发挥财政金融作用，提供资金，支援农业生产。第八，党和工农政府除上述政策和措施外，还根据生产季节，组织广大工农群众春耕、夏耕、秋耕运动。发动竞赛，及时检查、总结、评比，表扬先进，促进生产。还提倡切实执行“礼拜六”制度，发动党政军干部参加生产劳动④。

三、发动群众斗争，重视宣传和武装群众

在革命战争时期，动员群众、组织群众、武装群众的工作是加强我党和群

① 温贤美主编：《根据地英烈传》，四川省社会科学院出版社 1984 年版，第 62 页。

② 红色号角编委会：《红色号角——川陕苏区新闻出版发行工作》，四川人民出版社 1991 年版，第 189 页。

③ 红色号角编委会：《红色号角——川陕苏区新闻出版发行工作》，四川人民出版社 1991 年版，第 190 页。

④ 红色号角编委会：《红色号角——川陕苏区新闻出版发行工作》，四川人民出版社 1991 年版，第 190—191 页。

众联系的重要方式。在川陕苏区,各级领导干部也将组织群众、发动群众作为必须的、经常开展的工作。

其一,宣传教育群众,加深群众的认识。作为川陕省委宣传部部长的刘瑞龙,为川陕苏区的宣传教育工作作出了巨大贡献。刘瑞龙在《红色战士读本》中要求每个红军战士都能做好宣传工作,要求:“(1)要经常讨论每种文件、报纸、布告、宣言,好好做宣传。(2)每次红军胜利的消息要很快地传达和普遍宣传其重要意义,大大发动群众的斗争热情……每个战士都要注意将传单标语沿途散发给群众,并尽可能向人群解释标语内容①。”还组织部分干部负责编写《农村阶级划分歌》《革命三字经》《消灭刘湘三字经》等通俗读物在群众中间进行宣传。刘瑞龙、傅钟、吴永康、胡曼石、罗世文等都亲自参与其中。为了发动苏区群众踊跃参军,1933 年,刘瑞龙带领宣传部和西北军区政治部编写了《参加革命红军的十大好处》等宣传品进行大规模的“扩红”宣传,同时编排《扩红谣》《劝郎当红军》《十劝夫》《参军歌》《十送红军》等节目,以群众易于接受的小品、歌剧、歌曲等形式动员群众参军②。在宣传对象上,刘瑞龙指示:“川陕苏区党的宣传对象,首先重点放在苏区广大人民方面,提高他们的觉悟和斗志。同时也不放松对白区工农群众的宣传,和瓦解敌军的宣传,号召他们起来斗争,投靠红军,创造新的苏区。”③川陕苏区其他领导干部也很重视对群众的宣传教育工作,并积极参与其中。当时,川陕苏区各级领导人,都随时深入群众,尤其是利用赶集时组织大规模的群众大会,向广大群众作报告,搞演讲,反复解释共产党、红军的主张和实行的各种方针政策。

其二,武装群众,领导群众斗争。在武装群众,领导群众斗争方面,川陕苏区领导干部在各项决议、讲话、文章中多次动员大家要积极领导群众开展武装斗争以保卫胜利果实。刘瑞龙要求苏区的宣传工作要使群众认识到保卫赤区

---

① 刘欣琛、李敏:《川陕革命根据地领导人关于思想政治工作的论述及主要功绩》,《福建党史月刊》2012 年第 14 期。

② 川陕根据地革命文化史料征编委员会:《川陕根据地革命文化史料选编》,三秦出版社 1997 年版,第 902 页。

③ 中国共产党巴中市委员会编:《刘瑞龙从川陕苏区到延安》,中共党史出版社 2010 年版,第 8 页。

的责任,“地方党、苏维埃,便应当拿一切力量武装群众,加强地方武装,发展游击战争,拿群众的武装力量誓死保卫赤区”①。周光坦时常鼓励群众,“我们不想把自己的父母、妻子给帝国主义屠杀,不想发财人把政权夺去,不想土地被发财人夺去,就应当起来同发财人斗争。”他指示各区各乡开要群众大会,告诉群众“现在不是享福的时候,要去消灭敌人,尤其是附近白区的几县,要特别注意动员大家去消灭敌人”。指出只有“发动群众斗争,彻底的分田、查阶级,动员全体群众去打敌人,消灭刘湘,老的少的都要去,不这样便不能保住土地利益和保住自己的土地财产”②。傅钟也在《苏维埃政权和镇压反革命》一文中提出必须发动工农群众斗争,将一切暗藏苏维埃中的团总、区正、甲长一律逮捕,将一切稍有可疑的不良分子都严格监视,决不能轻易将坏分子放回。③

四、尊重群众情感,建立良好的干群关系

要建立良好和谐的干群关系,必须要尊重群众,深入到群众中去,了解群众的需要,倾听群众的意见。在川陕苏区,广大干部廉洁奉公,勤于正事,想群众之所想,急群众之所急,不搞特殊化,与人民群众建立了艰苦与共、患难相依的鱼水之情。

其一,尊重群众,重视干群关系。和谐的干群关系,首先来源于领导干部对群众的尊重和重视。川陕苏区领导干部在日常生活、工作中都非常注重自己的言行。熊国炳常对随行工作人员说:“请大家不要叫我熊主席,这样喊不好接近老百姓。”④在战斗中,见运输队员忙不过来,他还把自己的马送去参加

① 四川省社会科学院、陕西省社会科学院:《革命根据地史料选辑》,人民出版社 1986 年版,第 339—340 页。

② 红色号角编委会:《红色号角——川陕苏区新闻出版发行工作》,四川人民出版社 1991 年版,第 153、155、159 页。

③ 红色号角编委会:《红色号角——川陕苏区新闻出版发行工作》,四川人民出版社 1991 年版,第 152 页。

④ 中共通江县党史研究室:《通江苏维埃志》,四川人民出版社 2006 年版,第 471 页。

物资运送。徐向前多次在干部会上指示广大干部要认识到只有:“群众对你有了‘一家人’的感情,才能相信你的宣传,跟你闹革命,否则,雷打他也不会动弹的。”①中共陕南特委书记陈浅伦也很重视军民关系,他要求部队坚决执行六项纪律:“不得奸污妇女;不拿群众一针一线;借东西要还;要买卖公平;住民房要打扫清洁;不准打人骂人和拉夫。”②对于违反纪律,损害群众利益的人,他坚决按纪律办事,毫不留情。逢年过节或遇婚丧之事,他还常用自己积下来的钱买纸写对联或作画送给穷人,很受群众爱戴。

其二,以身作则,讲究工作方法。川陕苏区领导干部在工作中以身作则,讲究工作方法,不搞特殊化,体现了良好的工作作风。在全省土地委员会议报告中周光坦曾说:“军长师长分田地,勤务马夫一样的分田地;军长师长有什么,勤务马夫也有。红军是什么都平等。”③在川陕省第一次工农兵代表大会会议期间,熊国炳带头参与宣传工作,他演唱了《穷人歌》《巴山背二哥》等歌曲,激发了与会代表参与的热情。④ 熊国炳还经常到苏区各县巡回视察,了解下情。在“六路围攻”最紧张的时候,他深入前线部队作粮食、弹药的余缺调查,奔忙于运输线上督促、安排后勤物资的尽快补给,组织群众在战后清扫战场、掩埋烈士、收缴战利品,召集会议研究部署筹粮、慰问、运输等具体工作。⑤在反“六路围攻”战斗激烈的时候,张琴秋多次到阵地上同卫生员一起抬担架,包扎伤口,送水喂药,广大指战员深为感动,称她为“咱们伤员的贴心人”⑥;在艰苦的行军途中,她常常深入部队,身先士卒。饿了,她和同志们一

---

① 夏明星:《徐向前与陈昌浩》,《湖北文史》2008 年第 2 期。

② 胡民新、范均升、刘国元:《英勇不屈的革命战士——记红二十九军军长陈浅伦同志》,《人文杂志》1981 年 S1 期。

③ 红色号角编委会:《红色号角——川陕苏区新闻出版发行工作》,四川人民出版社 1991 年版,第 158 页。

④ 刘欣琛、李敏:《川陕革命根据地领导人关于思想政治工作的论述及主要功绩》,《福建党史月刊》2012 年第 14 期。

⑤ 四川省社会科学院、陕西省社会科学院:《革命根据地史料选辑》,人民出版社 1986 年版,第 249—250 页。

⑥ 吕莹:《张琴秋传略》,《重庆师范学院学报》1984 年第 3 期。

块吃干粮；累了，她领着大伙唱山歌，说笑话。① 陈浅伦对普通战士非常关心，在严寒的冬夜，他常把自己的皮大衣带给站岗的战士穿，自己却穿着单薄的棉衣，冒着寒气，来回检查岗哨。② 陈昌浩则强调领导干部工作要务实，要非常实际地深入基层，并自觉接受群众的监督。陈昌浩在1933年作的地方党、团、苏维埃经常工作方式提要中，要求"向群众大会或群众代表大会报告工作与讨论计划，使群众与下层了解上级的工作与促进下级对上级的监视与群众的监督；尤其是支部或村苏乡苏工作，必向群众大会直接报告"③。另外，川陕苏区领导干部还特别注意防止不良风气对苏区各项工作的影响。刘瑞龙曾对分田过程中工作队的恩赐主义、包办主义、形式主义提出过批评。周光坦也在全省土地委员会议报告中，指出要强烈反对部分苏维埃委员的官僚主义。周纯全则对领导群众斗争工作中出现的"派""安"等旧式办人口的办法提出过严厉的批评。

五、服务群众需要，重视群众的文化教育

针对川陕苏区群众文化水平低，文盲率极高，儿童基本上不能上学读书的情况，川陕苏区领导干部非常重视苏区的群众文化教育工作。在川陕省第二次全省工农兵代表大会的报告《目前形势与川陕省苏维埃的任务》中曾指示："广泛的发展苏区的文化教育，工作重点应当是发展社会教育。各处都办工农学校、俱乐部、识字班、读报班，加紧识字运动，使苏区工农大众能识字，有计划建立列宁小学，建立出版工作，大批地出版共产主义的书籍。"④川陕苏区领导人还非常关心群众的文化生活，指导各地设立红场、俱乐部等群众文化场所，提供报纸、文艺宣传单等材料，经常开展晚会、唱歌、讲演等文化活动。在

---

① 温贤美主编：《根据地英烈传》，四川省社会科学院出版社1984年版，第61—65页。

② 温贤美主编：《根据地英烈传》，四川省社会科学院出版社1984年版，第144页。

③ 张崇鱼：《陈昌浩在川陕苏区》，川陕苏区将帅碑林管委办，2006年，第114页。

④ 川陕根据地革命文化史料征编委员会：《川陕根据地革命文化史料选编》，三秦出版社1997年版，第814页。

刘瑞龙的《我在川陕边区和红四方面军的经历》、陈昌浩的《培养干部的提案》等文章中均有对川陕苏区重视文化教育工作的描述。此外，川陕苏区领导干部还抽出时间亲自参与到教群众识字、带领群众开展文化活动的工作中来，体现了为群众服务的思想。刘瑞龙在《我在川陕边区和红四方面军的经历》中提到各地普遍办有列宁小学和阅览室、俱乐部等教育群众的机构。党和军队的负责干部，也经常到学校去上课，刘瑞龙、傅钟、吴永康、罗世文、廖承志、张琴秋等都去党校上过课。张琴秋还经常到红场教群众唱革命歌曲，教姑娘们跳海军舞、乌克兰舞，教儿童做游戏。

由此可见，川陕苏区时期领导干部在群众工作中体现出了相信群众、维护群众、发动群众、尊重群众和服务群众的良好的群众观。这样的群众观为构建和谐的干群关系提供了可能，为川陕苏区政权赢得群众的信任和支持奠定了坚实的群众基础，是川陕苏区各项事业健康发展的重要基石。

川陕苏区时期的群团组织与红四方面军后勤保障研究

刘长江　王　盟

回首自 1921 年中国共产党成立至今近百年的革命征程，广大人民群众的支持和拥护是党取得今日伟大成就的先决条件和必备因素。正如土地革命战争时期的川陕苏区，之所以能够在不到三年的时间内迅速成长为当时的“中华苏维埃共和国的第二大区域”，其中的制胜法宝正是紧紧依靠中国共产党组织、领导下的多层次、交叉化、富有成效的各种群众社团组织。正是借助这些群团组织的宣传和组织力量，中国共产党才能把深植于群众中的伟力发掘出来，川陕苏区才能在敌对势力持续不断的“围剿”中生存下来。虽然红四方面军自鄂豫皖根据地战略转移到川陕苏区后，不到三年就因种种原因撤离，停留时间虽短，但是多数时间都处在与敌作战中，斗争之频繁、艰苦是各苏区中所罕见的。在经济落后、交通不便的大巴山区开展大规模作战行动，除却精神的较量，敌我双方都必须面对的一个难题就是后勤保障困难，可以说，决定战争胜负的一大关键因素就是看后勤物资供应能否得到有效解决。当时的川陕苏区党和苏维埃政府，正是通过富有成效的群团组织建设，在对敌作战过程中把群众的力量充分发挥和凝聚起来，为红四方面军取得战争的胜利提供了良好的后勤保障。然而，迄今为止，学界鲜有论者从群团组织的视角论析红四方面军的后勤保障问题，笔者拟就此略作探讨。

一、川陕苏区时期红四方面军后勤物资筹措的困境

1932年12月下旬，中国工农红军第四方面军实行战略大转移，由鄂豫皖挺进四川，先期攻占了通江、南江、巴中三座县城及大部分地区，随即建立了苏维埃政权，此举为川陕苏区的建立和扩大奠定了坚实基础。随着红军后续一系列作战的胜利，川陕苏区在鼎盛时期囊括了二十三个县政权，所辖约六百万人口，红四方面军也由入川时的一万五千余人扩大到五个军，八万余人，被毛泽东称之为“中华苏维埃共和国的第二大区域”。不过，这里需要指出的是，虽说川陕苏区疆域颇大，但并不是像毛泽东所说的那样，真正的具有“地理上、富源上、战略上和社会条件上的许多优势”。①

川东北境内虽说自然资源如煤、铁、茶叶、木耳、银耳、中药材等丰富多样，但由于山高林密、交通不便，土特产无法大量外运，而本地所急需的大量日常物品如盐巴、药品等也无法及时输入。正是由于该地区交通闭塞等诸多因素，造成了当地工商业极不发达，经济结构仍以自给自足的自然经济占主导地位。当地90%以上的民众从事农业种植，以土地谋生。20世纪二三十年代的川东北，农业生产技术和生产工具极度落后，不少缺耕牛少农具的农户，只好刀耕火种，或者男子扶犁，妇女拉犁，见土播种，点上包谷、高粱、土豆。然而艰苦的劳作并不能换来粮食的高产，“1933年以前的南江、巴中一带，每亩地产粮食仅约100斤左右，棉花才收一二十斤”②。除土地贫瘠、生产艰难外，川东北人民还要遭受四川“防区制”下的封建军阀和豪绅地主的双重剥削和压榨。农民向地主租种土地，要先交纳高额的押金，每年的地租占收获物的一半以上。农民终年辛勤劳动所生产的粮食，自己只能得一半或不足一半，逢年过节还得向地主家送礼。由于四川特殊的“防区制”，军阀盘踞所在，田赋的征取往往凭军阀随心所欲，多如牛毛，甚至实行预征制。如1933年，“刘存厚所统治的

---

① 中国现代史资料编辑委员会翻印：《苏维埃中国》（第二集），内部资料，1957年，第248—249页。

② 林超：《川陕革命根据地史》，四川省社会科学院出版社1988年版，第225页。

城口、万源、宣汉、达县,田赋预征到民国72年(1983年)”。[①] 除却田赋,还有名目繁多的苛捐杂税,“据不完全统计,当时川东北各种捐税不下百余种,如子弹捐、壮丁捐、瘾民捐、种烟捐等。”[②]更为离奇的是,在适合种植鸦片的地域,农民如果不种鸦片的话,还要被强制交纳“懒捐”,且数目远比“种烟捐”沉重。由此可见,红四方面军进入川东北地区之前,该地区经济发展水平极其低下,广大民众生活十分艰难,加之在四川军阀防区制下,还要遭受封建军阀、豪绅地主、土匪团练等诸多反动势力的蹂躏和压榨,生活更是苦不堪言。而该地区丰富的物产资源因受困于大山阻隔、资本和技术的缺乏、军阀盘剥等因素,无法得到有效的开发和利用。

总之,红四方面军进入川东北之后,不仅受制于此地民穷财困,还要面对封建军阀的军事围剿、经济“封锁”以及地主、土匪武装的骚扰、袭击,因此,后勤物资供应极为困难。尤其是在1933年6月底木门会议,大规模扩红完成后,红四方面军总数达到4万余人,后勤供应问题更为严峻。

二、川陕苏区群团组织与红四方面军后勤保障

针对红四方面军后勤物资筹措面临的困境,川陕苏区党和苏维埃政府采取了取之于敌、筹之于民(包括自己的工厂生产部分)、白区秘密采购或换购等诸多筹措方法来满足军队作战所需。

(一)取之于敌

红四方面军在川陕苏区时期的许多重要物资如枪支弹药、粮食等,其中很大一部分都是取之于敌。本文这里提到的敌人不仅仅指战场上的敌人,还包括在当时特殊的斗争环境下所定义的“发财人”、“豪绅地主”、“城市反革命分子”等敌对分子。红军初到川东北,就提出了“打土豪、分浮财”的口号,通过

---

① 林超:《川陕革命根据地史》,四川省社会科学院出版社1988年版,第3页。
② 林超主编:《川陕革命根据地历史长编》,四川人民出版社1982年版,第5页。

没收封建地主和反动分子的财富来解决当时革命斗争巨大物资支出的燃眉之急。可是,哪些人是发财人?哪些是地主恶霸?逃跑后的地主豪绅,其隐匿的财富藏在了哪里?红四方面军对当地人生地不熟,最初只好每到一个地区就派出工作队进行调查,先摸清地主豪绅的分布和财产占有情况,然后分别予以没收。这一做法收效甚微,因为在红军到来之前,由于敌对势力的宣传和白色威压,极力把红军妖魔化,一些地主、富商等纷纷逃遁,另外,还有一些则把粮食、银元等藏匿起来。由于川东北地区早期党组织建设的不完善,革命宣传不到位,革命氛围并不浓厚,再加上封建军阀、地主恶霸的污蔑,许多当地民众对红军不了解甚至抱有敌意,因此红军的调查工作难以进行。这一状况在大批群众社团组织如赤卫队、贫农团、工会等建立之后有了很大改观,通过中国共产党积极的宣传教育和以实际行动作为表率,广大人民群众知晓了谁是真正的敌人,谁让他们翻身作了主人。在赤卫队、游击队等积极分子带领下,"打土豪"工作取得了重大成果。这些群团组织分子在红军和苏维埃负责人的带领下,现身说法,分头走村串户,深入宣传党的政策,启发群众的阶级觉悟。通过充分发动群众,大家纷纷检举揭发"发财人",举报地主土财藏匿粮食、金银财宝的地点,此举狠狠打击了土豪劣绅,保卫了新生的革命政权。打土豪、没收城市反革命分子的财产所得,其数目极为可观,对于缓解初入川东北的红军财政状况,解决其后勤保障起到了很大作用,一些金银等物资甚至经过长征被带到了陕北,成为抗日战争经费的一部分。

川陕苏区的群团组织不仅在"打发财人"运动中充当了引路人和先锋队的作用,在红四方面军对敌作战胜利后,战场缴获物资的运输方面也发挥了不可替代的作用。仅以 1933 年 10 月 17 日至 27 日的宣达战役为例,历时 11 天的战斗结束后,红四方面军缴获了大批军用物资,"缴获长短枪 8000 余支,炮 3 门,子弹 100 余万发,电台 2 架,银元 1 万余枚,棉布 20 万匹,棉衣 20000 余套,其他军用物资无数"①。最为重要的是,刘存厚整间的兵工厂、被服厂、造

① 成都军区党史资料征集委员会办公室:《川陕革命根据地军事斗争史》,四川大学出版社 1987 年版,第 97 页。

币厂、印刷厂等均被接收,这些工厂内的整套机器设备对于苏区的生产建设(尤其是军工生产)来说至为需要,必须完整、迅速地运送到大后方。但是,仅达县兵工厂就有机床100多台,且有些颇为沉重,在红四方面军所获机器设备中,3台大圆车各重达700余斤,子弹厂碾片机重达800余斤,压力机重700余斤。除机器设备外,还有铜砖800多块,每块重90至100斤。另外,还有浓硫酸、硝酸100余缸,钢材1万多斤,焦炭2万多斤,硫酸和土硝2万多斤,杂铜2万多斤。各种物资总重达10万斤以上,在当时主要依靠肩挑背扛的川东北地区,这些大宗物资的运输只有依靠广大群众的大力支持和帮助。为了将这些机器设备搬运到根据地,前方经理处与通江县委合作,组织了6万余军民,沿水陆两路,肩挑背扛、水陆兼程,行程150余公里,历时一个多星期终将这些机器设备及其他物资运回了通江毛裕镇地区。这批重要物资的缴获和顺利运回,为红四方面军改造和扩大原有兵工厂,建立起比较完善的军工企业打下了一个坚实的基础,也为红军粉碎"六路围攻"提供了重要物资保障。后勤运输工作的顺利展开,群团组织的力量不可小觑。早在1933年3月,川陕省总工会就已宣告成立。省总工会为发动工人反对敌人的"三路围攻",参加保卫苏区的斗争,颁布了《川陕省总工会红五月工作计划决议案》,积极宣传和动员广大工人群众,参加红军和地方武装,组织运输队,保卫革命根据地。随着川陕苏区疆域的扩大,"川陕省总工会共组织了22个县工会,160余个区工会,把各行业约10万左右的工人吸收到了工人组织中来。总工会动员了数千工人参加红军,近10万工人参加运输队和担架队,并成立了工人独立师"①。这些举措无疑为红四方面军后期物资的筹集和生产作出了巨大贡献。

(二)筹之于民

在川陕苏区两年零四个月的战斗生活中,后勤物资的消耗无疑是惊人的,"仅粮食一项据统计就达1.5亿斤"②。如此巨量的消耗仅仅依靠取之于敌是

---

① 林超:《川陕革命根据地史》,四川省社会科学院出版社1988年版,第214—215页。

② 中共中央宣传部党史资料室:《红军第四方面军和鄂豫皖边区、川陕边区史料》,中共中央宣传部党史资料室1945年,第226页。

维持不了的，还必须大力发挥群团组织的作用，广泛发动群众从生产上着手，建立稳定而完善的后勤物资生产体系，才能保障红军将士和苏维埃工作人员的后勤补给，进而取得一系列对敌斗争的胜利，使苏区得以生存和发展。在农业生产方面，由于根据地的青壮年劳动力大多从军离家、脱离生产，因此，妇女成为了劳动的主力。为改善苏区妇女的地位，充分激发她们的革命热情，提高生产力水平，在党的领导下，根据地的广大劳动妇女建立了自己的组织——妇女生活改善委员会。这是川陕苏区的地方妇女社会组织，“是劳动妇女斗争和教育的机关，要为解放妇女各种生活上的痛苦来做斗争”。① “成分都是贫农、中农、小市民、雇工的家庭妇女。”后来扩大为女工，更名为女工农妇会，会员至少有 30 万。② 协会经常组织广大妇女做鞋袜、打草鞋、参加运输队、参加生产等，为支援红军作出了积极贡献。“在 1934 年 10 月前后三个月的时间里，广大农村妇女就做了 30 多万双布鞋、草鞋、袜套等送给前线红军，积极配合红军粉碎‘川陕会剿’。”③不仅妇女生活改善委员会在促生产、拥红军方面反响热烈，苏区另一群团组织——川陕总工会，也积极响应党和苏维埃政府的号召，为贯彻全省第一次工人代表大会的决议和发动工人群众参加巩固赤区的斗争，1933 年 4 月 25 日，总工会颁布《川陕省总工会红五月工作计划决议案》，针对当年的春耕生产发出号召，“各级工会每个工人要种五颗瓜，宣传鼓动苏区全体农民热烈的耕种”；“工人要积极参加代耕班，领导农民帮助红军公田和红军游击队家属代耕”，④此举有效地激发了贫雇农的革命热情，有力地保障了农业生产。正是有了各个群团组织出色的宣传组织工作，广大苏区民众才能提高自身觉悟，认识到党是人民的党，苏维埃政府是人民的政府，土地是自己的土地，因此更加努力耕作，争取多打粮食，支援前线保家乡。在这样的革命氛围下，根据地农业生产建设搞得如火如荼，粮食产量普遍增加。

① 中国工农红军第四方面军战史编辑委员会：《中国工农红军第四方面军战史资料选编》（川陕时期），解放军出版社 1992 年版，第 160 页。

② 林超主编：《川陕革命根据地历史长编》，四川人民出版社 1982 年版，第 382 页。

③ 林超：《川陕革命根据地史》，四川省社会科学院出版社 1988 年版，第 222 页。

④ 西华师范大学历史文化学院、川陕革命根据地博物馆编：《川陕革命根据地历史文献资料集成》，四川大学出版社 2012 年版，第 61 页。

"南江、巴中许多区,每亩产量从过去的百斤左右上升到200—300斤;棉花产量也成倍增长。在一切为了胜利,一切为了前线的口号下,农民除留一部分自食外,踊跃献交公粮,支援前线。江口县从1933年10月到第二年1月底,即向军队送粮49万斤。"①取之于敌的大量物资加上筹之于民的这部分,基本满足了红四方面军作战所需,保证了反围攻斗争的胜利进行。

川陕省工会除了号召广大会员要紧抓粮食生产外,"还大力动员和组织工人开挖通江30余口盐井,仪南战役结束后又迅速开采了南部县90余口盐井(供给苏区红军食盐30%)"②,此举极大地缓解了苏区食盐匮乏的局面。除此,工会还积极动员各行业工人参加红军所开设的各色后勤工厂(铁厂、篾工厂、盐厂、被服厂等),并举行劳动竞赛等以提高生产效率,从而有力地保障了红四方面军战斗所需物资的供给。仅以兵工厂为例,"自反围攻以来,全体工人发扬不怕吃苦,克服了重重困难,翻造子弹、制造手榴弹各100万发,修好机关枪200余挺,迫击炮200余门,山炮20余门,有力地支援了红四方面军的前线作战。"③川陕苏区的青年团也为红四方面军的后勤保障作出了自己的贡献。1933年12月23日,团省委印发了《动员青年群众消灭刘湘工作决议》,动员青年群众执行的诸多工作中就有这样一项:"(8)集中两万石粮食,准备一切物质(资)供给红军。多多准备食盐,造火药、刀、矛、土炮去骚扰敌人的后方,使敌人内部起冲突打起。"④虽然我们不知此项工作具体落实效果如何,但这些行动充分说明了青年团在支援红军方面是不遗余力的。

不仅妇女、青年要大力抓生产,苏区儿童也参与到了苏区粮食的筹备工作中。1934年春耕时节,中共川陕省委宣传部号召"童子团的小同志们,每个小娃娃种五窝洋芋,点五窝瓜菜"⑤。充分发挥了少年儿童参加春耕的作用。少先队、赤卫队不仅在耕种中发挥自己的作用,在抢收中也冲锋在前。"1933年

① 温贤美:《川陕革命根据地论丛》,四川大学出版社1987年版,第190页。
② 林超主编:《川陕革命根据地历史长编》,四川人民出版社1982年版,第360页。
③ 林超主编:《川陕革命根据地历史长编》,四川人民出版社1982年版,第358页。
④ 西华师范大学历史文化学院、川陕革命根据地博物馆编:《川陕革命根据地历史文献资料集成》,四川大学出版社2012年版,第188页。
⑤ 四川大学编:《川陕革命根据地历史文献选编》,四川人民出版社1979年版,第563页。

清江军区指挥部见当地人手少，谷子黄了无人收割，指挥长刘大承等组织与率领少先队、赤卫队一百余人到钟家坝（今奇章公社八大队）等地分 13 架拌桶打谷子 3 天，共打五、六十亩谷子，帮助农民完成收割任务。”①在保障苏区大后方正常生产建设方面，儿童团、少先队积极配合红军、赤卫队、游击队的行动，积极站岗放哨、侦察敌情、排查破坏分子，为稳定苏区秩序，保障后勤生产，也起到了不可忽视的作用。

（三）白区秘密采购或换购

对于川陕苏区内部不能大量生产、缴获甚至无法获得的特需物资，例如电池、无线电器材、油料、西药、食盐（仪南战役前极度缺乏）等，党和苏维埃政府另辟蹊径，采取派员到白区秘密采购或换购的方式来加以解决。通过统战关系，红四方面军与陕军孙蔚如部达成默契，开辟了由南郑到苏区的秘密交通线，多次秘密采购运回大量苏区急需物资。前已述及，由于川东北山高林密、交通不便，由白区运回这些物资需要大量人手采取肩背、人挑的方式，另外，加上土匪袭扰等因素，运输物资一途还是有一定危险性的。不过，在各个群团组织的教育、引导下，广大民众踊跃参与白区换购、贩卖等活动，活跃了苏区经济。川陕省工会就曾发出号召“工会要动员大批工人，利用各种工人社会关系，到白区去组织工人运动”，“各级工会要组织宣传队到赤白边界去做广大的宣传工作”。“关于筹集粮食工作，要求工人领导贫农到白区去筹粮来帮助苏维埃和红军。”②川陕省委在紧急动员根据地人民群众粉碎刘湘“六路围攻”期间，就要求“各县组织一妇女侦探队到白区去侦探敌情，破坏敌人后方”③。正是通过各个群团组织的大力宣传和自我表率，积极参与、支持，使得广大人民群众的政治觉悟才有了较大提高，进而积极参加运输队、侦察队等，或侦察敌情、或帮助红军穿越封锁线运输紧缺物资，或由白区贩卖盐、铁、棉花

---

① 林超主编：《川陕革命根据地历史长编》，四川人民出版社 1982 年版，第 403 页。

② 西华师范大学历史文化学院、川陕革命根据地博物馆编：《川陕革命根据地历史文献资料集成》，四川大学出版社 2012 年版，第 52 页。

③ 林超主编：《川陕革命根据地历史长编》，四川人民出版社 1982 年版，第 406 页。

等来苏区，发展了苏区经济，为打破敌人的经济封锁作出了极大贡献。

三、结　语

综上所述，红四方面军征战川陕苏区两年零四个月的时间内，在后勤物资筹措面临极大困境的情况下，川陕苏区党和苏维埃政府通过取之于敌、筹之于民（包括自己的工厂生产部分）、白区秘密采购或换购等诸多筹措方法，有效地解决了红四方面军的后勤保障问题。但无论哪种措施，其具体实施都离不开苏区群众的参与和支持。尤其在自然环境恶劣、民不聊生的川东北，红四方面军之所以能够在此立足并逐渐发展壮大，与当地群众的大力支持和拥护是分不开的。在战火连天的激烈斗争形势下，大量后勤物资能够快速筹措并及时运送到位，党领导下的多个群众社团组织发挥了巨大作用。苏区党和苏维埃政府组织、领导下的各种群团组织，以其多层次化、交叉化、宽覆盖面、高效性，充分宣传和动员了广大农村妇女、贫雇农、各行业工人、儿童、青年等各个层面的群众，为红四方面军的后勤保障工作作出了自己的贡献，有力地保障了红军前线作战所需物资，为取得反围攻的胜利，打破敌人经济封锁奠定了良好的物质基础，使得川陕苏区在极端困难的情况下能够生存下来并发展壮大。

中国共产党切实维护群众利益的经验解读

——以川陕苏区土地革命为例

李　健　王伟伟

1932年年底至1935年春，中国共产党领导的中国工农红军第四方面军，在不到三年的时间里，将川陕苏区建设成“中华苏维埃共和国的第二大区域”①，将红军扩大五倍，对长征及新民主主义革命的最后胜利发挥了重大作用。究其原因，我们可以清晰地看到，是党在那特殊的日子里，始终注意保持与广大人民群众的密切联系，注意在任何时候都采取切实维护群众利益的有效措施，使劳苦大众不仅成为革命的参与者，而且也成为革命的最大受益者，从而使革命成为劳动者最神圣的追求和实现自己根本利益的最有效保证。

民主革命时期党维护群众利益的最有效措施是发动群众开展土地革命。土地革命的过程，也就是党密切联系群众、切实维护广大人民群众根本利益的过程，是党把革命的理想和目标，化为广大人民群众翻身求解放、自觉献身革命事业的过程。

一、依据实际，因地制宜，制定符合川陕苏区的土地政策

红四方面军入川后，党根据以往土地革命斗争经验，明确提出在川陕地区

① 川陕革命根据地历史资料编写组：《川陕革命根据地历史资料选辑》，内部资料，1979年，第36页。

迅捷实施土地革命的方针，并结合当地实际先后颁布了《西北革命军事委员会军区政治部关于土地问题的布告》(1932年)、《川陕省苏维埃政府关于土地改革布告》(1933年2月)(以下简称《布告》)、《怎样分配土地?》(1933年2月)、《农村阶级划分(五言歌)》(1934年9月)、《平分土地须知》(1934年12月)、《平分土地办法》(1935年)。这些政策法令，并非仅是中华苏维埃政府土地法令精神的简单复制，而是根据当地的实际情况进行了有益的调整。

第一，谁可以分得土地？土地革命文件明确了绝大多数群众都可在土地革命中受益，不仅庄稼汉可以分得土地，雇工、兵士、失业者，寡妇、老人、小孩、小商小贩、市镇平民乃至社会边缘群体也都可分得土地。"当过白军士兵，一定要同样分田"；"当过民团精选队的士兵，只要是穷苦农人出身，一律分得土地"；"端公、道士、阴阳、卜卦、算命子等也可分土地"；"当过"棒老二"、土匪、小偷，只要改务正业，有当地穷人担保，一样可以分得土地"；"穷苦人出身的徒弟、小和尚还俗，仍可分得土地"①。

第二，可以分哪些土地？地主阶级、军阀豪绅、教堂寺院、高利贷者的全部土地，及附着在土地上面的一切财产如房屋、果木、猪圈、牛栏、农作物等都在被分之列。不可分的主要是"大的矿业、林业(如盐井、煤矿、铁矿和大森林……)，应收为苏维埃国家共管，作为国家财政基础。因为这些大产业，就分给农民，也不能开发，而且也不便于分"②。

第三，怎样分配土地？《布告》第六条规定："分配土地时，山地和田坝子调度着分配。按田地出产量为标准，人多的多分，人少的少分，能做庄稼的男女多分一点，老弱不能做的少分一点。"③这与中央规定的"按照每家有劳动者之多寡同时又按照人口之多寡——即混合原则来进行分配"的主张一致，但

① 川陕革命根据地历史资料编写组：《川陕革命根据地历史资料选辑》，内部资料，1979年，第521页。

② 川陕革命根据地历史文献选编编委会：《川陕革命根据地历史文献选编》(上)，四川人民出版社1986年版，第520页。

③ 川陕革命根据地历史文献选编编委会：《川陕革命根据地历史文献选编》(上)，四川人民出版社1986年版，第502页。

删去了其中“或以中农、贫农按照人口平均分配，富农以劳动力为单位”①的另一种分配方法，从表面上看，这似乎有损贫、雇、中农的利益，挫伤农民的劳动积极性。但实际情况，正如当年实地参加分配土地的老苏维埃干部所说：“红军几进几出，军阀胁迫逃跑的青壮年农民颇多，留下来的尽皆老弱病残、妇女、儿童，即使按人口分得土地后，也缺乏劳动力耕种，不能发挥其应得土地的效力。”②由此可见，川陕苏区的土地分配原则更符合该地的实际。

在土地分配的标准上，《苏维埃区域土地和农民问题决议案》明确指出：“在决定各个分土地的时候，必须计算土地的肥瘠、土地的位置，特别是水田旱田的分别，我们必须明白，绝不是土地面积的大小以做决定土地、平分土地的标准的，而是收获量。”③在《布告》中也强调一定要“按田地出产量为标准”④来分配土地。为确保土地分配的顺利进行，党顺应当地的习俗，鲜明地提出了以“背”⑤为单位来分配土地，而非土地面积。这不仅可以有效拉近党与群众的距离，而且方便群众更好地理解党的土地政策，增强了实际工作的可操作性。据南江县洪口公社二耕作区八队赵良山回忆：“红军一到地方，就进行土地分配，地主富农的土地都要拿出来分给农民，一人五背谷子……”⑥以成年五背、老人和小孩四背作为土地分配和缴纳苏维埃公粮的基准，确保了农民的基本口粮。此外，基于农民群众对土地革命的陌生，党在政策制定上充分细节化，对村与村之间土地多寡不均，女子出嫁土地怎么分配，一个人死了土地要不要马上收回，水打沙层的田怎样分配等问题，均有详细规定。

---

① 川陕革命根据地历史资料编写组：《川陕革命根据地历史资料选辑》，内部资料，1979年，第597页。

② 川陕革命根据地历史资料编写组：《川陕革命根据地历史资料选辑》，内部资料，1979年，第164页。

③ 川陕革命根据地历史资料编写组：《川陕革命根据地历史资料选辑》，内部资料，1979年，第3页。

④ 川陕革命根据地历史文献选编编委会：《川陕革命根据地历史文献选编》（上），四川人民出版社1986年版，第502页。

⑤ “背”：旧时通、南、巴一带计算土地面积的单位。以产一背谷子（约100斤）的田的面积为一背。

⑥ 《川陕苏区革命史料·土地革命专辑》（四川大学历史系和四川师范学院历史系的师生1959年访问材料），转引自林超：《川陕革命根据地历史长编》，四川人民出版社1982年版。

中国共产党因地制宜,从川陕苏区的社会特点出发,立足实际,抓住农民问题的主要矛盾,制订了切实可行的土地政策,奠定了土地革命顺利进行的基础。

二、充分尊重群众意愿,有序有节地推进土地革命进程

川陕苏区在贯彻执行川陕省委和省苏维埃政府土地政策时,根据群众意愿,有序有节地推进土地革命的进程。在这里,充分体现了《中华苏维埃共和国土地法(1931)》中第五条提出的土地分配要"在基本农民群众愿意和直接拥护之下,才能实行"①的原则。

川陕苏区土地革命大体经过了四个阶段:

1. 积极宣传党的革命主张,充分发动广大人民群众。《布告》开宗明义地向广大农民群众宣告:"土地是穷苦雇工农民的命根呀！地主豪绅富人占据了许多土地。自己不种庄稼。雇工农民每年缴纳租课给他,他就坐着享福。有钱有势,压迫穷人,无所不为……记着,地主豪绅占有了土地,就握着穷人的命根在手里,穷人向地主豪绅夺回土地,就是真正从十八层地狱里翻身了。"②"我们不仅自己晓得,还要使全川陕省的群众都知道,土地不是发财人专有的,是我们农人的,每个穷人生下,就应当有土地权,这是首先要了解的问题。"③

为了唤醒广大农民革命的主体意识,使土地分配成为群众自己的事情,而不是红军的"恩赐"。《中共川陕省第二次代表大会关于目前政治形势与党的任务决议案》中明确指出:"必须使群众彻底了解平分土地是农民自己斗争的结果,不是苏维埃红军的赏赐。"并督令党政工作人员"必须用最大速度、最大

---

① 于建嵘:《中国农民问题研究资料汇编》(第一卷 · 1921—1949),中国农业出版社 2007 年版,第 597 页。

② 川陕革命根据地历史文献选编编委会:《川陕革命根据地历史文献选编》(上),四川人民出版社 1986 年版,第 501 页。

③ 川陕革命根据地历史资料编写组:《川陕革命根据地历史资料选辑》,内部资料,1979 年,第 128 页。

宣传和组织力量动员贫苦农民来热烈分配土地”①。

2.“打土豪,分浮财。”它贯穿于土地革命始终,是党发动农民群众,进行土地革命,铲除封建势力的强力措施。在此过程中,依据当地语言习惯,在口号上将“打土豪”改为“打发财人”。这里的“发财人”,与鄂豫皖苏区的土豪、地主稍有区别,川陕苏区土地集中程度没有鄂豫皖苏区高,“发财人”经济实力没有鄂豫皖苏区强②。从一定层面上,“发财人”可以解读为拥有一定土地、有一些财物剩余的人。土地革命早期,这部分人都统统被作为没收、征发的对象。在党和红军的带领下,广大贫苦农民通过“打发财人”,分粮食,分浮财,打掉了地主豪绅的威风,改善了自身的极贫困处境,激发了他们的革命热情,鼓舞了他们对胜利的信心。

3.划分阶级,明确成分。土地革命后期,党和红军及时发动群众,依据《怎样分配土地》《农村阶级划分》《平分土地须知》等文件和川陕省的几次党代会与工农兵苏维埃大会的决议精神,对如何划分阶级成分进行了梳理,按照对生产资料占有的经济地位和剥削关系来划分阶级,提出了“雇农”、“贫农”、“中农”、“富裕中农”、“富农”、“地主”六个阶层,并以此作为土地收缴和分配的依据。

4.充分依靠群众来分配土地。分田过程中,先要“定期召开群众大会来讨论分田”,会上“由群众报告土地没有分配好的情形”③;其后,组织有工会、贫农团、女工农妇协会、少先队……群众团体派代表参加的土地委员会(或“分田委员会”),负责整个土地分配的工作。通常分配土地的做法是,由土地委员会带领当地群众一起去踩田地山场,和所有分田者一起来分配土地,必须

---

① 川陕革命根据地历史资料编写组:《川陕革命根据地历史资料选辑》,内部资料,1979年,第63页。

② 大革命以前,鄂豫皖地区拥有数千亩乃至数万亩土地的大地主各地都有。如黄安县据1929年的统计,占有千亩土地的地主就有20家,占人口总数约10%的地主、富农,占有的土地总数,最高达98.8%(见《鄂豫皖苏区历史简编1927—1937》,第133页)。川北区域,占人口9%至12%的地主,占有土地74%至80%(《四川农村经济》,第183页)。如长赤县正直区,地主402户,2457人,人均占有土地8亩(《川陕革命根据地南江斗争史》,第211页)。

③ 川陕革命根据地历史文献选编编委会:《川陕革命根据地历史文献选编》(上),四川人民出版社1986年版,第518页。

"要每家穷人一定有人一路","划分时以每家跟着分田的大多数群众意见为主"①,由这些群众对分田过程作出见证。踩田不能以田的面积和亩数为标准,而应以子粒为标准。提留红军公田后,搭配好田地、山林、池塘、竹园,把远近好坏一总计算,按照人口与劳动力混合分配。当众销毁一切佃、租契约,"取消农民对这些财产与土地的义务或债务"②。"划分清楚后,立刻宣布,长单贴在大路旁墙上,征求各家的意见,无人修改作为通过。"如遇到非常复杂的情况,党组织还主张通过群众大会讨论解决,如"万一富农与小地主弄不清,可交群众大会解决之"③。

三、着眼群众根本利益,最大限度满足群众的土地诉求

土地是农民赖以生存的最主要生产资料。在生产力不发达的传统社会,对于农民来说,土地既是他们赖以生存的命根子,又是可能"发财"的唯一希望,再加该地区旧有土地制度极不合理,人地矛盾十分突出,更加深了农民对土地的依恋情结。可以说,获得土地是广大农民梦寐以求的愿望。

川陕苏维埃政权依据"雇工、贫农、士兵失业而愿意亲身去做庄稼的穷人都应分得土地"④的原则,使广大劳苦大众都分得了土地。这充分反映了党在最大限度上满足更广大群众的土地需求的考量和决策。在川陕苏区土地革命的具体实践中,对群众利益诉求的最大限度的满足,集中表现在以下几点:

其一,给予群众尽可能多的土地。川陕苏区分配后的土地分为两部分,一是红军公田,二是分给群众的土地。为最大限度将土地分到农民群众手中,土

---

① 川陕革命根据地历史文献选编编委会:《川陕革命根据地历史文献选编》(上),四川人民出版社 1986 年版,第 518、505 页。

② 四川省财政科学研究所、川陕革命根据地博物馆:《川陕革命根据地财政经济史料选编》,四川省社会科学院出版社 1987 年版,第 9 页。

③ 川陕革命根据地历史文献选编编委会:《川陕革命根据地历史文献选编》(上),四川人民出版社 1986 年版,第 505、507 页。

④ 川陕革命根据地历史文献选编编委会:《川陕革命根据地历史文献选编》(上),四川人民出版社 1986 年版,第 525 页。

地革命文件规定“红军公田不得过全部土地的百分之三”①,“红军公田不能留多”,一般“小村只许留十背,大村留二十背”,其余“没收的土地有好多,统统分给穷人”,且“切实按照人口和劳动力的混合比例原则来平分,不是定死的四背或五背,如田多就多分点”②。

党在充分尊重群众意愿基础上,对川陕苏区土地革命工作的推动,彻底改变了苏区土地占有状况,有效保障了群众利益。为说明情况,择举当时巴中特别市一区三乡四村和二区一乡一村土地分配为例。③(以背为单位)

项目/阶级	巴中特别市一区三乡四村								巴中特别市二区一乡一村				
	土地革命前				土地革命后				人口		人平均	分配数	占%
	人口	原有土地	人均	占%	人口	分得土地	人均	占%	分配前	分配后			
庙产		160		3.7%									
红军公田						75.5		1.7%				134	2.1%
雇农	4				4	24	6	0.6%	34	34	14	476	7.5%
贫农	250	562	2.5	12.9%	250	1257	5.19	29.4%	344	344	12	4128	64.8%
中农	563	2871	5.1	66.1%	563	2871	5.1	66.1%	163	163	9	1467	23%
富农	18	137	7.6	3.2%	18	90	5	2.1%	33	33	5	165	2.6%
地主	45	610	13.6	14.6%	1	4.5	4.5	0.1%	87				

注:据《巴中特别市土地革命调查报告》统计所得。

其二,充分考虑群众现实需求。《布告》不仅规定:“土地分配了以后,一切收获均归耕种者所有,永远不要缴纳租课给土地旧有的主人或其他任何人。”而且规定:“这块土地分给了哪一个,现在这土地上种的稻子、豆子、菜蔬等等,即归他所有。”这种即时分田,即时得禾的原则,充分考虑到贫农、雇农

① 四川省档案馆:《川陕苏区报刊资料选编》,四川省社会科学院出版社 1987 年版,第 117 页。

② 川陕革命根据地历史文献选编编委会:《川陕革命根据地历史文献选编》(上),四川人民出版社 1986 年版,第 520 页。

③ 川陕革命根据地历史资料编写组:《川陕革命根据地历史资料选辑》,内部资料,1979 年,第 62—63 页。

现实需要，使他们获得了实实在在的利益。笔者在达州档案馆发现当时宣传标语记载着“土地分给谁土地上□□粮食房屋财产即归谁！田地分给穷人就承认□穷人！红三十二军政治部”①。此外，针对农民群众极端贫困的历史问题，《布告》还指出：“地主豪绅家的耕牛、农具也应没收了来归庄稼汉共用或分用。”“所有农民佃户所欠主人家的租谷、利谷等等，一概取消，不再偿还。”②

其三，满足群众对土地归属权的要求。农民有着强烈的土地私有观念，他们梦寐以求得到一块土地、拥有土地归属权，而非仅是分得土地、获得土地使用权。现收藏于川陕博物馆的一份土地使用证明确记载：“没收豪绅地主何天俊土地五背坐落梁家场地方一段特分给巴中十四区十五乡二村村会员梁登仁耕种　一九三三年二月十二日　中国工农红军第四方面军第九军政治部　印。”③川陕苏区在颁发给农民土地使用证后，不仅进一步授予农民群众对分得土地的灵活处理权，如雇农得田后，可以“带到雇主家去耕种”；“贫农、雇农、中农出身的寡妇”，分得土地后，“或雇人耕种、或托人代耕、或将土地出租都可以的”；女子出嫁后，可以将“土地带到婆家自己耕种或留在娘家叫她自己丈夫来帮她耕种”④。同时还强调“土地私有制在法律上是允许存在的”⑤，如川陕省苏维埃政府1933年9月1日发布的《关于土地、粮食、肃反问题的布告》中就明确指出：“田分给谁、粮食就归谁收，田就归分得者永远私有。”⑥《平分土地须知》也有这样的规定，分了土地后，“一头就理科挖出界

---

① 川陕革命根据地历史资料编写组：《川陕革命根据地历史资料选辑》，内部资料，1979年。

② 川陕革命根据地历史文献选编编委会：《川陕革命根据地历史文献选编》（上），四川人民出版社1986年版，第502页。

③ 原件现存于川陕博物馆。

④ 川陕革命根据地历史文献选编编委会：《川陕革命根据地历史文献选编》（上），四川人民出版社1986年版，第508—510页。

⑤ 川陕革命根据地历史资料编写组：《川陕革命根据地历史资料选辑》，内部资料，1979年，第242页。

⑥ 四川省档案馆：《川陕苏区报刊资料选编》，四川省社会科学院出版社1987年版，第117页。

边,说明这块田地分给谁,就永远是谁的,确定主权。"①

广大农民群众在分得土地后,切实感受到只有将自己的切身利益与革命的利益紧密联系在一起,跟共产党领导的红军融为一体,患难与共,竭诚拥护和支持红军战争,才能保住已有的土地革命成果。在"保田保家、参军参战,努力支援前线!"的号召下,红军所到之处兵源都能得到很好的补充,以江口县(今平昌县)四区三乡观音庵为例,"全村一百零七户人中,在分配土地后,有三十三人参加了红军,四十四人参加了地方武装"②。就连当时国民党统治区的报刊也不得不承认:"赤区内许许多多贫农雇农跟着红军跑,也是不可否认的事实。土地问题的解决是'赤匪'的中心纲领,红军之所以不易因压迫而崩溃,他必然是从这纲领相当兑现上取得贫农们相当的拥护。"③两年中,川陕苏区有近百万农民为革命战争服务,平均每人每月在十个工以上,配合红军转战川陕二十余县④。

四、重视生存,立足发展,使群众的根本利益在发展中得到维护

土地革命是存量资产的再分配,不能直接创造物质财富,因此,党必须重视发展,通过促进再生产使群众利益得以持续不断的维护。另一方面,虽土地革命使无地少地农民获得土地,激发了他们的生产积极性,但生产中仍存在诸多现实困难需要解决。为此,党在开展土地革命过程中,以发展为目标,充分重视生产,采取了一系列行之有效的政策和措施。

---

① 川陕革命根据地历史文献选编编委会:《川陕革命根据地历史文献选编》(上),四川人民出版社 1986 年版,第 518 页。

② 《江口县四区三乡观音庵一村人丁户口分田统计册薄》,见《四川文史资料选辑》(第二十一辑),1980 年。

③ 川陕革命根据地历史资料编写组:《川陕革命根据地历史资料选辑》,内部资料,1979 年。

④ 川陕革命根据地历史资料编写组:《川陕革命根据地历史资料选辑》,内部资料,1979 年,第 47 页。

首先,在土地分配上,正视"劳力"问题在生产中的作用。川陕苏区党在土地革命中充分注意到土地与劳力的结合问题,以求土地效力的最大化。"能做庄稼的壮年男女多分一点,老弱不能做庄稼的少分一点",甚至提出对于那些不愿意分得土地的"贫农、雇农、中农出身的寡妇","就不必分配土地给她,可由苏维埃酌量予以救济"。后来,救济范围又有所扩大,"对于鳏、寡、孤、独,老弱残废及一切没有生产能力者,可以不分田,由苏维埃实行社会救济"①。上述政策避免了因劳力缺乏使土地不能被充分利用,亦便于拥有劳力多的家庭更加积极地创造财富,进一步解放了苏区的生产力。曾任村苏维埃土地委员的谭定保对这一现象曾回忆道:"插签分田,每人四、五背,劳动力多者可酌量多分,劳动力少者可酌量少分"②,由此可以看到当年苏区土地革命的实况。

其次,在分配土地的过程中,鼓励积极生产。川陕苏区党和政府,在制定土地分配方案时,充分考虑到尽量发挥土地的最大使用效率,明确提出要在土地分配过程中,不断教育群众积极生产,不使苏区一寸土地放荒,"要教育农民爱惜土地、培养土地……使苏区的土地一寸不要荒掉。苏维埃还要奖励他们。如果故意怠工荒废土地,苏维埃可召集群众大会制裁他;最坏不改的,可剥夺其土地权"。如"奖励种植有益身体之谷类,一律禁止种鸦片烟"。再如,在赤白界边地方土地,如若不敢耕种,则要武装保护耕种,"动员后方群众有组织、有计划的配合武装去耕种,不能让它荒了"③。

中国共产党还利用张贴布告、传单和宣传画,石刻标语,办板报,传唱歌谣等各种群众喜闻乐见的方式大力向群众展开生产宣传。"往年田地在发财人手里,穷人吃多少苦!现在我们穷人大家分了田地,就要好好把它种出来,才能不愁穿吃。不要让一寸土地放荒!"要"劝告群众不再种鸦片,多种棉花、桐

① 川陕革命根据地历史文献选编编委会:《川陕革命根据地历史文献选编》(上),四川人民出版社 1986 年版,第 502、510、522 页。

② 《川陕苏区革命史料·土地革命专辑》(四川大学历史系和四川师范学院历史系的师生 1959 年访问材料),转引自林超:《川陕革命根据地历史长编》,四川人民出版社 1982 年版。

③ 川陕革命根据地历史文献选编编委会:《川陕革命根据地历史文献选编》(上),四川人民出版社 1986 年版,第 511、503、512 页。

树……有益的植物。”[①]“春耕快到了,多点穷人需要的粮食,不点一窝害穷人的鸦片!”(巴中石刻)类似内容在歌谣中亦有反映,如《加紧春耕、戒烟运动》中唱道:“务使赤区土,不得荒一寸。”[②]

时任川陕省委宣传部部长刘瑞龙在其回忆录中明确印证了这一点:“在经过土地革命的地方,都及时提出‘恢复和发展农业生产,提高苏区的土地生产力,不使苏区内的一寸土地放荒’的任务,目的就是要使苏区的土地利益全部落实在雇工、贫农和中农手里。”[③]

再次,党和政府直接出面解决生产中的问题,提高土地生产力。党在平分土地应执行的任务中明确提出,要“提高苏区的土地生产力”。在分配土地时,注意指导农民合理使用有限的生产工具。“由农民合股或苏维埃负责同志办农具、牲畜经理处,帮助无农具、耕牛的雇农、贫农耕田种地。目前救急的办法暂时还可借用或用人力换牛力等来解决困难都是可以的。”[④]其后,又进一步提出由党政工作人员出面,“应各乡各区成立耕牛、种子和农具的合作社,或耕牛、种子合(和)农具租借处,解决秋耕的困难”[⑤]。“解决雇工、贫农、苦力、红军家属的一切耕种上的困难。”[⑥]据老红军回忆:“土地委员除管分配土地外,还负责全乡的生产,每村选两人为生产队队长,掌握全村生产情况,并办理农民耕牛、农具、粮食种子、劳力的调配。”[⑦]这样,就实现了对农具及其他

---

① 川陕革命根据地历史资料编写组:《川陕革命根据地历史资料选辑》,内部资料,1979年,第554、548页。

② 川陕革命根据地历史资料编写组:《川陕革命根据地历史资料选辑》,内部资料,1979年,第171页。

③ 川陕革命根据地历史资料编写组:《川陕革命根据地历史资料选辑》,内部资料,1979年,第51页。

④ 川陕革命根据地历史文献选编编委会:《川陕革命根据地历史文献选编》(上),四川人民出版社1986年版,第522、509页。

⑤ 川陕革命根据地历史文献选编编委会:《川陕革命根据地历史文献选编》(下),四川人民出版社1979年版,第543页。

⑥ 川陕革命根据地历史文献选编编委会:《川陕革命根据地历史文献选编》(上),四川人民出版社1986年版,第523页。

⑦ 川陕革命根据地历史资料编写组:《川陕革命根据地历史资料选辑》,内部资料,1979年,第68页。

生产资料的共享，大大减少了因生产资料的匮乏对再生产造成的不利影响。这正如当时的歌谣所传唱的那样："左右邻近间，没有你我分。农具扯倒用，犹如一家人。农具合作社，集股来办成。苏维埃政府，帮助来进行。大家合作起，啥子都得行。"①

由于重视了生产发展这个关键环节，使生产形势良好，农民的生活得到根本改善，在一些地方出现了"稻出双穗，麦见二吊"的丰收景象②；巴中恩阳旱谷乡农民天天有米吃，人人有衣穿，有房住。③

川陕苏区土地革命成果显著，从根本上改变了农村原有生产资料占有不合理的现象，基本满足了苏区广大农民群众对土地的渴求，从而使农民的生产积极性空前高涨，群众生活水平得到明显的改善。由于特殊的历史原因，在川陕苏区的土地革命中，曾一度实行"在肉体上消灭地主"、"经济上消灭富农"、"侵犯中农利益"的"左"倾政策，给党和群众造成了一定程度的损失。苏区党和政府立足实际，针对土地革命中的问题与偏差，制定了一系列文件予以纠正。为保证川陕苏区土地革命的顺利进行，作出了巨大努力。党在土地革命时期维护和保障群众利益的实践和经验，为以后的土地革命进程更加顺利推进，提供了宝贵的借鉴。

---

① 川陕革命根据地博物馆：《川陕苏区革命历史歌谣》，四川文艺出版社 1985 年版，第 172 页。

② 中共南江县委党史研究室：《川陕革命根据地南江斗争史》，中共党史出版社 1991 年版，第 228 页。

③ 中共巴中县委党史室：《巴中现代革命史》，四川人民出版社 1991 年版，第 198 页。

群众利益与苏区政治动员

——以川陕苏区为例

张喜庆

目前学界对党在革命时期的政治动员已多有论及,然鲜有人从维护群众利益的角度对其进行深入研究。事实上,维护和实现群众利益与政治动员有着交互作用的关系:党通过维护群众利益实现了有效的政治动员,另一方面政治动员也是维护群众利益的主要工作方式,甚至是革命年代唯一有效的方式。正因二者的有机结合,才彰显了政治动员推动革命事业顺利开展的功效,这一点在土地革命时期表现得尤为明显。本文拟以党在川陕苏区的成功对此进行深入剖析。川陕苏区是土地革命时期中共建立的第二大苏区,它的创建为土地革命后期中国革命事业在曲折中前进作出了巨大贡献;同时川陕苏区是典型的"外力割据"型苏区,它的成功亦是党把维护苏区群众利益与政治动员进行有机结合的典范。通过对二者有机结合的研究,从中亦有助于我们进一步理解土地革命时期党是如何解决既维护群众利益又从农村汲取革命所需资源的这一难题。

一

中国共产党自建党即以国际无产阶级革命理论为指导,强调自己是中国无产阶级先锋队,开宗明义地申言"我们应始终站在完全独立的立场上,只维护无产阶级的利益”。[1] 随后，由于意识到农民才是中国的主体，农民的利益决不能忽视，故于1922年第一次发表对时局的看法时宣布共产党也要维护农民利益，“肃清军阀，没收军阀官僚的财产，将他们的田地分给贫苦农民”。[2] 其后，1923年第三次全国代表大会《宣言》中又进一步明确指出：“拥护工人农民的自身利益是我们不能刻忽忘的。”[3]自此，党便始终忠贞不渝地把最广大人民群众的根本利益作为革命纲领和奋斗目标。

革命时期，维护和实现群众利益的最大障碍是中外各种压迫势力，党作为群众利益的最忠实代表，群众中最先进的力量，其任务是通过有效的政治动员以革命斗争的方式推翻和肃清这些障碍。有效的政治动员如何才能实现？马克思主义提供了答案，“人们奋斗所争取的一切都同他们的利益有关”[4]，换言之，群众会为实现其利益而奋斗，党可以通过维护他们的利益动员其参加革命斗争。对此，毛泽东曾一语中的地指出：“马克思列宁主义的基本原则，就是要使群众认识自己的利益，并且团结起来，为自己的利益而奋斗。”[5]由是，维护和实现最广大群众的利益不仅是党的革命目标，亦是党动员群众参与革命的既定方略。这一革命方略，早在中共三大已渐趋成型，三大通过了中共历史上第一个《农民问题决议案》，认为“有必要结合小农佃户及雇工以反抗宰制中国的帝国主义者，打倒军阀及贪官污吏，反抗地痞劣绅，以保护农民之利益，而促进国民革命运动之必要”[6]。

这一革命方略虽首先在《农民问题决议案》中明确，但党早期领导的革命斗争，因受苏俄革命成功经验的感染，最初践行这一方略是在工人运动中。置身于工人运动后，才发现工人并不如想象的“先进”，那些空洞的“共产主义”、

---

① 中央档案馆：《中国共产党第一次代表大会档案资料》，人民出版社1982年版，第5页。

② 中共中央党校党史教研室：《中共党史参考资料》(1)，人民出版社1979年版，第340页。

③ 中央档案馆编：《中共中央文件选集》(第1册)，中共中央党校出版社1989年版，第129页。

④ 《马克思恩格斯全集》(第1卷)，人民出版社1978年版，第82页。

⑤ 《毛泽东选集》第4卷，人民出版社1990年版，第1318页。

⑥ 中央档案馆编：《中共中央文件选集》第1册，中共中央党校出版社1989年版，第151页。

“社会主义”、“劳工神圣”及“未来的主人翁”等口号所宣传的抽象利益并不能打动他们，而唯有给他们看得见的利益才能把他们动员起来。对此，在陈独秀1923年致苏俄同志的一封信中有明确的反映，“他们(工人)不问政治。现代化工人的数量很少，尽管在这些工人中政治觉悟开始发展，但他们要求充其量只是直接改善他们的状况和本组织的自由。如果我们想要同他们谈论社会主义和共产主义，他们就会害怕而离开我们。”①工人尚且如此，更遑论农民了。鉴于此，在早期工农运动中党只能以维护和实现工农看得见的利益为切入点，动员他们积极行动、参与政治斗争，结果迅速赢得了广大工农群众的认同和支持。在随后第一次国共合作领导的国民革命中，这一方略得到进一步验证。

北伐中，受中共影响，“左”倾的国民党中央曾公开许诺要给工人和农民种种好处，这在当时还只是一张空头支票，但就这样一个空头支票居然亦使“北伐军所过之处，到处都充满了浓烈的革命气氛”②。以至北伐军前敌总指挥唐生智亦公开承认：“我们这次革命的成功，完全是工农群众的力量，并不是兵士的力量。我们在北伐的时候，在衡阳，在醴陵，在粤汉路，都得着农工群众的帮助，才得很顺利的杀却敌人。”③工农运动对北伐的大力支持，充分证明群众在政党的领导下会为自身的切身利益积极行动起来，参与激烈的革命斗争，这就意味着党可以通过以维护和实现群众利益为切入点动员群众参加革命，从而推进革命事业。

1927年因国民党背弃国民革命事业，武力“清共”，革命重心被迫转入农村，维护和实现好农民群众的切身利益成为党在农村展开有效动员的先决条件，以及开创革命新局面的关键。诚如陈云所言，“提出群众迫切要求解决的问题，这是一个关键。这好比锁着的两扇大门，我们要进屋子去，一定要个钥匙来开那把铁锁。”④就农民而言，其迫切要求解决的利益问题是土地，土地革

① 《陈独秀给萨法罗夫的信》，载中共中央党史研究室译：《联共(布)、共产国际与中国国民革命运动(1920—1925)》，北京图书馆出版社1997年版，第261—263页。

② 杨奎松：《中间地带的革命》，山西人民出版社2010年版，第132页。

③ 《唐总指挥在长沙对农工之重要讲话》，《汉口民国日报》1927年2月19日。

④ 《陈云文选》第1卷，人民出版社1995年版，第23页。

命就是中共进入农村天地的那把钥匙。也正如川陕省委书记周纯全在川陕省委第四次全省党员代表大会上所明言:“我们要消灭敌人,只有组织广大群众的党,斗争的党。为要发动群众斗争,要马上解决土地问题。”①

在20世纪20年代末至30年代初,通过开展土地革命,党迅速赢得了农民群众的认同与支持,在湘、鄂、赣、闽、豫、川、黔、陕等省成功建立大大小小十几块农村革命根据地。在开展土地革命使群众获得土地的同时,亦引导群众,使其认识到“要有衣穿,有饭吃,有屋住,不受鞭打绳拴及种种的压迫与剥削,只有广大的工农与劳苦群众联合起来,拿着武器枪刀等等,同那些压迫我们的、剥削我们的国民党军阀、豪绅、地主、买办进行斗争,将帝国主义国民党的统治根本推翻,将军阀、资本家、地主、豪绅及其反动爪牙完全肃清,才能解放我们的痛苦”,②动员他们积极参加革命。这样,党便把维护和实现农民群众的切身利益与有效的政治动员有机地结合起来。

综上可知,革命时期党通过维护和实现群众利益的方式实现了有效的政治动员。但群众利益与政治动员之关系,在革命年代不限于此,另一方面有效的政治动员也是维护和实现群众利益的重要工作方法,它们二者实则是交互作用的关系。土地革命不是简单的“打土豪,分田地”,它是通过政治动员的方式实现的,“必须用最大速度、最大宣传和组织力量动员贫苦农民来热烈分配土地”。③ 政治动员的方式包括宣传群众、教育群众、发动群众、组织群众及领导群众,土地革命的开展离不开上述政治动员的所有方式。同时土地革命也开启了一种以政治动员方式维护和实现群众利益的模式。

为进一步说明政治动员是维护和实现群众利益的有效方式,甚至是革命年代唯一有效的方式,本文拟以党在川陕苏区的实践为例,对此进行探讨。

---

① 川陕革命根据地历史文献选编编委会:《川陕革命根据地历史文献选编》(上),四川人民出版社1986年版,第93页。

② 川陕革命根据地历史文献选编编委会:《川陕革命根据地历史文献选编》(上),四川人民出版社1986年版,第208页。

③ 四川省社会科学院、陕西省社会科学院:《川陕革命根据地史料选辑》,人民出版社1986年版,第63页。

二

土地革命后,农民群众获得了土地及与土地相关的经济、政治权益,党赢得农民群众的拥护与支持,建立了农村革命根据地,开始局部执政。局部执政后,如何进一步维护和实现群众利益?一般而言,执政后党维护和实现群众利益的方式可分为两种,一种是领导方式,一种是执政方式。长期以来我们习惯于把二者混同,虽然,它们的根本宗旨都是为人民群众谋利益,但在方式上却差别甚大。领导方式是指在通过宣传、教育、组织、示范、引导和动员,带领人民群众和其他追随者为实现党所提出的价值观念、路线、政策而共同奋斗的活动;执政方式是通过执掌和控制国家权力机构,通过行使国家权力,以法律和政令的形式贯彻党的纲领、路线、方针、政策的活动。[①] 二者在实施中的最大区别在于,领导方式建立在宣传和动员的基础上,以获取人民群众的支持拥护为目的;而执政方式主要靠健全的法规、行政制度,以合格、完备的干部队伍为基础。

反观川陕苏区,党在川陕局部执政后,由于治理能力是新生革命政权中无法克服的短板,也就造成川陕苏区在建政后,难以依靠执政方式来解决进一步维护和实现群众利益的诸多问题。对于这一点,在当时川陕苏区的会议决议中有明确的反映,如"苏维埃只是一个空架子,而脱离了群众的基础。"[②]"目前苏维埃一般的现象,是还未使苏维埃成为真正领导群众斗争的政权机关。"[③]类似的还有"□□立起来的苏维埃,在许多地方还没有本身□□□□于事物接待。……以至广大的工农群众对于一切苏维埃的工作,表示消极"。[④]

---

① 张恒山:《中国共产党的领导与执政辨析》,《中国社会科学》2004 年第 1 期。

② 四川省档案馆:《川陕苏区报刊资料选编》,四川省社会科学院出版社 1987 年版,第 28 页。

③ 川陕革命根据地历史文献选编编委会:《川陕革命根据地历史文献选编》(上),四川人民出版社 1986 年版,第 6 页。

④ 川陕革命根据地历史文献选编编委会:《川陕革命根据地历史文献选编》(上),四川人民出版社 1986 年版,第 33 页。

为更清晰说明川陕苏维埃政府执政能力的薄弱，不妨对其干部情况作一考察。在“左”倾思想的指导下，川陕苏区选拔干部实行“唯成分论”，各级苏维埃干部几乎皆是未受过教育的贫苦农民，他们“住在交通闭塞的山旮旯里，连三民主义，国民革命也闻所未闻，更不要说什么共产主义和苏维埃运动了”①。农民在不知共产党和苏维埃为何物的情况下就被卷入革命；干部多是文盲，不仅短期内无法正确了解和认识党的主义与政策，而且这些突然被选拔出来的干部，之前几乎未经过任何政治训练，毫无理政经验。如川陕省苏维埃主席熊国炳，几乎是个目不识丁的滑竿夫。② “人倒老实，但能力太差，形同虚设。”③由于熊国炳是选拔干部的标杆，熊以下的各级苏维埃干部情况就自不待言。

更严重的是，就这样一支干部队伍，还不能保持稳定，除川陕省苏维埃主席外，地方各级苏维埃主席频繁更替，赤北县 1933 年 2 月到 1934 年冬先后更换了 5 个县苏维埃主席，赤江县、红江县两年内换了 4 个县苏维埃主席，④南江县两年内换了 4 个县苏维埃主席，长赤县一年半换了 5 个县苏维埃主席。⑤区、乡、村的苏维埃主席同样更替频繁，红江县坝溪区在不到两年里竟换了 8 个区苏维埃主席。⑥ 此外，干部队伍还充斥着伺机破坏捣乱的异己分子和动机不纯的投机分子，如赤北县“两三个区几个乡主席是侦探”。⑦ 另据老红军侯礼堂（原南充军分区政委）在回忆川陕苏区上土门乡苏维埃情况时谈到，有一个叫谢运什么的人，外号叫扯板子，他当主席是为了报私仇，土门乡还有个

① 徐向前：《历史的回顾》，解放军出版社 1988 年版，第 169 页。

② 张国焘：《我的回忆》，香港明报月刊出版社 1971 年版，第 1068 页。

③ 徐向前：《历史的回顾》，解放军出版社 1988 年版，第 197 页。

④ 中共通江县委组织史资料编纂小组：《中国共产党通江县组织史资料》，四川人民出版社 1993 年版，第 34、29、38 页。

⑤ 中共南江县委党史研究室：《川陕苏区南江（长赤）县党政军组织史》，内部资料，第 15、103 页。

⑥ 中共通江县委组织史资料编纂小组：《中国共产党通江县组织史资料》，四川人民出版社 1993 年版，第 39 页。

⑦ 四川省社会科学院、陕西省社会科学院：《川陕革命根据地史料选辑》，人民出版社 1986 年版，第 106 页。

叫陈太贵的乡苏主席还乱杀人,是几个与他在买鸦片烟和买猪时扯筋(扯皮)的人,都是穷人。①

干部的素质与工作能力差,加之频繁的更替导致基层苏维埃几乎无法开展有效的工作,通过执政方式为群众谋利益虽有亦十分有限。事实上,党在苏区建政后,因政权机关执政、理政能力的不足,实现和维护群众利益的方式主要还是依靠领导方式,在革命年代具体说就是政治动员的方式。

土地革命后,农民群众的利益诉求主要是改善物质生活,套用毛泽东的话,即“盐的问题,米的问题,房子的问题,衣的问题,生小孩子的问题”。② 为改善群众的物质生活,党在川陕苏区积极开展经济建设,把满足群众物质利益的需求作为进一步维护和实现群众利益的首要工作。但因执政能力的不足,只能采用政治动员的方式来领导经济建设。

另一方面,因战争对经济建设的破坏,党在领导苏区的经济建设过程中也有赖于政治动员。在川陕苏区存在两年多时间里,战争长达 16 个月之久,为战胜敌人,党被迫执行“收紧阵地”的斗争方针,战争主要在根据地内进行,战争和敌人的毁坏大大挫伤了农民群众的生产积极性,他们“认为种下去也难保收成,‘围剿’一来,又会落到敌人手里”。③ 在这种情势下,党必须全力动员农民群众积极生产,这不仅事关群众的切身利益,而且还会危及到革命的前途。

以政治动员的方式推进经济建设,首先需要进行宣传动员,为此中共川陕省委先后制定了一系列动员生产的宣传文件和大纲,如《加紧生产运动决议》《春耕宣传大纲》《春耕运动宣传要点》《加紧春耕戒烟运动》等。此外,还采用张贴布告、传单和宣传画,涂刻标语,办板报,传唱歌谣,及召开群众大会等形式进行生产动员。在苏区的生产动员中结合老百姓日常生活反复强调生产的重要性,号召老百姓为维护自己的利益加紧生产,不荒废一寸土地,如“要

① 侯礼堂:《在川陕苏区》,载中共通江县委党史资料征集组:《通江现代史资料选》(第 2 辑),1982 年,第 18—24 页。

② 毛泽东:《关心群众生活,注意工作方法》,《毛泽东选集》第 1 卷,人民出版社 1991 年版,第 138—139 页。

③ 徐向前:《历史的回顾》,解放军出版社 1988 年版,第 252 页。

加紧秋耕运动,把赤区所有土地都开辟出来,种小菜,种粮食,不使一寸土地没有栽上东西"[①];"青年们!大家加入生产突击队,替红军家属代耕,多开荒田荒地!多栽谷子,多点粮食,多栽小菜,多喂牲畜。大家有油盐吃,有新衣服穿";"多种棉花有衣穿!多种花生有油吃!多种豇豆、红苕、包谷人人饱";"加紧春耕,充实赤区粮食。加紧春耕,穷人吃穿不愁。"[②];"全赤区男女老少,把连(意为全部)起来,抓紧春耕,点遍洋芋、苦荞、蔬菜,不让苏维埃寸土放荒!"(南江石刻)同时明确告知群众,发展生产不仅是为了穿衣吃饭,也是为了消灭敌人保卫苏区、保护苏区群众的既得利益之必须,"加紧耕田耕地,增加赤区粮食,赤区粮食多了好更快消灭刘湘";"加紧春耕,快快消灭刘湘"[③];"春天到了多多培植森林准备耳山耳(棒)为保卫土地而战";(平昌石刻标语)"增加苏区粮食生产是消灭敌人的重要工作"(平昌 石刻标语);等等。

饶富趣味的是,当时生产动员还涉及十分形象与具体的、强调人们生产任务的动员话语,如"每户人喂四只小猪,每户人喂四只小鸡。每个人点五窝瓜,每个人点二十窝包谷";"妇女们!……大家学会耕田、挖地、点粮食。多喂猪鸡吃油盐,女人和男人一样犁田、耙田、播撒栽秧";"童子团小同志们!每个小娃娃种五窝洋芋,点五窝瓜菜"[④];等等。通过这些简短、清晰、易于识记的话语不仅让群众明白积极生产的重要性,同时还明确地告诉人们具体要做什么,如何做,并营造一种生产紧迫性的氛围,鼓舞群众积极生产。[⑤]

此外,面对劳力、蓄力、生产工具甚至就连种子也缺乏的实际困难,党在动员上更是不遗余力。通过组织各种合作社,开展互助合作运动调剂劳动力和耕牛、农具、种子等生产资料。而且,还发动春耕运动开展生产竞赛,如明文规定

---

① 川陕革命根据地历史文献选编编委会:《川陕革命根据地历史文献选编》(下),四川人民出版社 1979 年版,第 548 页。

② 川陕革命根据地历史文献选编编委会:《川陕革命根据地历史文献选编》(下),四川人民出版社 1979 年版,第 556—563 页。

③ 川陕革命根据地历史文献选编编委会:《川陕革命根据地历史文献选编》(上),四川人民出版社 1986 年版,第 556—563 页。

④ 川陕革命根据地历史文献选编编委会:《川陕革命根据地历史文献选编》(上),四川人民出版社 1986 年版,第 558—563 页。

⑤ 李茹:《略论川陕苏区的生产动员》,《四川文理学院学报》2010 年第 4 期。

"苏维埃要奖励耕种的农民"[①],农民"多种粮食多喂牲畜,不该没收反要奖励。农民分得土地,应该奖励他提高生产,多种粮食,多喂牲畜来发展苏区经济"[②]。

三

毋庸置疑,党在川陕苏区以政治动员的方式不仅满足了群众对土地的夙愿,而且通过发展苏区经济进一步满足了群众的物质利益诉求。此外,以政治动员的方式维护和实现群众利益至少还表现在以下两点:其一,红四方面军入川后,立即组织大批工作队,各个部队分区负责动员群众,协助建立地方党和政权组织,并以最快的速度建立了川陕省工农民主政府。苏维埃政权的建立帮助苏区人民摆脱了军阀的残酷统治,实现了政权从地主、劣绅到人民大众的转移,实现了人民当家作主。其二,难能可贵的是,在极端艰难的战争环境下,党还十分重视群众其他利益,如动员群众大力开展禁烟运动,以提高苏区群众身体素质,对此,国统区的调查员亦不得不承认:"在通南巴的赤区内,鸦片烟的种植是绝对禁止了的,我们走进这些地方,简直看不见一根烟苗"[③];向群众宣传普及卫生知识,如健康法、空气的用处、公共地方的卫生及烂脚病、痢疾与皮寒几类常见病的病理与医治、预防等,号召苏区群众"至少每星期洗一次澡。每星期洗换一次衣服。不要吃生冷或苍蝇爬过的食物"[④];如号召群众参与识字运动,如"普及农村教育 发展无产阶级的文化水平"(南江石刻标语)。另据老红军回忆:"天黑了,都要念书。区、乡办有识字班,凡不识字的,不管男女、大人小孩,都要去学习",[⑤]以提高苏区群众之文化素质。

---

① 川陕革命根据地博物馆:《访问永安乡大同公社原乡苏土地委员张国俊记录》,载《川陕革命根据地博物馆档案》第36卷,第247页。

② 四川省社会科学院、陕西省社会科学院:《川陕革命根据地史料选辑》,人民出版社1986年版,第263—264页。

③ 循实:《川东北剿匪印象记》(七),《国闻周报》1935年5月1日。

④ 川陕革命根据地历史文献选编编委会:《川陕革命根据地历史文献选编》(下),四川人民出版社1979年版,第712页。

⑤ 《访巴中恩阳杨昆山记录》,转引自林超主编:《川陕革命根据地历史长编》,四川人民出版社1982年版,第523页。

综上可知,苏区群众利益的实现与维护有赖于政治动员。然而,为苏区群众谋取利益又非苏区政治动员的唯一目的,苏区的政治动员具有双重属性,政治动员的另一面是“指获取资源(在这里是指人的资源)来为政治权威服务的过程”。① 在革命战争的背景下,党在苏区的政治动员既是维护和实现苏区群众利益的主要方式,同时亦是党动员苏区群众积极为中国革命最终胜利作出贡献和牺牲的工作方法。

唯有革命的最终胜利才能从长远和根本上保证苏区群众的既得利益,唯有革命胜利才能使子子孙孙永远受益,因此党以长远和根本利益的实现来激励、动员苏区群众为革命的最终胜利做出当前利益牺牲实属必然。正如张国焘所言:“如果要子子孙孙粮食不被刘湘倒去,就要花点本钱,能做啥子的就做啥子,能拿枪作战的就拿枪作战,不能作战的加紧生产,忍点饿吃点苦,节省为革命的战争。这样才能永远土地归农民,八小时的工作才能得到,苏维埃政权才能建立起来,帝国主义国民党才能打倒下去。”②

这种用长远利益的实现来激励、动员苏区群众做出牺牲当前利益的方式,在革命战争紧迫时期更为突出。当革命战争进展比较顺利,对苏区人力、物力汲取较少的时候,物质财富可向改善群众的物质生活方面倾斜,需要群众做出的牺牲亦少;当革命战争陷入苦战,战争越来越残酷,对苏区的物质消耗越来越多时,保障对红军的供给自然会处于绝对优先的地位,就需要进一步动员群众做出牺牲。张国焘在中共川陕省第三次代表大会上的报告——《为保卫赤区消灭刘湘而战》中直言:“一切努力都是为了要战胜敌人,这是一个很费力气的事情。一切物质都要供给到前线上去,一切物质都供给战斗员”,③川陕苏区省委书记周纯全在《川陕第四次全省党员代表大会总结》中亦明确指出:“苏维埃政府为供给战争的需要,一定要解决红军的粮食,红军的费用,红军

---

① [美]詹姆斯·R.汤森、布兰特利·沃马克:《中国政治》,顾速、董方译,江苏人民出版社1996年版,第102页。

② 四川省财政科学研究所、川陕革命根据地博物馆:《川陕革命根据地财政经济史料选编》,四川省社会科学院出版社1986年版,第53页。

③ 四川省档案馆:《川陕苏区报刊资料选编》,四川省社会科学院出版社1987年版,第19页。

的一切需要。”①为此，当形势紧迫时，就必须“集中粮食节省物资来适应战争的需要。立刻动员各级苏维埃派人到乡苏维埃清查粮食，集中红军公田粮食和公粮。地主粮食全部没收，向富农征发。”②事实上，面对残酷的“围剿”战争，许多时候仅靠公粮与向富农征发的物资远不能满足战争需要，此时就要“动员广大群众集中粮食……保存为红军之用。动员广大群众自动的拿粮食、物资来拥护红军”，③或主动向广大群众借用物资，④甚至还会出现向群众强征物资的情况，如苏区群众雷马太回忆：“九子坡乡有户姓杜的佃田户，佃种土地很多。小春收了好多洋芋，因当时作战部队需粮食很大，红军就征发他交洋芋60背（当地产量单位，约100斤）并送交乡苏维埃政府。”⑤在这种强大的政治动员能力下，苏区群众会为中国革命的最终胜利作出巨大贡献和牺牲自是必然。

就川陕苏区而言，持续的战争使经济建设的成效终赶不上战争的消耗。在长达十个月之久的反“六路围剿”后，“物资短缺，补给困难。南部和通江的盐井，被敌破坏殆尽，短期难以恢复。敌人的经济封锁，日甚一日。根据地急需的食盐、粮食、衣被、药物等，无法解决。随着饥饿现象的日趋严重，伤寒、痢疾等传染病猖狂蔓延，夺去不少人的生命。”⑥（徐向前回忆）“（‘六路围剿’后）此时我根据地缩小，人力物力补给不易，而尤以粮食发生极严重之困难，在万源与刘湘主力决战时，甚至仅包谷洋芋也要两三日才能吃到一餐。”⑦（傅

---

① 川陕革命根据地历史文献选编编委会：《川陕革命根据地历史文献选编》（上），四川人民出版社1986年版，第98页。

② 川陕革命根据地历史文献选编编委会：《川陕革命根据地历史文献选编》（上），四川人民出版社1986年版，第73页。

③ 川陕革命根据地历史文献选编编委会：《川陕革命根据地历史文献选编》（上），四川人民出版社1986年版，第214页。

④ 川陕省苏维埃政府在《粮食问题问答》中，曾对“红军在收紧阵地中向群众借的粮食如何还法?”一事专门做出详细规定。见《川陕革命根据地历史文献选编》（下）（川陕革命根据地历史文献选编编委会编，四川人民出版社1979年版），第553页。

⑤ 中共通江县委党史研究室：《通江苏维埃志》，四川人民出版社2006年版，第377页。

⑥ 徐向前：《历史的回顾》，解放军出版社1988年版，第252页。

⑦ 中国工农红军第四方面军战史编委会：《中国工农红军第四方面军战史资料选编》（川陕时期·上），解放军出版社1993年版，第25页。

钟回忆)“物资粮食又发生严重困难,在万源与刘湘主力决战时,洋芋包谷日不得饱。……在一切服从战争的口号下,把群众的房子烧了不少。如乱开群众的窖子的事也是有的,特别在没有粮食吃的时候,这种事实就更多。”①(李天焕回忆)

面对残酷的战争,增加苏区群众负担,动员苏区群众为革命作出贡献和牺牲是不得已而为之。川陕苏区群众在革命中的利益得以实现的同时也为中国革命的最终胜利作出巨大牺牲。毕竟川陕苏区群众的利益是局部利益,它要服从于全民族的解放利益这一整体利益。中国革命的成功是巨大的牺牲换来的,尤其是根据地的群众,他们“为了中国革命的胜利,前仆后继,艰苦奋斗,英勇牺牲,贡献了他们所能贡献的一切力量”。②

---

① 中国工农红军第四方面军战史编委会:《中国工农红军第四方面军战史资料选编》(川陕时期·上),解放军出版社 1993 年版,第 37—48 页。

② 徐向前:《历史的回顾》,解放军出版社 1988 年版,第 273 页。

川陕苏区党的群众思想政治工作

李　茹　李　敏

中国共产党一贯重视群众思想政治工作，在革命战争年代尤为如此。正如列宁所言："我们党的一切组织和团体每天经常进行的全部工作，即宣传、鼓动和组织工作，都是为了加强和扩大同群众的联系。这种工作任何时候都是必要的，但在革命时期会显得更加必要。"①创建于1932年12月至1935年3月的川陕苏区是"中华苏维埃共和国的第二大区域"，此期，苏区无论是政治军事还是经济文化诸项建设均成绩斐然，为中国革命的最终胜利作出不可忽视的贡献。它的成功是党的正确领导及苏区人民群众不遗余力支持的结果，亦与党一贯重视群众思想政治工作、在苏区巩固与建设中坚决执行密切联系群众方针策略相关。

一

"因为革命战争是群众的战争，只有动员群众才能进行战争，只有依靠群众才能进行战争。"②"动员了全国的老百姓，就造成了陷敌于灭顶之灾的汪洋

① 列宁：《社会民主党在民主革命中的两种策略》，《列宁选集》第1卷，人民出版社2012年版，第528页。

② 毛泽东：《关心群众生活，注意工作方法》，《毛泽东选集》第1卷，人民出版社1991年版，第136页。

大海，造成了弥补武器等等缺陷的补救条件，造成了克服一切战争困难的前提。"[①]动员群众的强有力依托是对群众进行思想政治工作，因此群众思想政治工作始终是革命时期党的工作重心。红四方面军入川后，面对严峻客观形势，党开展群众思想政治工作更加重要与迫切。

川陕边地区地处偏僻、交通不便，与近代中国动荡不安、风云变幻的整体局面形成鲜明对比的是，这里与世隔绝、偏离中国政治经济文化中心，以至近代众多重大事件和变革似乎都与其无关：当大革命风暴几乎席卷大半个中国之时，该地却仅有共产党员苟寿南与个别国民党左派人士在巴中文兴、清江一带开展过历时半年的零星农民运动。[②] 大革命后，当中国共产党领导的革命斗争在那些曾经历大革命涤荡地区呈星星火燎原之势展开之际，该地党的活动却沉寂依旧，[③]不仅未扩大党在群众中的影响，甚至党组织亦几乎处于缺失状态。据许世友回忆，苏区的核心区域——通、南、巴地区，仅有巴中一个支部。[④] 徐向前在忆及红四方面军进入川陕前巴中地区党建情况时亦提道："像巴中全县，人口约五十万，却找不出几名党员来。这同我刚到鄂东北时的情形，大不相同。"[⑤]与党的活动薄弱相应的是，该地民众对中国革命和中国共产党亦颇为陌生，套用张国焘的话："这里的乡下人没有直接受过革命的洗礼，根本不知道共产党和苏维埃是怎么回事。他们不像鄂豫皖区的农民受过革命风云的锻炼，他们不知道一九二七年有过国民革命，也不知道农民协会是怎么一回事。"[⑥]

因民众对红军和共产党的生疏，给当地军阀进行反面宣传可乘之机。红四方面军入川之初，四川军阀的反面宣传可分为三类：一是扭曲红军和共产党

---

① 毛泽东：《论持久战》，《毛泽东选集》第2卷，人民出版社1991年版，第480页。

② 杜中：《苟寿南与巴中早期农民运动》，载巴中县政协文史资料研究委员会：《巴中文史资料》第1辑，第117—136页。

③ 红四方面进入川陕前，尽管在20世纪30年代前后四川曾出现过共产党领导的武装斗争，如1929年王维舟领导的川东游击军，邝继勋领导的蓬溪起义，罗世文等人领导的"升保暴动"，但这些零星的活动和革命斗争都没有形成较稳定的游击区，对群众的影响自然有限。

④ 《艰苦的历程——中国工农红军第四方面军革命回忆录选辑》(上)，人民出版社1984年版，第372页。

⑤ 徐向前：《历史的回顾》，解放军出版社1988年版，第169页。

⑥ 张国焘：《我的回忆》，香港明报月刊出版社1971年版，第1086页。

形象,声称"红军杀人放火"、"红军捉到士兵都要杀头",①"共产党共产共妻"、"乌老二(指红军)吃人肉,喝人血,杀人放火"。② 二是渲染红军弱小,如"红军不发饷"、"红军没有衣穿"、"红军力量小"、"红军没有后方"等。③ 三是宣称红军是外来势力、客军,试图造成民众与中共的隔阂与对立。如声称"红军是鄂豫皖来的,我们打红军与四川的穷人不相干。"④甚至还提出"四川人不打四川人"、"我(刘湘)只打客军来保护四川穷人"的口号。⑤

毋庸置疑,这些反面宣传曾一度在群众中造成不良影响。据当时的游击队员王照明回忆:红军刚到渠县三汇时,群众听了国民党的反宣传,纷纷跑往三台寨躲藏。⑥ 这种情况在当时党的文件中也有明确的反映,如1933年7月中共川陕省第二次党员代表大会通过的《目前的政治形势与川陕省党的任务》中曾提道:"一部分群众还认为红军是外来势力。"⑦同期《中国共产党川陕省党第二次大会组织问题决议案》中亦称:"这里新发展赤区劳苦群众对于红军固已热烈拥护,然一般的充满了以红军是外来客人或'湖南湖北军队'的认识,没有看到红军即本地穷人自己军队的深刻理解,这种状态如果继续下去,将使扩大红军受到障碍。"⑧显然,党必须针锋相对地加强群众思想政治工作,向群众澄清"穷苦父老兄弟姐妹! 你们莫要信发财人和刘湘等匪首的谣言,红军打刘湘就是为的救四川穷人","红军只杀团正、甲长,不杀一个穷人。

---

① 川陕革命根据地历史文献选编编委会:《川陕革命根据地历史文献选编》(上),四川人民出版社1986年版,第407页。

② 《川陕革命根据地渠县苏维埃资料选编》,内部资料,1988年,第79页。

③ 川陕革命根据地历史文献选编编委会:《川陕革命根据地历史文献选编》(上),四川人民出版社1986年版,第342—343页。

④ 四川省档案馆编:《川陕苏区报刊资料选编》,四川省社会科学院出版社1987年版,第16页。

⑤ 川陕革命根据地历史文献选编编委会:《川陕革命根据地历史文献选编》(上),四川人民出版社1986年版,第342—344页。

⑥ 《川陕革命根据地渠县苏维埃资料选编》,内部资料,1988年,第79页。

⑦ 川陕革命根据地历史文献选编编委会:《川陕革命根据地历史文献选编》(上),四川人民出版社1986年版,第26页。

⑧ 川陕革命根据地历史文献选编编委会:《川陕革命根据地历史文献选编》(上),四川人民出版社1986年版,第36页。

红军只杀反革命头子,欢迎被迫穷人自首!"①。并向群众宣传党的纲领、理论,启发群众的阶级觉悟,拉近党与当地群众的距离,调动群众的革命热情。

此外,红四方面军入川后立即遭到四川军阀不间歇的围攻,战争之频繁、相间之短促实属罕见。鉴于战争形势之刻不容缓,能否得到群众的支持事关苏区存亡及党和红军的命运。为此,党的群众思想政治工作必须大力迅捷地展开,正如当时党的决议申明:"保卫赤区运动周及红五月内,至少要完成三千红军与四团赤卫军。要集中豪绅地主、富农粮食三千石,要成立赤江县独立师与各县独立团,要大批动员草靶、物质、准备食盐……来拥护红军。这一工作的实现,完全是由于我们群众政治工作之必深入,与亲身去领导群众斗争,在群众自觉与自愿条件之下去实现的……是完全深入群众改善同群众的关系来实现的。"②"川陕全党的目前唯一的紧急斗争任务,便是从组织上转变党的全部工作,深入到群众中去,动员和组织川陕千万群众,扩大五万红军主力,参加革命战争,组织大规模游击运动配合红军主力作战,以最大决心,用一切力量来保卫川陕赤区,彻底消灭刘湘。"③

二

为迎接严峻挑战,川陕苏区党政军各部,立即组织人员展开宣传、动员、教育和组织群众的工作,拉开了轰轰烈烈、热火朝天的群众思想政治工作大幕。

(一)建立多层次、全方位的立体工作管道

多层次、全方位的工作渠道是群众思想政治工作能够有效实施的首要环节。革命年代,群众思想政治工作的核心是宣传,"各项工作,宣传要打先

① 川陕革命根据地历史文献选编编委会:《川陕革命根据地历史文献选编》(上),四川人民出版社 1986 年版,第 38、39 页。

② 川陕革命根据地历史文献选编编委会:《川陕革命根据地历史文献选编》(上),四川人民出版社 1986 年版,第 7 页。

③ 川陕革命根据地历史文献选编编委会:《川陕革命根据地历史文献选编》(上),四川人民出版社 1986 年版,第 65 页。

锋”。1933 年 12 月,西北军区政治部要求:“各级政治部、处,要组织自己的扩大红军消灭刘湘的宣传队”①。红四方面军各级政治部都常设宣传队和宣传员,部队走到哪里,宣传工作立即做到哪里。据李天焕回忆:“方面军政治部及各军师政治部还有贴发队、粉笔队、钻字队,随军队在各地钻刻标语,散发标语口号等组织工作。”②军队外,各党政部门亦是宣传工作的主力。川陕省委和各县委都设有宣传部,宣传部下设宣传队、钻字队、粉笔队、贴发队和木工组五个常设工作队。③“宣传队分经常、临时两种,经常宣传队脱离生产,专任宣传;临时宣传队由各革命组织临时组成之。地方各级机关,县以上设经常宣传队。”④

除专门宣传机构外,苏区的群众思想政治工作管道还渗透到县以下诸多其他基层部门,如区苏维埃文化教育委员,乡、村苏维埃,各种群团组织等。区苏维埃文化教育委员“发展全区的文化教育,将上级印发的报纸、布告、宣言、标语分发各乡,及设立布告处,办理俱乐部”⑤;乡、村苏维埃“经常召集全村群众大会,和十家代表会议,传达上级苏维埃的各种决议和法令,解决全村发生的一切问题”,“发展全村的文化教育,建设俱乐部,经常举行晚会、唱歌、讲演,解释苏维埃的一切法令,进行读报、识字等工作”;村苏维埃下由十家代表“传达村苏决议,动员和督促十家执行”。并“经常向十家公民解释苏维埃一切法令”。⑥各级工会“成立宣传队,印标语、传单、画报等,宣传苏维埃土地法、劳动法令和其他一切政纲法令”⑦。为迅速收到成效,部门外,党政军各级干部齐上阵,就连

---

① 川陕革命根据地历史文献选编编委会:《川陕革命根据地历史文献选编》(上),四川人民出版社 1986 年版,第 368 页。

② 《艰苦的历程——中国工农红军第四方面军革命回忆录选辑》(上),人民出版社 1984 年版,第 353 页。

③ 中共中央宣传部党史资料室:《红军第四方面军和鄂豫皖边区川陕边区史料》,中共中央宣传部党史资料室,1954 年,第 292 页。

④ 循实:《川东北剿赤印象记》(八),《国闻周报》1935 年 5 月 2 日。

⑤ 川陕革命根据地历史文献选编编委会:《川陕革命根据地历史文献选编》(上),四川人民出版社 1986 年版,第 147 页。

⑥ 川陕革命根据地历史文献选编编委会:《川陕革命根据地历史文献选编》(上),四川人民出版社 1986 年版,第 143—145 页。

⑦ 川陕革命根据地历史文献选编编委会:《川陕革命根据地历史文献选编》(上),四川人民出版社 1986 年版,第 217—218 页。

普通红军战士也“要向群众宣传革命的主张”,“要做工农革命的宣传员”。①

(二)以切实维护群众物质利益为工作抓手

群众思想政治工作始终要与给予群众看得见的物质利益有机结合,只有让群众的物质利益得到切实保障,群众才会相信并团结在党的周围,也只有在此基础上,才能顺利展开对群众的宣传、教育、动员与组织。1925 年中共四大《农民问题决议》中就曾明言:“宣传农民组织农民的方法,自当从目前的实际问题入手。”②对此,毛泽东亦曾总结:“教育(或学习)是不能孤立地进行地,我们不是处在‘学也,禄在其中’的时代,我们不能饿着肚子去‘正谊明道’,我们必须弄饭吃,我们必须注意经济工作。离开经济工作而谈教育或学习,不过是多余的空话。”③

川陕苏区特别强调要以维护群众利益为开展群众思想政治工作的抓手。在《中国共产党川陕党第三次全省代表大会的总结》中即申明:“要立即采取各种面向群众的政策……彻底没收地主阶级土地,平分土地,使雇工贫农和红军家属真正能分到好田。……发展合作社,建立对外贸易,发展赤区经济建设事业,来满足群众的需要……提高群众的积极性。”④张国焘亦明确提出:“我们始终要站在群众方面,要彻底查田查阶级,改善群众生活,……只有这样才能发展群众更大的积极性。”⑤实践中,川陕苏区党政机关积极领导群众“起来破仓分粮,杀豪绅,实行分土地”⑥、“向雇主斗争来增加工资”⑦,同时通过合

① 川陕革命根据地历史文献选编编委会:《川陕革命根据地历史文献选编》(上),四川人民出版社 1986 年版,第 378、379 页。

② 中央档案馆编:《中共中央文件选集》第 1 册,中共中央党校出版社 1982 年版,第 293 页。

③ 毛泽东:《必须给人民看得见的物质福利》,《毛泽东著作选读》(下册),人民出版社 1986 年版,第 565—566 页。

④ 川陕革命根据地历史文献选编编委会:《川陕革命根据地历史文献选编》(上),四川人民出版社 1986 年版,第 68 页。

⑤ 四川省档案馆编:《川陕苏区报刊资料选编》,四川省社会科学院出版社 1987 年版,第 19 页。

⑥ 四川省社会科学院、陕西省社会科学院:《川陕革命根据地史料选辑》,人民出版社 1986 年版,第 414 页。

⑦ 川陕革命根据地历史文献选编编委会:《川陕革命根据地历史文献选编》(下),四川人民出版社 1979 年版,第 601 页。

作社、对外贸易及生产运动等形式全力致力于发展苏区经济,以此满足群众物质利益诉求。

(三)采取灵活多样、行之有效的方式展开宣传

川陕苏区的宣传工作分文字宣传和说唱宣传。文字宣传分:发行各种报章杂志、编印大量宣传材料及刻写大量宣传标语。其中,尤要提及川陕苏区数量庞大、内容丰富的石刻标语,充分利用了该地山石遍地及悠久石刻文化传统。由于石刻标语文字朴实,语言生动,且字体庞大醒目,故能在第一时间吸引观者注意,加深标语内容在大脑表层的记忆。此外,石刻标语本就不易受自然力与人为的破坏,再加之这些石刻标语“有的刻在悬崖、陡坡上,有的凿于石柱、石坊上、或利用旧碑、旧匾,或利用磨盘、石缸……遍布于城乡各地”①,可谓是见缝插针,无处不标语,故轻而易举地做到了随时随地冲击群众的视线。心理学知识告诉我们,“记忆是通过活动进行的,不论是无意识的或是有意识记……当识记材料成为活动的直接对象时,识记的效果会明显地提高。”“复述的次数越多,转换到长时记忆的信息量也增多。”②显然,在这样不断地视觉冲击下,宣传的内容很易被群众熟知并接受。

说唱宣传除演讲和做报告外,更多的是采取群众喜闻乐见的方式,如传唱歌曲,戏剧等。“1933 年 9 月,川陕省工农剧团(又叫蓝衫剧团、新剧团)成立,接着巴中、通江、绥定的新剧团先后诞生。”③当时所传唱的曲目均为当地流行于民间的山歌、民歌、秧歌、小调等旧曲调,再配以新词。其曲调为群众熟知,内容以通俗易懂、朗朗上口为特色,以契合群众日常生活为准,更加符合群众文化水平低的实际,如“乡长下了乡,好像活阎王。带着虎狼一大帮,舞棒又弄枪。”“喊声我的爹,叫声我的娘,不该养我在世上,穷人真惨伤。”“如今世界上,有了共产党,把我们穷人来解放,大家有福享。”“要吃米,把秧栽,要过河,把船摆。穷人要想得自在,快快建立苏维埃。”“当兵就要当红军,

---

① 史占扬:《川陕革命根据地的红军石刻》,《革命文物》1980 年第 2 期。

② 章志光:《心理学》,人民教育出版社 2002 年版,第 162、165 页。

③ 林超:《川陕革命根据地历史长编》,四川人民出版社 1982 年版,第 506 页。

处处工农来欢迎。”[①]因此“得到全苏区广大人民和全部红军指战员的拥护和爱戴”[②]。

（四）在促进文教事业中实现思想政治教育

红四方面军入川前，该地文化教育被统治阶级垄断，普通群众无缘接受，这一局面十分不利于党开展思想政治工作。苏区建立后，党和政府高度重视苏区群众文化教育。川陕党的第二次全省代表大会通过的《目前政治形势与川陕省党的任务》中明确要求：“开展群众的普通教育，扩大彭杨学校，恢复苏维埃学校，各县设立列宁学校，设立小学或工农教育所。”[③]川陕省第二次工农兵代表大会通过的决议《目前形势与川陕省苏维埃的任务》又进一步指出：“广泛的发展苏区的文化教育。工作的重心应当是发展社会教育，各处都办工余学校、俱乐部、识字班、读报班，加紧识字运动，使苏区工农大众能识字。”[④]

从现有记载来看，当时苏区学校采用课本均蕴含浓郁政治教育色彩，现今流传下来的有：《革命三字经》、《消灭刘湘三字经》、《列宁学校读本》、《童子团站岗读本》、《红色战士丛书》等，这些教材内容既教会学生识文断字，又对学生进行革命道理、党的政策及无产阶级道德教育，在知识教育中贯彻思想政治教育。如“说起穷人真是苦，又冷又饿住茅屋。吃没吃顿好饭菜，穿没穿件好衣服。……这次西征到四川，只有红四方面军，入川不到两个月，通南巴州均占领。……款子免除田来分，穷人踊跃入红军。自己为的是自己，莫让敌人再翻身。”[⑤]社会教育的内容亦类似，“所有比较大的市镇，如通江、巴州、毛浴镇、旺苍

---

① 川陕革命根据地博物馆：《川陕革命根据地革命历史歌谣集》，四川省巴中市印刷厂，1982年，第1、2、41、74页。

② 中共中央宣传部党史资料室：《红军第四方面军和鄂豫皖边区川陕边区史料》，中共中央宣传部党史资料室，1954年，第280页。

③ 川陕革命根据地历史文献选编编委会：《川陕革命根据地历史文献选编》（上），四川人民出版社1986年版，第18页。

④ 川陕革命根据地历史文献选编编委会：《川陕革命根据地历史文献选编》（上），四川人民出版社1986年版，第170页。

⑤ 川陕革命根据地历史文献选编编委会：《川陕革命根据地历史文献选编》（下），四川人民出版社1979年版，第707—709页。

坝、清江渡等处都有阅报室。阅报室内有当时的各种报纸(《红军》《共产党》《苏维埃》《斧头》《少年先锋》等报纸,还有画报、捷报之类读物),有专人负责读给群众听。有的读报室设有留声机等。如通江新市场口阅报室每日人群拥挤。"①

(五)通过面对面交流深入群众、加强沟通

列宁曾讲:"没有'人的感情',就从来没有也不可能有人对于真理的追求。"②格式塔心理学也告诉我们,人的行为深受态度、情感与意志的影响,"发源于自我的力量可以通过影响自我组织的办法来对自我的行为环境产生影响"③。川陕苏区党的群众思想政治工作在向群众灌输革命道理外,还特别注重深入群众,通过与之谈话、联欢会等形式加强同群众面对面的直接沟通,号召工作者"要切实到深沟里老林里群众集中的地方去找群众谈话和开会。只坐在苏维埃里面,不信去号召而不去深刻的宣传鼓动,是不好的方式。同时要说服群众……亲密红军和群众的关系。在不妨碍军事行动的条件下,可多举行群众同红军的联欢会"④。要"亲自到群众中去,刻苦的领导群众,不要站在群众外面而命令群众,不要脱离群众而站在群众前面,嘲笑群众的落后"⑤。通过这些措施,对群众动之以情、晓之以理,不仅有效弥补了其他方式的不足,而且面对面的直接沟通还可以得知群众最真实的想法,第一时间掌握群众的思想动态,是对党的群众思想政治工作进行反馈的最佳途径。

三

政治学在解释乡土社会整合时指出:在政党下乡的过程中,分散的农民组

---

① 洪荣华:《红色号角》,四川人民出版社1991年版,第215页。

② 《列宁全集》第25卷,人民出版社1988年版,第117页。

③ [美]卡尔·考夫卡:《格式塔心理学原理》,黎炜译,浙江教育出版社1997年版,第523页。

④ 川陕革命根据地历史文献选编编委会:《川陕革命根据地历史文献选编》(上),四川人民出版社1986年版,第368页。

⑤ 四川省社会科学院、陕西省社会科学院:《川陕革命根据地史料选辑》,人民出版社1986年版,第360页。

织起来,成为政党组织网络中的成员;无政治的农民具有了政治意识,动员到党的目标之下,由此将一个传统的乡绅社会改造为一个现代政党领导和组织下的政治社会。① 中国共产党进入川陕苏区后,在将原本无政治的群众动员到中国共产党和苏维埃组织下的过程中,党的群众思想政治工作功不可没。正如塞缪尔·P.亨廷顿所言:"没有组织的参与就会堕落为群众运动;而缺乏群众参与的组织就堕落为个人宗派。强大的政党要求有高水平的政治制度化和高水平的群众支持。'动员'和'组织',这两个共产党政治行动的孪生口号,精确地指明了增强政党之路。"②

川陕苏区党的群众思想政治工作之所以能够发挥显著作用,除上述诸项行之有效的措施外,还取决于其有的放矢的工作内容。为启发群众的阶级觉悟,调动人民的革命热情,围绕着该时期巩固和建设苏区这一核心任务,当时群众思想政治工作的内容从以下几方面展开:

第一,揭露反动派,引导群众正确认识中国共产党、红军和苏维埃。入川之初,面对群众之陌生及军阀的造谣,党必须要使群众明白红军、共产党及苏维埃的性质,解决其选择谁、拥护谁、憎恨谁的问题。为此,党通过讲道理、摆事实,在揭露敌人的同时说明自己、宣传自己。指出:"国民党及其政府为了对中国工农的苏维埃革命进行残酷的战争,已是更公开的投降日本帝国主义,对日签订停战协定,出卖中国苏维埃、镇压全国反帝运动。""刘湘、杨森整穷人,收穷人的款子,吊打穷人,拉夫抽丁保护发财人,是我们穷人的死敌!"(苍溪石刻)与其形成鲜明对比的是:"中国共产党所领导的中华苏维埃中央政府和红军,已不但代表广大农民的土地革命,而且是唯一的代表反帝国主义民族革命战争。"③"共产党,是无产阶级的政党!"(宁强石刻)、"共产党不拿群众一针一线!"(营山石刻)、"共产党是穷人的救星!"(剑阁石刻)、"红军是领导穷人找饭吃找衣穿的军队!"(南江石刻)"苏维埃政府是穷人把发财人推

---

① 徐勇:《"政党下乡":现代国家对乡土的整合》,《学术月刊》2007年第8期。

② [美]塞缪尔·P.亨廷顿:《变化社会中的政治秩序》,三联书店1989年版,第371页。

③ 川陕革命根据地历史文献选编编委会:《川陕革命根据地历史文献选编》(上),四川人民出版社1986年版,第21页。

翻了自己选代表建立起来的保护工农利益的政权!”(南江石刻),通过对比激发群众的爱国主义情感,拉近自己与群众的距离,从而教育、引导群众要“拥护共产主义!”“拥护中国共产党,参加中国共产党!”“完成共产党中国!”①。

第二,宣传中国共产党的政纲和主张,教导群众只有参加革命才能获得解放。《中国共产党川陕省第一次代表大会关于组织问题的决议》中规定:“党对自己的政纲和主张、苏维埃问题、红军问题以及一切问题,都要有充分的宣传煽动工作。”②通过宣传自己的政治纲领和主张,告之群众中国共产党以群众各项权利的实现为最终目标,因而群众要实现自身彻底解放,就必须积极参加以党为领导核心的革命,拥红扩红,打土豪、分田地,保卫苏区,推翻国民党统治。换言之群众参加革命实质是为自身解放而奋斗。“要向群众作深刻的宣传,鼓动群众自动参加土地革命,认识消灭田颂尧是工农自己的事,踊跃来参加红军。”③“指示出群众自己的生死关头,动员群众为自己的利益来斗争。分配了土地,组织了地方武装,肃清反动派,打倒田颂尧,已经造成了你死我活的局势。同敌人害怕斗争,畏惧敌人,是完全的死路。消灭敌人,则土地利益可以巩固,是唯一活路。”④并号召:“工农群众,为要保障自己得到的土地和政权,为着我们永远的彻底解放,……就要坚决起来斗争,一点不动摇,坚决消灭敌人。”⑤“巩固苏维埃政权,就是巩固自己的利益!”(巴中石刻)、“穷人只有坚决起来参加红军,消灭国民党军阀,才是保自家性命的好办法!”(剑阁石刻)。

第三,坚定群众革命战争必胜的信念。苏区存在的两年多里,残酷而频繁

---

① 此类石刻标语在川陕苏区各地较为常见,故不再赘述具体地点。

② 四川省档案馆编:《川陕苏区报刊资料选编》,四川省社会科学院出版社 1987 年版,第 7 页。

③ 川陕革命根据地历史文献选编编委会:《川陕革命根据地历史文献选编》(上),四川人民出版社 1986 年版,第 14 页。

④ 川陕革命根据地历史文献选编编委会:《川陕革命根据地历史文献选编》(上),四川人民出版社 1986 年版,第 7 页。

⑤ 川陕革命根据地历史文献选编编委会:《川陕革命根据地历史文献选编》(上),四川人民出版社 1986 年版,第 343 页。

的战争始终是笼罩在众人心中无法抹去的阴霾,欲安定人心进而齐心协力共渡难关就必须从心理上给予群众对未来胜利的承诺。为此,川陕苏区加紧宣传红军胜利并组织群众庆祝,红军的每一次胜利,"要立即将捷报普遍张贴,和小传单散发……在城市、乡村都要进行鸣锣,讲清楚庆祝红军的胜利"①。"使群众知道红军百战百胜,穷人力量大得很。只要穷人把连起来坚决的打,刘湘便都要垮杆,红灯教、盖天党等更是不消……"②其后,进一步教育群众只要坚决斗争,革命就一定能够取得胜利。"有许多穷人不了解,就要告诉他,只要能坚决斗争是能消灭敌人的。没有八字,没有神仙,没有命运,要战胜刘湘,全靠我们自己的努力,靠我们自己的斗争。莫要相信端公道士的骗,全靠我们自己的力量。"③"穷人莫要把刘湘看大了,刘湘整穷人整得天怒人怨,穷人都要吃刘湘的肉。他的士兵个个反对他。红二方面军又在打他的沟子(四川方言:笔者注)。刘湘这次惨败,好枪好弹都已缴尽,穷人再努一把力就可完全消灭刘湘!"④"穷人不要把敌人看大了! ……坚决斗争才是出路! 斗争到底不胜不休!"⑤

第四,教育群众高举马列主义旗帜,走"十月革命"道路。明确告知群众只有运用马列主义,拥护和联合苏联,走列宁式的"十月革命"道路,才能获得翻身解放。这一内容清晰地反映在现存的石刻标语中,如"实行马克思列宁主义!"(巴中石刻)、"实行共产主义!"(达县石刻)、"只有苏联才是中国工农的朋友!"(平昌石刻)、"苏联的穷人现在人人都有好的饭吃、衣穿和房子住,行走有汽车、飞机,再也不受饥饿了,这都是他们能团结打倒有钱

① 川陕革命根据地历史文献选编编委会:《川陕革命根据地历史文献选编》(上),四川人民出版社 1986 年版,第 336 页。

② 四川大学马列主义教研室,川陕革命根据地科研组编:《川陕革命根据地资料选编》,内部资料,1978 年,第 112 页。

③ 四川省档案馆编:《川陕苏区报刊资料选编》,四川省社会科学院出版社 1987 年版,第 15—16 页。

④ 川陕革命根据地历史文献选编编委会:《川陕革命根据地历史文献选编》(上),四川人民出版社 1986 年版,第 38 页。

⑤ 川陕革命根据地历史文献选编编委会:《川陕革命根据地历史文献选编》(上),四川人民出版社 1986 年版,第 340—341 页。

人的结果!"(苍溪石刻)、"苏联在无产阶级专政下的工业化、电气化,大大改善了工农群众的物质生活,提高了一般劳苦群众的水平!"(苍溪石刻)等等。

通过上述宣传与教育,苏区群众思想觉悟大增,革命热情高涨,为红军壮大和巩固苏区作出巨大贡献。据老红军回忆,"红军在贵福召开群众大会,动员群众参加红军,宣传工农红军是穷人自己的队伍,穷人只有团结起来,打倒豪绅地主,才会有好日子过。愿意革命的就参加红军。经过动员,青年农民踊跃报名参军,贵福区三天就组成了一个独立营。"①对此,当时的报刊资料亦多有反映,为说明问题,特择举如下:"南部三和场盐井工人代表韩朋久同志拥护红军非常热烈,此次自动拥护大洋十五元作红军战资。""赤北县苏及各区拥护三分医院物资,被盖二十一床,腊猪六支,白米一石五斗,鞋子十双,袜底二十一双,草鞋十五双,情绪非常热烈。""赤江城区四乡开全乡大会,都是些老汉、老婆到会。我们好好宣传之后,有一位老汉吴华全,自动送他的儿子到苏维埃参加红军。他说:我一个儿子送来参加红军,才能保障土地利益。"②可以讲,川陕苏区在不到三年间不仅红军队伍发展壮大到 8 万余人,而且疆域曾一度扩展至东起城口、万源边境,西至嘉陵江东岸,北抵陕南宁强、镇巴,南迄营山渠县的广大地区,这些成就的取得离不开人民群众的大力支持,在很大程度上与此期党出色的群众思想政治工作密切相关。

川陕苏区牵制了国民党军队,策应和掩护了中央红军长征,有力地推动了中国新民主主义革命的胜利。两年半时间里,中国共产党高度重视、积极开展苏区群众思想政治工作,领导苏区人民为巩固与发展苏区进行了艰苦卓绝、坚持不懈的努力,铸就出代代相传的以"坚定信念、求真务实,执政为民,无私奉

① 《川陕革命根据地渠县苏维埃资料选编》,内部资料,1988 年,第 78 页。

② 四川省档案馆编:《川陕苏区报刊资料选编》,四川省社会科学院出版社 1987 年版,第 189、190、193 页。

献,排难创新,团结奋斗,不胜不休”为基础的“川陕苏区精神”①。这种精神历久而弥新,不仅在革命年代激励苏区人民不畏艰难,在异常恶劣的环境中艰苦奋斗、团结一致建设苏区,取得革命政权的胜利,而且在今天仍然大放异彩,成为老区人民团结在党的领导下致力于中国特色社会主义建设的强大精神动力,对于当代中国共产党执政为民、执政兴国,不断加强执政能力建设具有重要的借鉴意义。

① 2003 年 12 月,李长春到赣南时明确地提出了“苏区精神”:“苏区精神是我们党在革命斗争中形成的伟大精神,是我们党优良传统的集中体现,是宝贵的精神财富。”(2003 年 12 月 19 日的《赣南日报》)石仲泉强调:“苏区精神不只是江西一省的革命精神,而是属于全国各苏区的革命精神。”“各个苏区都有震天撼地的伟大革命精神”。(石仲泉:《全国苏区应唱同一首歌:苏区精神》,《江西社会科学》2010 年第 2 期)

中国工农红军石刻标语学术研讨会综述

林 莉

2010年9月1日至3日，由中国中共党史学会、中国中共文献研究会、中共四川省委宣传部、中共四川省委党史研究室共同主办，中共巴中市委发起并具体承办的中国工农红军石刻标语研讨会在川陕革命根据地首府——巴中市隆重召开。来自中国中共党史学会、中国中共文献研究会、中共中央党校、国家博物馆、中共四川省委宣传部、中共四川省委党史研究室和江西赣州、湖北黄冈、湖南株洲、贵州遵义、甘肃白银、陕西延安等革命老区以及川陕革命根据地区域所辖革命老区共7省11市的党史、军史、博物馆、纪念馆研究专家、地方领导共计130余人参加了会议，会上共收到专家学者提交的论文63篇。中共中央党史研究室原副主任、中国中共党史学会常务副会长陈威主持会议并讲话，巴中市委书记李仲彬致辞。与会的著名作者有陈威、姚金果、苏杭、沈学明、迟爱萍、夏燕月、高中华、李健、蔡东洲等，为研讨会撰写论文的著名作者还有朱玉、柳建辉、阮家新、王聚英、张卫波、王庭科、陈必、郑会侠等。

在我国，研究革命根据地已有相当长的历史，涉及内容也很广泛，但专门以“中国工农红军石刻标语”为题举行研讨会的，还是首次。中共中央党史研究室科研管理部副主任姚金果认为本次会议是用一种独特的视角来召开全国第一个以“红军石刻标语”为主题的研讨会，拓展了党史研究的领域，丰富了党史研究的内容。

由于巴中市委在这之前为作者提供了《川陕革命根据地红军石刻标语影印集》、光碟和相关的石刻标语概况介绍等十分珍贵、丰富的资料，使本次研讨会在一些问题的认识上有了一些共识和突破。下面择要介绍与会学者的一些观点。

一、关于中国工农红军石刻标语的文化特质、分布情况

石刻艺术是中国造型艺术中的一个重要门类,学者们一致同意并突出论证了中国工农红军石刻标语有别于较多的陵墓石刻和宗教石刻,因其创造主体全部是红军指战员和当地农民、手工业者,这就与传统的达官显要、宗教大师们涉足的艺苑区分开来。充分肯定红军石刻标语是中国乃至世界战争史中的"文化武器"。与会作者一致认为,因为川东北独有的地形地貌特征和国民党封锁因素的影响,相对于红一、二方面军在中央苏区、长征沿线等地留下的标语均为墨书、壁书、纸书而言,在红四方面军创建的川陕苏区刻写的中国工农红军石刻标语是最具文化特质的,是中国革命史上独特的文化现象。

中共中央党史研究室原副主任、中国中共党史学会常务副会长陈威发言认为:红军标语写在石头上錾刻出来,使之能够永久保存,无疑是川陕苏区的一个伟大创举。它达到了三个全国之最:红军石刻数量最多,红军石刻保存最完整,红军石刻字符面积最大。

中央党校党史教研部主任柳建辉认为:川陕苏区的红军石刻数量之庞大,内容之丰富,形式之多样,规模之宏伟,居革命战争年代全国之首。

"红军石刻标语"起源和分布情况怎样呢?广东省汕头市潮阳区党史研究室原副主任郑会侠认为:红军石刻标语最早出现于广东省潮阳、普宁、惠来三县之间的大南山,那里是澎湃领导的东江革命根据地。自 1930 年到 1932 年间在大南山 35 块石头上共刻有"巩固苏维埃政权"、"实行土地革命"等内容的红色革命标语 57 条,461 字。

四川省文化厅调研员、中国文物学会会员陈必认为:中国工农红军第一、二、四方面军及地方革命政权在革命根据地和长征途中镌刻、书写的大量标语多为墨书或用土红书。由于长期风雨侵蚀,许多现已不复存在,只有红四方面军创建的川陕苏区,自 1932 年 12 月到 1935 年 4 月留存下来的红军石刻标语

数量最多。

巴中学者张学林、张倬总结到,20 世纪 30 年代初期,在陕南、川北和长征沿线,红四方面军共镌刻了 1 万多条石刻标语,20 世纪 50 年代约有 4000 余幅存在,至今在川陕苏区范围内保存完好的红军石刻标语、文献、对联、布告仍有 2200 余幅。主要分布在今巴中、广元、达州、南充等区域,其中巴中市现存的红军石刻文物居其他市州之首,保存也最完整,类别最齐全,分布最广泛。

二、关于红军石刻标语的历史价值、地位和作用

与会作者深入研究红军石刻标语,一致同意川陕苏区红军石刻标语的史料和文物、教育价值。并认为,石刻标语更是凸显川陕苏区历史地位的有力实证。

全国政协委员、中国革命博物馆原馆长、中国国家博物馆研究员夏燕月认为:“红军石刻标语群”多层次、多侧面、分阶段、有区别地反映了红四方面军从入川、解放通南巴、创建川陕苏区,到粉碎蒋介石的“川陕会剿”、撤离川陕苏区与中央红军在川西会师的全部战斗历程。“红军石刻标语群”为我们研究土地革命时期川陕苏区的政治、经济、军事、科教、文学艺术课题,了解当时国内、乃至世界形势和革命等情况,提供了难得的文献实证。“红军石刻标语群”是一部浓缩了的、独一无二的、极其厚重的红四方面军和川陕苏区人民奋斗足迹的石刻史书。

中共中央党史研究室原副主任、中国中共党史学会常务副会长陈威认为:从川陕苏区红军石刻标语中,看见了红四方面军在川陕革命根据地巩固、建设和发展,以及红一、二方面军在战略转移和部队策略转变中起到的重要桥梁作用。红军石刻标语作为中国共产党进行社会宣传动员的历史见证,在近代历史上占有独特的地位。

四川省委党史研究室江红英认为:石刻标语反映了川陕革命根据地建设的依据。她认为川陕革命根据地建设的依据是党的第六次全国代表大会精神

和中华苏维埃共和国的法令，这个观点与前期研究主要归结在“四川军阀混战；川北地势险要；川东游击队的群众基础”传统结论上，是一个新的研究角度；她指出，石刻标语为苏维埃政权的建立和范围的扩展、为红军队伍的壮大、为军事斗争的胜利、为土地革命和其他一切建设，都起到了独特的宣传、动员和教育作用，它是根据地军民的一种精神支撑，支撑着根据地的建立、巩固与发展。

西华师范大学历史文化学院院长、教授蔡东洲认为：川陕苏区红军石刻所展示的劳动者解放蓝图是一幅政治民主、经济繁荣、生活安康的美好蓝图。在这一幅图景里，劳动者享有参政权、平等权、自由权、受教育权等权利，真正体现了劳动者当家作主的地位。他认为在川陕苏区建立后，党立即为劳动者展现出一幅政治民主、经济繁荣、生活安康的理想蓝图，并通过法令政策予以规范，通过实际行动力争实现，是它的进步性；而同时又表现出左倾主义和理想主义的局限性来。

四川大学原副校长王庭科认为：只有关注和改善社会民生，为老百姓排忧解难，也才能团结群众，凝聚人心，去争取战争的胜利。在川陕苏区的红军石刻标语中，常见的“平分土地”、“赤化全川”、“武装保卫赤区”、“自动参加红军”等标语从不同层面上反映出社情民意，关注着社会民生。

西华师范大学历史文化学院张喜庆则从川陕苏区石刻标语的对敌宣传功效方面，指出应研究土地革命时期红军对敌宣传的新视角。他指出，土地革命时期川陕苏区最具特色的红军对敌宣传工作主要体现在：一是当时中共川陕省委和西北军区政治部制定了众多详细的对敌宣传大纲，至今仍有案可查。二是川陕苏区涌现出一些非常规的对敌宣传手段。如木工组、在自制的投掷类武器上刻写或铸印宣传标语。而最具特色的还是石刻标语，其突出表现通过强调红军是强悍之师、正义之师，发动心理攻势、削弱白军的敌意、离间白军官兵，从而拉近心理距离，软化白军的抵抗意志。最后策反和劝诱，达到很好宣传效果。

因为这一独特的宣传方式，巴中军分区原政委潘勇指出：川陕苏区石刻标语的独特运用成为毛主席说“干革命靠的是枪杆子和笔杆子”的极好范例。

三、关于红军石刻标语的历史启示和传承

与会作者一致认为,红军石刻标语的语言风格和大众化效果是它对当今马克思主义大众化的最大启示,是最需要传承的方面。

中央党校党史教研部主任柳建辉认为:通过石刻标语进行革命宣传活动,是红四方面军革命斗争的宣传形式之一,也是中国共产党人推进马克思主义大众化、本土化的极好范例。其突出特征,就是实现了马克思主义大众化在具体内容和表现形式上的有机结合,实现了历史动态化和艺术静态化的有机结合。

巴中市委党校副校长高远从川陕苏区红军石刻标语的语言表现形式和风格的角度,指出了川陕苏区的红军石刻标语是马列主义大众化的典范,它高度凝练了中国语言文字,以本土化和通俗化特色宣传了马克思主义。并指出当今马克思主义大众化要不断实现马克思主义表达方式的通俗化,不断实现马克思主义语言风格的民族化,增强理论宣传的亲和力。

四川省委党校文史研究室主任孙和平认为:红军石刻标语构建了一个特定的公共信息传播语境,是现代公共信息传播在土地革命时期特定历史背景下的特定形式,产生了极大的鼓动性、号召力,极富地域特色、历史特色,给当今公共信息传播提供了宝贵的历史经验。

中央党校党史教研部主任柳建辉还认为:红色石刻标语可以称作表层红军文化,或叫红军文化的物质层,它通过感觉器官直接体察到视之有形、触之有觉的文化形象,实现红色文化的传承。这些红色石刻标语恰当地反映出我们党的"从群众中来、又到群众中去"的群众路线,对于今天当代中国马克思主义大众化具有重要的历史和现实意义。

四、红军石刻标语的保护和红色旅游的开发

与会学者都同意应该对"川陕苏区红军石刻标语"加大保护力度,并提出

很好建议。

全国政协委员、中国革命博物馆原馆长、中国国家博物馆研究员夏燕月认为：对石刻标语的保护应该是全部的、整体性的保护，而不能仅局限于通江地区一处。将其他地方的红军石刻标语材料统一向国家文物局补报或捆绑式补报，川陕苏区红军石刻标语群才可整体性确定为全国重点文物保护单位。并可以参照对于濒危大遗址所采取的抢救式保护办法，甚至可以建一个红军石刻标语群旧址博物馆或旧址公园。

巴中的符道禹、任明耀、贾华、陈李国、张秉直、郭安林、彭俊礼、张倬等当地党史、文博工作者还着力回顾和记述了川陕苏区红军石刻标语的整个保护历程，尤其是对"赤化全川"、"平分土地"两幅大型石刻标语的史实和保护作了史实记述。

在保护的基础上可以合理利用，与会作者非常赞同它是将红色文化与巴中休闲、养生旅游很好结合的极其珍贵的全国罕见的旅游资源。并提出很多建议，主要有：

巴中市委党史研究室主任崔洪礼认为目前划分的"川陕渝红色旅游区"特别是川陕苏区红色旅游还呈现分散状态，影响了作为一个全国性红色旅游品牌的整体规模效应发挥。应在国家红色旅游规划《纲要》指导下，"川陕渝"有关部门和地区联合攻关，将红军精神、红军文化、红色旅游分别作为提升区域文化"软实力"和经济"硬实力"的双重载体，变过去革命根据地为新时期经济文化协作区。

巴中市委党校林莉则从巴中市红色旅游形象定位的角度，指出巴中应该在"川陕苏区首府"这个一级定位下推出"红色石刻标语博物馆"、"长征女红军革命摇篮"的红色旅游品牌，将其三个全国之最：红军石刻数量最多，红军石刻保存最完整，红军石刻字符面积最大做大做强。

本次会议中很多一致观点的论述，以及一些新观点的提出，表明学界对川陕苏区红军石刻标语的历史地位和作用形成了很多共识。但对于红军石刻标语这样一种独特的文化现象，本次研讨会在"石刻标语"这一具体的党史材料背后反映的比如当时苏区对于苏维埃认识的民众心理、社会动员效果等方面，以及川陕苏区区域民俗文化与石刻标语的关系，特别是和中央等其他苏区的尽管不是石刻但有墨书、木刻等其他形式的红军标语的内在关联，相互比较的还不够。

总的来说，红军石刻标语与川陕苏区的研究并不是一个独立的研究课题，它关系到如何正确认识和看待川陕苏区历史、红四方面军历史等重大问题，所以，学术界还需要付出更大的努力来加强对这一课题的研究。

责任编辑：吴继平
封面设计：姚　菲

图书在版编目(CIP)数据

川陕苏区研究:《西华师范大学学报》文选/李健 等著. —北京:
　人民出版社,2018.11
ISBN 978-7-01-019975-7

Ⅰ.①川…　Ⅱ.①李…　Ⅲ.①川陕边革命根据地-文集　Ⅳ.①K269.407-53

中国版本图书馆 CIP 数据核字(2018)第 245144 号

川陕苏区研究
CHUANSHAN SUQU YANJIU
——《西华师范大学学报》文选

李健　杨和平　黄涓　等著

人民出版社 出版发行
(100706　北京市东城区隆福寺街 99 号)

天津文林印务有限公司印刷　新华书店经销

2018 年 11 月第 1 版　2018 年 11 月北京第 1 次印刷
开本:710 毫米×1000 毫米 1/16　印张:16
字数:232 千字

ISBN 978-7-01-019975-7　定价:49.80 元

邮购地址 100706　北京市东城区隆福寺街 99 号
人民东方图书销售中心　电话 (010)65250042　65289539